改變歷史的

Fifty Railways that Changed the Course of History

50條鐵路

國家圖書館出版品預行編目（CIP）資料

改變歷史的50條鐵路／比爾.勞斯(Bill Laws)著；
古又羽譯.－初版.－臺北市：積木文化出版：家庭傳媒
城邦分公司發行, 民106.05
　面；　公分
譯自：Fifty railways that changed the course of history
ISBN 978-986-459-076-6(平裝)

1.鐵路史 2.火車
557.26　　　　　　　　　　　　　105024897

VX0047

改變歷史的50條鐵路

原 著 書 名／Fifty Railways that Changed the Course of History
作　　　者／比爾‧勞斯（Bill Laws）
譯　　　者／古又羽
特 約 編 輯／陳錦輝

總　編　輯／王秀婷
責 任 編 輯／張倚禎
版　　　權／向艷宇
行 銷 業 務／黃明雪、陳彥儒

發　行　人／凃玉雲
出　　　版／積木文化
　　　　　　104台北市民生東路二段141號5樓
　　　　　　官方部落格：http://cubepress.com.tw/
　　　　　　電話：(02) 2500-7696　　傳真：(02) 2500-1953
　　　　　　讀者服務信箱：service_cube@hmg.com.tw
發　　　行／英屬蓋曼群島商家庭傳媒股份有限公司城邦分公司
　　　　　　台北市民生東路二段141號2樓
　　　　　　讀者服務專線：(02)25007718-9
　　　　　　24小時傳真專線：(02)25001990-1
　　　　　　服務時間：週一至週五上午09:30-12:00、下午13:30-17:00
　　　　　　郵撥：19863813　　戶名：書虫股份有限公司
　　　　　　網站：城邦讀書花園　網址：www.cite.com.tw
香港發行所／城邦（香港）出版集團有限公司
　　　　　　香港灣仔駱克道193號東超商業中心1樓
　　　　　　電話：852-25086231　　傳真：852-25789337
　　　　　　電子信箱：hkcite@biznetvigator.com
馬新發行所／城邦（馬新）出版集團
　　　　　　Cite (M) Sdn Bhd
　　　　　　41, Jalan Radin Anum, Bandar Baru Sri Petaling,
　　　　　　57000 Kuala Lumpur, Malaysia.
　　　　　　電話：603-90578822　　傳真：603-90576622
　　　　　　電子信箱：cite@cite.com.my

內 頁 排 版／劉靜薏

Fifty Railways that Changed the Course of History
Published by Zebra Press
copyright © Quid Publishing 2013
Text translated into complex Chinese © 2017, Cube Press, a division of Cité
Publishing Ltd.
All rights reserved.

2017年（民106）5月2日 初版一刷
售價／NT$480
ISBN 978-986-459-076-6

改變歷史的

Fifty Railways that Changed the Course of History

50_條鐵路

比爾‧勞斯　著

Contents

前言

當我閉上眼，那種宛如飛翔的感覺十分美好，同時也奇妙得難以形容：
它奇妙得彷彿是我置身於徹底的安全感之中，心中毫無畏懼。

演員、作家芬妮・肯柏（Fanny Kemble）於1838年利物浦（Liverpool）到曼徹斯特
（Manchester）鐵路通車時的致詞

鐵路幾乎影響了地球上所有人的生活。鐵路自1800年代早期誕生以來，軌道一路貫穿整個歷史，駛進出人意料的康莊大道。

改變陸上風景與旅行方式

鐵路促使它們行經的城鎮現代化，並導致其餘城鎮的沒落：鐵路將貨物運至最難以觸及的地區，從此改變當地沿襲至今的生活型態。火車為城市帶來特別的聲響：車站的鈴聲、蒸汽噴衝的聲音、汽笛尖銳的高鳴、車廂間聯結器在調車場中發出的碰撞聲，以及敲輪員（wheeltapper）用鐵鎚查找破損車輪的聲音。

對於鐵路發展的進度，大英帝國的最高統治者維多利亞女王（Queen Victoria）極其滿意。1842年，維多利亞女王的第一趟鐵路之旅，經由大西部鐵路（GWR, Great Western Railway）行駛了29公里，最後抵達白金漢宮（Buckingham Palace），她宣告：「我們是在昨天早晨抵達這裡的，從溫莎（Windsor）搭火車只需半小時的時間，完全無需忍受塵土、擁擠和高溫，實在令我著迷。」然而，威靈頓公爵（Duke of Wellington）卻抱持著不同的觀點，同時也反映出許多老百姓的想法，他在1830年表示，不認為這些機器有足以成為一般交通工具的理由。儘管鐵路越來越多，令旅客焦慮的問題幾乎沒變：我錯過火車了嗎？我在對的月台嗎？我的行李安全嗎？

鐵路的確破壞了陸上風景。理察森（R. Richardson）在1875年的《卡塞爾家庭雜誌》（*Cassell's Family Magazine*）中感嘆道：「以往的旅行方式也許較美觀，比起不斷冒煙的蒸汽機車頭，以及外觀務實而乏味的車廂，公共馬車與陸上風景顯得

蒸汽動力
蒸汽機原本是為煤礦開採所打造，就在它與機車頭結合後，歷史也隨之改變。

和諧許多。」不過,他在日後承認:「我們所失去的如畫之美,無疑為我們帶來了便利。」

讓鐵路遍及全球

　　透過高速行駛的機車頭、奢華的車廂,以及配合船期的浪漫列車等最新科技,鐵路於20世紀初期達到巔峰。儘管列車、鐵軌和車廂等基本元件皆有一定規格,但是從一開始,各國自有的特色皆十分明顯。就在二次世界大戰如火如荼時,鐵路的統治地位已然確立,其路線遍及全世界,各國也採納專為自家量身訂做的鐵路結構。

　　20世紀中期,鐵路的優勢盡失。它造成污染、效能差、不舒適、遭壟斷,而且價格高昂,使得它不再受到大眾喜愛。鐵路的失敗伴隨著道路激增,也因此更快步走向終結。然而道路的舖設耗費大量天然資源,所導致的後果由全民買單,真正造成污染的人卻置身事外。到了1964年,一列流線型列車悄悄駛進東京車站,彷彿是來自未來的產物。不出十年,高速鐵路和捷運系統(rapid transit)再次以飛快的速度改變歷史,讓舊的路線和鐵路轉為美好回憶。鐵路工程師喬治·史蒂文生(George Stephenson)的傳記作者山繆·史邁爾斯(Samuel Smiles)於1868年說道:「儘管關於鐵路缺陷與瑕疵的傳言滿天飛……我們依舊認為,它無疑是至今最具價值的交通工具。」

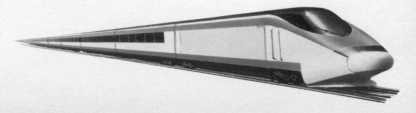

1804

麥瑟提維鐵路
Merthyr Tydfil Railway

區域：威爾斯

類型：貨運

長度：16公里

◆ 社會
◆ 商業
◆ 政治
◆ 工程
◆ 軍事

軌道從泥濘的車轍（rut）發展至金屬軌道共花了500年之久，而發展迅速的工業時代（Industrial Age）卻在幾年內就出現了第一部蒸汽火車。在從憑藉駙馬邁向使用燃煤機器的過程中，麥瑟提維鐵路是重大的進展之一。

蒸汽時代的先驅

蒸汽鐵路工程師理查・特里維西克（Richard Trevithick）的雕像，驕傲地佇立在其家鄉英國康瓦耳郡的坎本（Camborne, Cornwall）。身為高壓蒸汽機的發明者，他於潘尼達倫鐵工廠（Penydarren Ironworks）的種種實驗在鐵路歷史上威名赫赫，並使佔地不大的威爾斯公國（principality of Wales）清楚地標示在地圖上。為免我們忘了紀念其他先驅：增進汽缸效能的詹姆斯・瓦特（James Watt）也有雕像在英國伯明罕（Birmingham），並且與其發明夥伴馬修・博爾頓（Matthew Boulton）和威廉・默多克（William Murdoch）的雕像（請見第48頁）並肩站立。法國瓦瓦孔（Void-Vacon）立了一座方尖碑，用以頌揚尼古拉—約瑟夫・居紐（Nicolas-Joseph Cugnot）：他研發出了「premier véhicule à vapeur pour tracter des canons」（首部能夠拉動大砲的蒸汽車）。美國芝加哥的格雷斯蘭公墓（Graceland Cemetery）也豎立著一座紀念碑，標示出喬治・普爾曼（George Pullman，請見第100頁）的墳地所在，儘管他的家人擔憂心生不滿的員工會盜取其屍骨。

我們也應當紀念不知名的鐵路相關人員：建造木輪

威爾斯蒸汽動力

蒸汽時代始於威爾斯，這都要歸功於理查・特里維西克，以及富事業心的煤礦業主克里斯多夫・布萊克特。

運貨馬車，以及將兩條木頭平行排列成軌道的無名氏。如同許多鐵路發明，靈光乍現（我們所需的就是能沿著軌道運行的小推車）的時機很可能同時出現在許多地方。

運貨馬車軌道的起源

將車轍轉換成軌道（請見第37頁）並使運貨推車行駛其上的概念，源於礦工和採石工人對卸下背上重擔的渴望。1350年於德國南部的弗萊堡（Freiburg im Breisgau），有名德國工匠就在教堂窗戶描繪了這樣的推車。兩世紀之後，另一名德國人格奧爾格‧帕維爾（Georg Pawer, 1494-1555）在其著作《坤輿格致─ 第十二卷》（De Re Metallica Libri xii）內，繪製了一幅礦車載運礦產的圖畫。

被譽為「礦物學之父」的帕維爾是名虔誠的天主教徒，他以格奧爾格烏斯‧阿格里科拉（Georgius Agricola）之名撰寫這本書，還把化石形容成因地熱而發酵成動物形體的神秘物質。他畫的馬車車輪也有類似的缺陷，他的馬車奔馳在以木板拼湊出的軌道上，但是車輪沒有凸緣（flange），想必會經常滑落軌道。車輪含有凸緣的運煤馬車，最後出現在德國魯爾河（Ruhr）的礦坑。

根據記載，其中一條最早的英國鐵路是在1604年為了開採煤礦而舖設的，是用來將史崔立（Strelley）的煤礦坑連結至位於諾丁罕郡（Nottinghamshire）礦場內的沃勒頓（Wollaton），總長3.2公里。擁有時髦姓名的杭亭頓‧波蒙（Huntingdon Beaumont）讓原本的通路成了軌道，並在因負債而死於諾丁罕監獄之前，將軌道延伸至英格蘭東北部的數個礦場。如諾森伯蘭（Northumberland）、達蘭郡（County Durham）、泰恩─威爾（Tyne and Wear）、提塞德（Teesside），以及現今的北約克郡（North Yorkshire）所在地等地勢起伏且富含礦產的北部城鎮，都成了鐵路的測試場。達蘭郡的坦菲爾德馬車鐵道（Tanfield Waggonway）即是其中一條鐵路，用途是將煤礦從高沼地礦坑運往泰恩河（River Tyne）上的船，該鐵路持續服役直至高沼地的煤礦於1739年採盡為止（請見第177頁）。

建造軌道

德國學者格奧爾格‧帕維爾於他在16世紀撰寫的礦業論著中，透過精緻插圖加以闡明早期的鐵路。

博爾頓與瓦特

✦

1700年代中期，蘇格蘭工程師詹姆斯・瓦特和其生意上的夥伴馬修・博爾頓，共同推出一部固定式蒸汽機，該蒸汽機能夠將貨車拉上陡峭的斜坡。蒸汽機在過去就已經取得專利：於英國的德文郡（Devon），浸信會傳教士湯瑪斯・紐科門（Thomas Newcomen）發明了用以抽取礦產的蒸汽機，而與之合夥、同樣來自德文郡的發明家湯瑪斯・賽維利（Thomas Savery），則大幅改進了蒸汽機的新興技術。不過，瓦特和博爾頓證明了固定式蒸汽機在結合滾筒（winding drum）後，不僅能鑽鑿巨大的洞、滾壓路面、犁田，甚至還可以沿著軌道拖曳貨車。他們的其中一名員工威廉・默多克，還設計了一部道路用蒸汽車的工作模型，若該蒸汽車有繼續研發下去，說不定是世界首見的道路用蒸汽車。

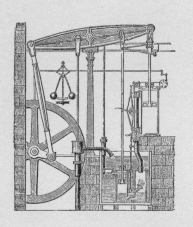

煤礦就和其他貨物一樣，全都需要水。因此在歷史上，財富多是匯集至君士坦丁堡（Constantinople）、威尼斯、聖彼得堡（St. Petersburg）、倫敦、利物浦、紐約和奧克蘭（Auckland）等海港良好且深度夠的城市。到1800年代初期為止，將貨物運到港口的最佳途徑，一直是可航行的河川、運河，或是兩者併行。然而，對英格蘭東北部不斷擴展的煤田來說，深谷與崎嶇陡峭的地形皆阻礙著運河興建：鐵路是唯一的解決之道，鐵路網絡也因此迅速地拓展至整個區域。

除此之外，英國的鐵橋谷（Ironbridge Gorge）同樣利用鐵路來運送煤礦，在那裡，來自柯爾布魯克得爾（Coalbrookdale）的亞伯拉罕・達比（Abraham Darby），精通運用當地礦源來生產更平價且品質更佳的鐵礦。他們在附近的克特利（Ketley）生產鑄鐵製金屬鈑，用以修理和加強木製軌道。這些金屬鈑曾被視為一項偉大的發明，英國和美國皆予以採用，直到有一天，它們開始斷裂。裸金屬（bare metal）鐵軌很容易像蛇頭一般彈起，傷及任何太靠近的人，因此，替代方案遂而開始出現於麥瑟提維（Merthyr Tydfil）和布來納文（Blaenavon）周遭的南威爾斯煤谷區：長度0.9~1.2公尺的實心鑄鐵製軌道。如今，這個產業有了牢固的金屬鐵軌，加上煤礦與鐵礦的需求，它需要比強壯馬匹更有力的能量來源。

馱馬與蒸汽機

理查・特里維西克的出生與成長背景，正巧是西方國家礦產位居世界之最的時代。就連位於康瓦耳郡小村莊坎本，都因為錫與銅的價格飆漲而成為一座基本的礦業城鎮。隨著礦坑越鑿越深，防止淹水的作業就越加艱鉅，許多礦場採用博爾頓和瓦特的蒸汽機（請見左欄）來抽水。特里維西克則致力於自行研發礦場專用泵，以避免需支付博爾頓及瓦特專利權利金。（在此之後的數年間，特里維西克與博爾頓和瓦特之間的爭端不斷：當特里維西克的蒸汽機在倫敦的格林威治〔Greenwich〕發生爆炸，並造成3人死亡時，博爾頓和瓦特馬

上將該意外歸咎於機器做工不良。)

更重要的是，當年30歲的特里維西克想把蒸汽動力運用於動力機車頭上，而不是用在固定式機器。機車頭的英文「locomotive」源自於拉丁文的「locus」（地方）和「moveo」（我移動），在當時，這個詞就和其背後的概念一樣新穎。

在特里維西克測試新的蒸汽道路用車「噴煙魔王」（Puffing Devil）時，也曾發生小爆炸，這部車初次預告了馬力總有一天會被取代。

「噴煙魔王」於1801年的耶誕夜首次登上坎本丘（Camborne Hill）。特里維西克在當地一家酒館慶祝試車成功時，忘了熄掉鍋爐下的火，最後因蒸汽壓力過大導致鍋爐爆裂。在此同時，英國政府開始對鐵路感興趣，並且批准了名為薩里鐵路（Surrey Iron Railway）的公共鐵路，用以連接宛茲沃斯（Wandsworth）的泰晤士河（River Thames）河口以及克洛敦（Croydon）。特里維西克深信新興的鐵路遲早會需要蒸汽動力而非馬力，因此，他搭乘驛馬車前往造鐵重鎮柯爾布魯克得爾，開始著手打造第二部原型。

> 登上坎本丘，悠悠駛下來
> 馬兒呆站著；
> 輪子轉呀轉。
> 登上坎本丘，悠悠駛下來
> 傳統民謠，作者不詳

他的努力傳到山繆‧荷弗瑞（Samuel Homfray）的耳裡。荷弗瑞是南威爾斯生意人，居於麥瑟提維，他不僅是鋼鐵產業的資本家，也是個賭性堅強的人。他曾在一次打賭中贏得興建其麥瑟提維宅第的資金，而現在他準備投入500幾尼（guinea, 英國舊金幣），打賭特里維西克——假如荷弗瑞能說服他的話——能夠透過從潘尼達倫（Penydarren）通往亞伯辛農（Abercynon）的運煤鐵路，運送10噸的鐵。由於一匹馬加上一名馬夫最多只能以時速6公里拉動裝載3噸煤礦的推車，因此荷弗瑞的賭局引發高度興趣，尤其是整段鐵路的總長幾近16公里。

1804年，特里維西克名為「潘尼達倫號」的最新火車不只拉動總重10

噸的五節貨車，還承載了70人。他的表現令全球激昂不已，然而，開創新紀元的潘尼達倫號遇上早期鐵路人深受其擾的難題：鐵軌斷裂情況不斷。

特里維西克不得不在四年後（1808年）的事業使用同一型鐵路，他架設「蒸汽馬戲團」，載著付費旅客繞著環型鐵軌行駛，並採用新型的蒸汽機車頭「誰能趕上我號」（Catch-Me-Who-Can）。此列火車以高達時速13公里在空地上奔馳，該空地臨近日後倫敦的繁忙火車站「尤斯頓站」（Euston station）。在這裡，特里維西克讓他的鐵製馬與真正的駄馬進行整整24小時的競賽，其機車頭獲得最終勝利。

然而，新型鐵路的發展卻不是掌握在表演者的手裡，而是煤礦業主。其中維拉姆礦場（Wylam colliery）的負責人克里斯多夫・布萊克特（Christopher Blackett）的貢獻無人能敵，該礦場位於英國紐卡斯爾（Newcastle）西方的諾森伯蘭中、同樣名為維拉姆的村莊內。當時煤礦鐵路廣布整個西威爾斯的山谷及迪恩森林（Forest of Dean），被稱為「紐卡斯爾鐵路」（Newcastle Roads）的英格蘭東北部煤礦鐵道，長達可觀的241公里。布萊克特想要運送更多煤礦至泰恩河上的雷明頓（Lemington）碼頭。泰恩河上有許多吃水淺的駁船（keel），煤礦可以從雷明頓碼頭透過這些駁船運送，並裝至即將運往其他英國港口的大型平底船。布萊克特遂而與特里維西克接洽，並訂購類似潘尼達倫號的機車頭，但是，特里維西克的努

蒸汽馬戲團

1808年，理查・特里維西克的蒸汽機在北倫敦公開表演，臨近日後的尤斯頓火車站。

潘尼達倫號
理查·特里維西克的蒸汽
機車頭。此現代機車頭的
前身，外觀或許不甚切合
實際，卻為鐵路的未來揭
開序幕。

力再一次因為脆弱的鐵軌而受挫，合作專案也因此終止。

駛入歷史

在特里維西克事業下滑時，他的兒子法蘭西斯（Francis Trevithick）同樣也成為一位鐵路工程師。特里維西克於倫敦和南美洲進行多項專案，但全都沒有好下場，在一次偶然機會下，他於哥倫比亞巧遇史蒂文生：由於極度缺乏資金，這位蒸汽火車先驅必須接受史蒂文生50英鎊的資助才有辦法回家。沒能於鐵路歷史留下太多貢獻，特里維西克逝世於1833年。

於此同時，布萊克特轉而求助自家的採礦工程師威廉·赫得雷（William Hedley），赫得雷與採礦工頭提摩西·哈克沃斯（Timothy Hackworth）一同建造了一部巨大且圓頭的新玩意，用以取代特里維西克的機器。這部新玩意兒同樣是個冒煙客，稱作「噴煙比利」（Puffing Billy），並於1814年，連同其後繼機型維拉姆·迪利（Wylam Dilly）留名青史。1862年，在激烈的討價還價後，「噴煙比利」以200英鎊的價格賣給南肯辛頓專利事務局（South Kensington Patent Office），這也是它服役的終點。鐵路的歷史開始有所進展。

斯旺西與曼布爾斯鐵路
Swansea and Mumbles Railway

區域：威爾斯
類型：客運、貨運
長度：8公里

◆ 社會
◆ 商業
◆ 政治
◆ 工程
◆ 軍事

從載客12人的單一馬車車廂，到乘載1,800位旅客的蒸汽火車，斯旺西（Swansea）到曼布爾斯（Mumbles）的鐵路展開了鐵路客運生意。

曼布爾斯鐵路

2007年，在世界最早的鐵路服務於南威爾斯兩世紀後，喜好在週日散步的人仍然需讓路給火車通過。然而，它不再是蒸汽火車，而是仿西部風格的橡膠輪巴士（land train）：原本史上著名的鐵路已於1960年倉促關閉與拆除。當時，抗議群眾戴著黑色臂章，並抬著一具棺木，以象徵「曼布爾斯鐵路」（威爾斯語：trên bach i'r Mwmbwls）的告別儀式。

此路線的起點在斯旺西的布魯沃利班克（Brewery Bank），緊鄰將威爾斯煤礦自深谷運往港口的運河，其沿著海岸線，一路延伸至曼布爾斯海角（Mumbles headland）及歐斯特毛斯村（Oystermouth village）為止。曼布爾斯鐵路後期改成輕便鐵路（tram，請見對頁右欄），1914年出生於斯旺西祖東津路（Cwmdonkin Drive）的當地詩人狄倫·湯瑪斯（Dylan Thomas）也曾乘坐此路線且大為讚揚。這條鐵路能看到整個斯旺西灣的全景，另一位詩人——詞藻華麗的華特·薩維其·蘭陀（Walter Savage Landor）——

斯旺西運河
River Tawe
格拉摩干
斯旺西
布魯沃利班克
St Helens (The Slip)
St. Gabriel
Argyle St.
Rutland St.
Brynmill
Ashleigh Rd
Black Pill
West Cross
布里斯托灣
Norton Rd
城堡丘，歐斯特毛斯
曼布爾斯

乘客的力量
鐵路原本是為了增加煤礦運送的速度和距離所設計。然而，短小的威爾斯曼布爾斯線出乎預料地深受乘客歡迎。

形容道，此一美景足以媲美義大利的那不勒斯海灣（Bay of Naples）。斯旺西的居民也同意這點，所以他們總會在週日進行例行的鐵路之旅「南下曼布爾斯」，渴望享受最完整的風景、海濱怡人的空氣，並且在歐斯特毛斯的海灘上漫步。

駄馬列車
早期的觀光客搭乘「前往曼布爾斯的小列車」，以欣賞浪漫的迷人風景。

如詩如畫的旅程

這條路線興建於1806年，用以服務礦場與採石場，並於1807年開始載運付費旅客，兩年後前來觀光的伊莉莎白·伊莎貝拉·史賓斯（Elisabeth Isabella Spence）也是旅客之一。在她探索著「歐斯特毛斯的浪漫景致」時，深深愛上了這條鐵路：「車廂構造獨特，裡頭共容納12人，而且主要以鐵製成，四個車輪在一匹駄馬的助力之下，馳騁在鐵製的軌道上，整個車廂輕巧而舒適。」

威廉·吉爾平（William Gilpin）是18世紀的牧師與學校老師，他在1770年曾發表一部關於如畫美學（picturesque）的著作，書名很長：《於威河和南威爾斯數個地方所進行的觀察，主要關於如畫般的美》（*Observations on the River Wye, and Several Parts of South Wales, Relative Chiefly to Picturesque Beauty*），伊莎貝拉·史賓斯之所以會拜訪當地，有部分原因就是受到吉爾平和該著作的影響。如同威廉·華茲華斯（William Wordsworth）和山繆·柯勒律治（Samuel Coleridge）等詩人的作品，他博學精深的觀察筆記，說服許多早期觀光客開始使用公共馬車道（coach road），親手擁抱華茲華斯和柯勒律治在《抒情歌謠集》（*Lyrical Ballads*）中所描寫的景色，細細品味英國的鄉間之美。

曼布爾斯的海、沙灘和連綿起伏的陸岬，在風和日麗的日子裡，的確有如詩畫般美輪美奐：除了威爾斯太過頻繁的雨；斯旺西鎮因工業而變得傷痕累累；威爾斯煤礦精煉自康瓦耳郡船運來的銅礦，讓整座城市的上空烏煙籠罩。

於狄倫所在的年代，曼布爾斯火車除了運送其負責的煤礦和石材外，也幫忙將都市人從該詩人口中的「醜

輕便鐵道列車與鐵路列車

✦

火車是一整列彼此相連且利用動力機車頭推進的車廂，輕便鐵道列車則是單節貨車，或載客用的單一動力客車輛。原先「tram」（有軌礦車，電氣化後稱路面電車）是礦工用來稱呼有輪的礦車或板車。就如同「railroad」和「railway」（早期的英文中，兩者都表示鐵路，雖然美國幾乎只使用前者），它們的意思也是隨著時間推移而改變。儘管部分輕便鐵道和鐵路列車愛好者認為兩種技術仍有偌大落差，但在鐵路世界裡，鐵路會接受任何當時最適合自己的形態，就好像斯旺西曼布爾斯鐵路一樣。許多人相信未來將掌握在輕軌（light rail）手裡，即同時運用路面電車與火車技術的系統。

陋的可愛城市」載往海邊。回溯到1860年代，靠駄馬拖拉的車廂不得不與競爭對手分享這條8公里的鐵路，其競爭對手推出了蒸汽機車頭，即採用燃煤動力的亨利·休斯（Henry Hughes）機車頭（請見左欄）。據說，該蒸汽火車是每天率先出發的列車，它會將熱燙的煤炭向後扔擲到鐵軌上，藉此激怒隨後出發的駄馬列車業者。不過，駄馬出的意外顯然低於那些冥頑不靈的農場牲畜，那列火車經常輾過四處徘徊的羊隻。

1880年代的某個夜裡，一名喝醉酒的政客試圖在應酬結束後沿著鐵軌走回家，結果卻遭馬車輾斃。該意外令斯旺西的居民十分苦惱，瑪麗·格倫費爾（Mary Grenfell）也是其中之一。格倫費爾活躍於英國女性禁酒協會（British Women's Temperance Society）在當地的分會，這名負責經營鐵路佈道團（Railway Mission）的富裕未婚女子試圖讓顧客遠離愚蠢的飲酒行為，並投入「高登葛林芬咖啡館」（Golden Griffin Coffee House）的溫暖懷抱，這家咖啡館位於密德蘭鐵路（Midland Railway）的火車站旁（斯旺西擁有至少六座火車站，而且彼此沒有連結，極無效率）。儘管格倫費爾煞費苦心，然而，報紙《威爾斯人》（The Cambrian）仍經常刊登搭末班車從曼布爾斯回家乘客的各種酪酊醉態。

乘客暴增與電池啟航

此路線在由單一公司接管的七年後，於1896年終止其憑藉駄馬的鐵路服務，同時延伸至斯旺西灣燈塔（Swansea Bay Lighthouse），以及維多利亞時代的偉大新地標——曼布爾斯碼頭。排除駄馬並沒有對火車的速度造成多少改變，往曼布爾斯的列車以時速8公里的高雅速度前進，有些乘客大膽地冒險攀附在車廂外面，藉此逃避驗票，造成車掌收取費用的困難。如蝸牛般的速度也吸引當地孩童想在軌道旁雜耍給乘客看，或是跟著火車翻筋斗。

此路線的乘客數量持續上升，最終甚至寫下單次載客數的世界紀錄：1,800人。

亨利·休斯

✦

亨利·休斯生於1833年，對工程學一直抱有興趣。剛好在天時地利的情況下追求對蒸汽火車的熱情，他不僅發明並取得專利（他的創意之一是個能夠處理蒸汽機車頭廢氣的裝置），也參與布魯內爾（Brunel）的大不列顛號（SS Great Britain）建造工程，以及1862年的倫敦萬國工業博覽會（Great London Exhibition）。他在勒夫波羅（Loughborough）設立機車頭與輕便鐵道車工廠後，轉而移居紐西蘭，並在定居威靈頓（Wellington）及成為紐西蘭首位專利律師前，經手哈特谷（Hutt Valley）與內爾孫（Nelson）的鐵路建造工程。

這條鐵路還奪下另一個世界第一：全球使用過最多種動力來牽引車廂的鐵路。除了馱馬、蒸汽動力，甚至帆力之外，這家鐵路公司還於1902年嘗試使用電池，不過最後以失敗告終。在這之前，此交通工具比起火車更像是輕便鐵道車，到了1925年，他們被十一輛光鮮亮麗的雙層路面電車所取代，這些路面電車來自英格蘭勒夫波羅的布拉什電機公司（Brush Electrical Engineering），每輛都能承載略超過100名乘客（請見下方照片）。此舉大受歡迎，1945年已有500萬人搭乘過這條路線，親身體驗狄倫・湯瑪斯在《追隨者》（The Followers）中的描述：「路面電車的骨架鮮明，發出的聲音好似噴嚏聲、咯咯聲，以及船隻的汽笛聲，就像因濃霧而迫降在海灣的貓頭鷹。」

曼布爾斯碼頭

在可疑的情況下，這條世界最老的客運鐵路於1960年驟然封閉。之前不久，它才剛歡慶150週年紀念。

哀傷訣別

這些路面電車能安然度過第二次世界大戰，著實是個奇蹟——它們分別被藏在其路線上的不同車站。1941年，納粹德國空軍鎖定鎮上的碼頭和煉油廠，投下無數炸彈和燃燒彈。在躲過炸彈攻擊之後，這條路線歡慶它的150週年紀念，紀念國會在1804年首度批准此路線的日子。然而，歡欣鼓舞的表象之下藏著一個重大問題：名為南威爾斯運輸公司（South Wales Transport Company）的公車公司早已接管此路線，且遭指控透過維修名義逐次毀壞其所有物。該公司聲稱此路線正經歷無以彌補的虧損，並向國會申請關閉。後來，謠傳造成該公司問題的部分原因，是他們向自己收取自家路線的租金。最後，擁有決定鐵路生殺大權的國會核准了該公司的計畫。有別於湯瑪斯的詩句「別溫順地步入良夜」，曼布爾斯鐵路如同鬼魅般無聲無息地與世長辭。

> **我從未享受過如此愜意的午後。**
>
> 1809年，伊莉莎白・史賓斯對斯旺西曼布爾斯鐵路之旅的感想

斯托克頓與達靈頓鐵路
Stockton and Darlington Railway

區域：英格蘭

類型：客運、貨運

長度：42公里

◆ 社會
◆ 商業
◆ 政治
◆ 工程
◆ 軍事

斯托克頓與達靈頓鐵路只是一條穿過北英格蘭的短距鐵路，但卻是新興蒸汽時代極其重要的一塊鐵路拼圖。它不僅是世界最早鐵路之一，也為鐵路之父喬治·史蒂文生鋪設了一條康莊大道。

商業頭腦攜手合作

喬治·福克斯（George Fox）是反國教派人士，許多人在聽過他於1652年在昆布利亞郡（Cumbria）山腰上的佈道後，皆因主的道而感動得顫抖。有一段時間，非國教徒的貴格會（Quaker）教徒受到嚴重迫害，其中有許多人逃至美國，不過，隨著社會對他們的接受度逐漸提高，大家發現這些幹勁十足的人多是精明的生意人，例如貴格會的亞伯拉罕·達比和他的鐵橋製鐵廠、伯明罕銀行家桑普森·洛依德（Sampson Lloyd）、伯明罕巧克力工廠大亨喬治·凱伯利（George Cadbury），以及有名的製鞋廠大亨塞若斯和詹姆斯·克拉克（Cyrus and James Clark）兩兄弟。不少貴格會教徒也注意到鐵路上的商機，包含愛德華·皮斯（Edward Pease）和其子約瑟夫（Joseph Pease）在內。1800年代初期，他們已經做好打造蒸汽時代的準備。

愛德華·皮斯是來自達蘭郡達靈頓（Darlington）的毛織品商，17世紀的旅遊作家丹尼爾·狄福（Daniel Defoe）造訪該城鎮時，讚揚當地漂白

英格蘭東北部
斯托克頓與達靈頓鐵路的啟用為鐵路的迅速發展奠下根基。

達蘭郡

北海

WITTON PARK COLLIERY

Bishop Auckland

Black Boy branch

維頓·帕克蘭場

Hartlepool

Billingham

提斯河

Norton

斯托克頓提斯

密德斯布勒

Sadberge

達靈頓

Yarm

亞麻布的品質，同時也咒罵當地的道路。皮斯恪守貴格會的簡單生活哲學，無任何多餘的裝飾品，然而，如同另一位同鄉的貴格會教徒銀行家強納森·拜克豪斯（Jonathan Backhouse），皮斯也是位實用主義者，他們倆皆預見改善達靈頓與斯托克頓（Stockton）之間的道路所能帶來的利益。斯托克頓是當時正在擴展中的港口城市，1800年代，皮斯提議建造鐵路，他甚至找到實現其計畫的工程師：喬治·史蒂文生。

消瘦憔悴的史蒂文生

史蒂文生成長於維拉姆礦場，直到18歲都不曾閱讀或書寫任何字句。在加入其父親任職的布萊克特煤礦場後，他每晚皆前往夜校就讀，努力增進自己的能力。當皮斯在尋找工程師時，史蒂文生已與一名女子相識、成婚，並且失去了她（請見右欄）。史蒂文生的傳記作者山繆·史邁爾斯如此形容皮斯對他這位工程師的第一印象：「他看起來極為正派且明理，而且似乎非常謙虛和實在。」

年輕的知名演員芬妮·肯柏在遇到中年時期的史蒂文生後寫道：「他（史蒂文生）實在令我著迷。他的臉龐儘管有些消瘦憔悴，但仍十分美好，而且帶著一臉深思熟慮的表情；他解釋想法的方式極具自我風格，非常獨特、引人入勝且有說服力。不僅如此，雖然他的口音明顯地指出他來自於北方鄉下，但是在他的言談之中，一點粗俗或粗魯的感覺也沒有。」

這條新路線被稱作「斯托克頓與達靈頓鐵路」，而多數資金皆是由皮斯所籌備。當史蒂文生於1824年設立第一間蒸汽機車頭工廠時，皮斯也同樣予以資助，該工廠以史蒂文生兒子的名字命名「羅伯特」（Robert），位於泰恩河畔的紐卡斯爾。當國會批准斯托克頓與達靈頓鐵路可以藉由「蒸汽動力牽引」提供客運與貨運服務後，這條鐵路不但成為全球首條的公共鐵路，也是用以連結達蘭西南部和斯托克頓各礦場的實用途徑，總長約48公里。它同時也成了十分有利於喬治·史蒂文生和其機器的測試溫床。

巨星工程師
位於赤斯特非（Chesterfield）車站外的喬治·史蒂文生銅像，他就葬在該城鎮。

蒸汽動力全速前進

　　斯托克頓與達靈頓鐵路於1822年開始舖設，史蒂文生也同時著手打造其第一部蒸汽機車頭：古怪、粗短的引擎，不單純只是特里維西克「潘尼達倫號」的翻版。史蒂文生擁有許多自己生產的鑄鐵軌道，但仍明智地決定購買由約翰・柏金蕭（John Birkinshaw）開發的新型鍛鐵（wrought iron）軌道。柏金蕭來自北安布里亞（Northumbria），同樣是鐵路工程師，他的軌道是一項重大突破，若能早點發明出來，或許就能挽救特里維西克的悲慘命運。

　　一如其務實個性，史蒂文生為自己的蒸汽機取了個非常徹底的工作名稱：「機關車一號」（Locomotion No. 1。他已經打造過一部「我的主」（My Lord）——幾乎讓人覺得應該在名稱後加個驚嘆號——以及位於啟陵沃斯〔Killingworth〕煤礦場的「布呂歇爾號」〔Blücher〕）。1825年9月，外型渾圓的「機關車一號」在背著多餘警告旗幟的騎士引領之下，成功牽引著礦車行駛於斯托克頓與達靈頓鐵路之上，礦車內並沒有煤礦，而是擠滿了600位乘客。之後，「機關車一號」也拖過一節坐滿權貴的客運車廂：「實驗車」（The Experiment），外觀極其相似於因鐵路而劃下命運句點的驛馬車。

　　此路線的通車日，距離威靈頓公爵於滑鐵盧戰役擊敗拿破崙僅十年之久。當時，埃及正在建立蘇丹城喀土穆（Khartoum）；西蒙・玻利瓦（Simón Bolívar）正建立委內瑞拉的玻利維亞州（Bolívar）；仍從童工榨取利益的英國工業，正從法律禁止奴隸交易的餘波中復原。那是一個重大的歷史時刻，身為19世紀評論家的席德尼・史密斯（Sydney Smith, 儘管他關於製作沙拉醬汁的打油詩更為人所知），以他獨特的方式述說所觀察到的結果：「我現在可以跑得快過狐狸或野兔，還能持續行進161公里，徹底打敗信鴿和老鷹。」他所言不假，當時是人類史上第一次能勝過動物。人類甚至能比他們的馬移動得更快、更遠，而且持續更長的時間。駄馬的載客任務，直到蒸汽機車頭的性能和可靠度獲得改善後才卸下。

礦工照明燈爭議

✦

喬治・史蒂文生的事業生涯有個重大時刻，牽扯到關於礦場安全燈的爭議。19世紀後期對安全燈的發明共有兩種認知：東北方的礦工深信其「史蒂文生」安全燈是由喬治・史蒂文生所發明，其他地方的礦工則使用漢弗里・戴維爵士（Sir Humphry Davy）於同時期發明的「戴維」安全燈。戴維控告史蒂文生從事產業間諜活動，然而國會調查委員會（Parliamentary Committee of inquiry）證明史蒂文生無罪（並判予1,000英鎊的賠償金）。戴維自始至終無法接受此判決，而來自東北（紐卡斯爾）的史蒂文生，同樣再也不信任任何巧言舌辯的貴族。

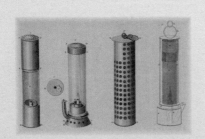

達蘭煤礦發光發熱

在此同時，約瑟夫‧皮斯證明自己比父親愛德華更懂得追名逐利。約瑟夫發現煤礦能夠做為日後的工業用及家用燃料，煤炭於住家中的運用前所未有地普及，尤其是在侖福特伯爵（Count Rumford）讓全國的爐火變得更有效率之後。侖福特生於美國麻薩諸塞州（Massachusetts），並在約三十年前帶著想改善燃煤爐火的滿腔熱情來到英國倫敦。他為許多倫敦名人的住家改善層出不窮的「開放式煙囪內的燃煤壁爐」問題（它們常會搞得屋子裡烏煙瘴氣），包括巴麥尊勳爵（Lord Palmerston）和約瑟夫‧班克斯爵士（Sir Joseph Banks）。

約瑟夫‧皮斯在其鐵路終點建設新港口，藉此取得達蘭煤礦的新銷路。他屬意密德斯布勒（Middlesbrough）這個位於東岸的小農莊，儘管名稱不那麼響亮，它卻成為北英格蘭最繁忙的港口之一，人口多達2萬人（它也成了最早的鐵路鎮〔railway town〕）。後來，約瑟夫‧皮斯還成為國會首位貴格會教徒成員，當他於1872年過世時身價不菲。

利物浦與曼徹斯特鐵路
Liverpool and Manchester Railway

區域：英格蘭

類型：客運、貨運

長度：56公里

◆ 社會
◆ 商業
◆ 政治
◆ 工程
◆ 軍事

世界首條城間鐵路竟得以建造完成，著實是項奇蹟。它是為了從利物浦將棉花運至位在曼徹斯特的工廠所打造，政治陰謀、同行相忌，以及嚴峻的地理限制，在在阻撓它的興建。然而，這條鐵路最終卻在各方面留下輝煌的歷史。

失敗的實驗

預計在傍晚前往斯特拉福亞芬（Stratford-on-Avon）欣賞皇家莎士比亞劇團（Royal Shakespeare Company）的戲劇愛好者，經常會在開演前徒步穿越附近位於亞芬河（River Avon）上的橋。該座磚造橋是威廉·詹姆斯（William James）鮮為人知的心血，有些人（多數為家人）聲稱他才是真正的「鐵路之父」。

身為勘測員與工程師的詹姆斯，花了太多自己的錢在遠大的鐵路構想上，他深信人們總有一天會透過蒸汽動力的鐵路在城市間穿梭，他甚至擬出一條穿越英格蘭中部的路線計畫，讓鐵路從斯特拉福亞芬延伸至倫敦。然而，該計畫縮短至只剩24公里長，始於斯特拉福，終於摩頓（Moreton）的運河起點。曾幫助特里維西克建造「誰能趕上我」的約翰·拉斯翠克（John Rastrick），是建造蒸汽機車頭的英國先驅之一，他成功主張駄馬才最適合用於行走該路線。

究竟是拉斯翠克還是詹姆斯導致這條1826年通車的路線衰落，以至於邁向死亡呢？這對詹姆斯而言無關緊要。在1820年勘察該條路線的

利物浦與曼徹斯特鐵路
利物浦與曼徹斯特鐵路的啟用，為鐵路發展舖下一條康莊大道。該路線後來延伸至沃陵頓（Warrington）和波爾頓（Bolton）。

他，如今仍持續經營英格蘭最大的勘測公司，而且早已著手於利物浦與曼徹斯特之間，建造另一條其自行策劃的鐵路路線。

特拉法加三角

　　透過鐵路從利物浦到曼徹斯特，並且採用憑藉駄馬、帆力甚至是蒸汽動力使貨車運行其上，這個想法對於途經城市的商業社群極具吸引力。利物浦當時是奴隸之城，並藉由「特拉法加三角」（Trafalgar Triangle）帶來財富，特拉法加三角是用以將紡織品、槍枝和其他非必需品運送至西非奴隸海港的三角貿易航線。船上的貨運在西非卸下後，隨即改以非洲的奴隸填滿，並踏上前往西印度群島殖民地的「中途航程」（Middle Passage）。（在鐵路也有個類似的奇異現象，據說奴隸所佔的空間僅現代火車之標準票價座位的十分之一）。在旅程的最後，船隻會帶著蘭姆酒及糖回到利物浦等港口，為英國流行的品茶組合增色不少。

> **黃金時代已是過去式，鐵礦時代恐怕已緊接而來。**
> 亨利‧布斯（Henry Booth），利物浦與曼徹斯特鐵路董事（1830）

　　此時，曼徹斯特居民在棉花交易上獲得不少利潤，他們在水力和蒸汽動力工廠內將原材料製成布料。不論是透過船運將棉花從利物浦運往曼徹斯特，或是自曼徹斯特運回成品，都需要將貨物搬上駁船，這些駁船繁忙地往返於兩大主要運河之間：麥西—厄威爾運河（Mersey and Irwell），以

及橋水運河（Bridgewater），它們寡佔整個市場，並且收取極高費用，曼徹斯特商人約翰·甘迺迪（John Kennedy）以及貴格會玉米商約瑟夫·山德斯（Joseph Sandars）等生意人，皆認為這兩家運河公司已經到了無法無天的地步。約翰·甘迺迪的紡紗廠擁有龐大獲利，多到足以運用最新的鑄鐵框架技術建造當地最大的紡紗廠，該技術的原料等同於加速英國鐵路發展的原料。

在目睹斯托克頓與達靈頓鐵路（請見第18頁）如何降低煤礦價格之後，甘迺迪和山德斯於是開始推廣利物浦和曼徹斯特之間的鐵路路線，不過山德斯才是最初接觸威廉·詹姆斯的人。鐵路董事亨利·布斯在《利物浦與曼徹斯特鐵路記事》（*An Account of the Liverpool and Manchester Railway*, 1830）中解釋道：「詹姆斯先生帶了一封介紹信給山德斯先生，對於利物浦至曼徹斯特不甚完善的運輸方式，山德斯先生擁有切身之痛，因此他已準備好細聽並考量任何能夠解決實際問題的方法。」

克服阻礙

許多人對鐵路抱持懷疑的態度，在威廉·詹姆斯於1821年勘察當時提議的路線時，山德斯鼓勵他盡可能地慎重行事。當詹姆斯與其測量員拿著羅盤、經緯儀和地圖開始進行勘測時，居住於鄉間的居民起而反抗，山繆·史邁爾斯在其著作《喬治·史蒂文生與兒子羅伯特·史蒂文生的一生》（*The Life of George Stephenson and his son Robert Stephenson*）中描述道：「農民派人在農場大門站崗，隨身攜帶乾草叉，有時甚至配戴槍械，就為了把他們趕走。」史邁爾斯還補充，只要這些勘測員一出現，不分男女老少就會一面追趕他們，一面「呼喊難堪的字眼，並向他們扔擲石頭」。

史邁爾斯還寫到，在發生某個測量員遭乾草叉刺穿的慘案後，他們雇用了一名保鏢——醒目的彪形大漢，任務是保護勘測員的標誌：經緯儀；而農民也立即聘雇一個人與之對抗——一名聖海倫斯（St. Helens）的礦工，趾高氣昂地在街坊巡視。結果，發生了一場鬥爭，儘管礦工被狠狠擊潰，但是當地人大量投擲的石頭宛如槍林彈雨，落在

克服的障礙
查特沼地是位於曼徹斯特外的泥炭沼澤荒地，它對鐵路建造者來說是一項新的挑戰，史蒂文生的創新解決方案，是讓軌道「浮」在草叢上。

勘測員和他們的儀器上，經緯儀也變得支離破碎。

　　然而，相較於鐵路建造者面臨的天然障礙，詹姆斯在勘察時遇到的問題根本不算什麼。曼徹斯特外有個名為查特沼地（Chat Moss）的泥炭沼澤荒地，面積達26平方公里，而且據聞會將誤入歧途的牛隻整頭吞噬殆盡（1950年代，它吐出了某個可憐凱爾特人〔Celt〕的頭顱，他可能是在羅馬帝國統治英國的時期，遭殺害以做獻祭之用）。體重過重的詹姆斯也差點成了沼澤的犧牲者，他一度開始沉入沼澤，山繆・史邁爾斯描述：「他躺倒身軀，不斷地翻滾再翻滾，直到終於觸及堅實的地面，渾身狼狽不堪。」

　　假如此路線想保持同一個高度，它必須越過桑奇溪谷（Sankey Brook valley），這代表架橋工程不可避免；此外，名稱宛如出自聖經的沙岩「橄欖山」（Olive Mount），也得從中剖開、一分為二。最後，利物浦本身也有待克服的問題。1760年，支付利物浦碼頭稅的船隻僅略超過2,500艘，而現在已經有將近1萬艘，該港口的船舶總噸數也在十年內漲為兩倍。因此，利物浦的範圍不再侷限於港口，而是蔓延至周圍的大小村莊。儘管運河施工者在之前已經建造了不少隧道，但從未有人在整座城市底下挖鑿通道。

　　在詹姆斯完成勘察後，他和助理將結果回報至紐卡斯爾。他的助理即是羅伯特・史蒂文生（Robert Stephenson），羅伯特的父親喬治・史蒂文生於是開始著手進行向國會申請新路線的棘手任務。然而，詹姆斯沒有辦法再給予幫助了。詹姆斯在鐵路上投注的熱情，導致他忽略其事業的利益面，如今已面臨破產。如同山繆・史邁爾斯在史蒂文生父子的傳記中解釋的：「詹姆斯先生的財務窘境已病入膏肓，由於病痛與債務的雙面夾擊，他再也無法實現他對委員會的承諾。」這位偉大的鐵路代言人悄悄地從聚光燈中消失，在康瓦耳郡從事些許仲介工作（諷刺的是，當地即是蒸汽機車頭事業起步的地方），藉此養家活口。

　　此時，喬治・史蒂文生對這個鐵路計畫有幾項考量：這條56公里長的路線，需要世界首條地下隧道、穿過橄欖山且長達3.2公里的明塹、約六十座橋樑，以及橫跨桑奇溪、至少需要九道拱的高架橋。自橄欖山取得的石塊可以用來造橋與築堤，不過，查特沼地令人喪氣的6.4公里軌道該怎麼辦呢？喬治・史蒂文生與正在南美洲進行鐵路工程的兒子羅伯特・

查特沼地

✦

喬治・史蒂文生利用木頭、石楠（heather）和石頭製作的浮式基礎（floating foundation）沉入沼澤，並使鐵路運行其上，他似乎是受到威廉・羅斯科（William Roscoe, 1753-1831）的啟發。羅斯科是一位從歷史學家轉職的農夫，利物浦市場園丁之子，他為自己定下征服沼澤的任務，他讓駄馬穿上木製馬蹄鐵或木套鞋來犁田，藉此在沼澤耕種作物。當演員芬妮・肯柏搭乘史蒂文生公司的列車穿越沼地時，她說：「我們以時速40公里穿過沼地，看見汙濁的沼澤水面隨之顫動……列車兩側都是一樣的光景。」

史蒂文生，一同將這份路線計畫呈交予國會。身為此計畫頭號敵手之一的羅伯特‧布拉迪蕭（Robert Bradshaw）譴責「這場騙局的盲從者」，並促使計畫遭到駁回（布拉迪蕭是橋水公爵〔Duke of Bridgewater〕的運河代理人，據說他「極為沉醉於水路帶來的利益」）。史蒂文生的鐵路可以將兩個城市間的36小時運河之旅縮減至僅5或6小時，於計畫書中，布拉迪蕭也可以獲得分紅，然而他拒絕該項提議，並說服大眾整個鐵路構想根本是「癡人說夢」。

　　鐵路倡導人史蒂文生決定再試一次，這次，他找來了查爾斯‧維尼奧爾斯（Charles Vignoles），以及勘測工程師喬治‧雷尼（George Rennie）和約翰‧雷尼（John Rennie）兩兄弟。雷尼兄弟的父親同樣名為約翰，他早已因倫敦泰晤士河（River Thames）的兩項造橋工程而聞名，一座在沙瑟克（Southwark），另一座則是滑鐵盧橋（Waterloo Bridge）。這對兄弟成功地重新包裝此計畫，促使鐵路贊助商再次任命喬治‧史蒂文生，不過，雷尼兄弟似乎看不起這位白手起家的鐵路人士，後來決定出走，而原本的頭號大敵布拉迪蕭，反倒被說服並轉而支持這項計畫，終於，鐵路的建造工程可以展開了。

開山闢路

　　利物浦與曼徹斯特鐵路共花了五年左右才建造完成（儘管最初威廉‧詹姆斯預估十八個月即可完工），它建立起史蒂文生的聲望，同時也犧牲了許多土木工人的生命。以《利物浦水星報》（*Livepool Mercury*）於1830年5月1日的報導為例，它指出一群土木工人在前往享用早餐的路途中，由於船隻翻覆，導致他們落入厄威爾河（River Irwell）：「至少12人遭溺斃，而且在大家慌忙搶救之前，就已經沉入河底。」該報還補充道：「鐵路公司承擔所有喪葬費用。」

　　於一年前，亦即1829年，他們在雨丘（Rainhill）舉行速度測試，以尋找合適的機車頭。到了1830年9月，史蒂文生的兩座機車頭「火箭號」（Rocket）和「行星號」（Planet），皆在曼徹斯特和利物浦之間完成它們的處女航，

除了它們，還有另外六部蒸汽機車頭也是如此，包括「北安布里亞號」（Northumbrian）、「鳳凰號」（Phoenix）以及「北極星號」（North Star）等等。利物浦與曼徹斯特鐵路或許創下多項鐵路紀錄，然而，在它通車的當天卻先創下了不樂見的先例：史上第一位因鐵路喪生的乘客。

對事情的經過，山繆·史邁爾斯這樣描述：「在距離利物浦約27公里的帕克賽德（Parkside），是列車停下來為車頭加水的地點。『北安布里亞號』拖著載有威靈頓公爵的車廂，停靠在其中一條軌道上，好讓他和同行者能夠看到另一條軌道上的列車從眼前通過。赫斯基森（Huskisson）先生（利物浦國會議員）步下車廂，並站在對向的路上，而火箭號正沿著那條路疾駛而來。此時，與其關係有些許冷淡的威靈頓公爵向他打招呼，並簡短而友善地與他握手；就在他們分開之前，一旁的群眾開始不斷喊著『快進來！快進來！』赫斯基森手忙腳亂地試圖繞過車廂向著對面軌道開啟的門；然而，就在他這麼做的時候，他被火箭號撞倒，其中一條腿恰巧橫跨鐵軌，當下就支離破碎。他被抬起來後的第一句話是：『我看見死神了。』很遺憾地，這句話一語成讖，當晚他就在厄克斯（Eccles）的牧師公館嚥下最後一口氣。」

不過，這不完全是件壞事，史邁爾斯繼續說道：「喬治·史蒂文生親自駕駛著北安布里亞號，在25分鐘內將不幸重傷的赫斯基森運往24公里以外的地區，速度達每小時58公里，這點在當時特別提出，被視為重大要事。此一驚人的速度轟動全世界，並造成前所未見也不曾預料到的現象。」

所向無敵？

1829年，創新號（Novelty）、無敵號（Sans Pareil）和火箭號互爭此新鐵路路線的行駛權。然而，面對火箭號，不論是創新號或無敵號皆無可與之匹敵。

紀錄刷新者

利物浦與曼徹斯特鐵路像打倒九柱球（skittle）道上的木柱般，不斷刷新紀錄。有家名為彼克福特斯（Pickfords）的搬運公司前來接洽，希望能託運史上第一只載貨貨櫃；對這個在兩座城市之間運送信件和包裹的新穎構想，他們欣然接受；然後，隨著想利用火車旅行的乘客數量不可思議地向上攀升，利物浦與曼徹斯特鐵路開始提供越來越多的客運服務。史蒂文生的雙線道鐵軌讓火車可以雙向行駛，而火車靠左行駛的做法爾後幾乎為全世界所採納。有時，列車會發生追撞意外，儘管並不頻繁，但是仍促使鐵路公司實行基本的信號警告系統：紅色代表停止，綠色代表危險，白色則代表暢行無阻，此信號系統在當時同樣遍及全球。

1830

巴爾的摩與俄亥俄鐵路
Baltimore and Ohio Railroad

區域：美國

類型：客運

長度：611公里

◆ 社會
◆ 商業
◆ 政治
◆ 工程
◆ 軍事

對1830年發生在巴爾的摩的驛馬車業主與蒸汽機車頭「拇指湯姆」之爭，任何相馬能手都會押驛馬車業主。他們英姿煥發的灰色駿馬的確贏得比賽，但沒有贏得那個時代：巴爾的摩與俄亥俄鐵路因提供美國最早的定期蒸汽火車客運服務而歷史留名。

「拇指湯姆」（Tom Thumb）是由彼得・庫柏（Peter Cooper）所創造與駕駛，1830年的8月，這部機車頭帶著滿滿一車的乘客，前往馬里蘭州（Maryland）的埃利科特磨坊（Ellicott's Mills）。根據鐵路律師約翰・拉籌伯（John H. B. Latrobe）於1868年敘述的故事：「那趟旅程非常有趣。列車不費吹灰之力地以時速24公里過彎；上坡時也顯得頗為輕鬆；當天美好而怡人，鐵路公司也處於最積極正向的心境。」

回程時，拇指湯姆在經過里磊之家（Relay House）時，恰巧與比鄰軌道上的馬車並行而上。那輛由「英姿煥發、展現無比力與美的灰色駿馬」所牽引的馬車，正是由「當時鼎鼎大名的驛馬車業主」斯托克頓暨斯托克斯公司（Stockton & Stokes）所操縱。一場臨時起意的比賽就此展開，灰色駿馬奮力加速，一開始就取得領先。拇指湯姆則是慢慢一步步推進，最終超越了駿馬，只不過，其中一條傳動輪的傳動帶滑落，導致拇指湯姆不得不停下來。庫柏下車將燙手的傳動帶裝回去而弄傷了手，然後再次啟動蒸汽機，結果比駿馬晚了幾步才抵達鐵路起點。

從馱馬到蒸汽機車頭

相較於馱馬勝過蒸汽機車頭的故事，其背景當然更複雜一些。彼得・

巴爾的摩與俄亥俄鐵路

這條鐵路最初的終點站是埃利科特磨坊，全長僅19.3公里。1835年，它進一步延伸至華盛頓，1853年至惠凌（Wheeling），並於1857年延伸至帕克斯堡（Parkersburg）。

交通運輸的先驅

此路線早期使用的機車頭是奇怪的「蚱蜢」，之所以得其名，是因為構造看似偷偷摸摸的長腿蟋蟀。這距離第一部傳統機車頭「拉法葉號」（Lafayette）的出現並不遠。拉法葉號是以一名在美國獨立戰爭時傾力幫助美國的法國士兵命名，前端有座高大的煙囪，中間是寬大、橫臥的鍋爐桶，最後則是火車司機的作業平台，看起來就像真正的機車頭。它同時也裝有轉向架，轉向架是當時頗為新穎的發明，能夠使機車頭比以往更穩定地抓牢軌道。

威廉・諾利思（William Norris）是拉法葉號的建造者，他原本是布商，1831年轉而在費城建造機車頭。他不但成為主要的機車頭建造商，還外銷至英國。1836年，他運送「華盛頓郡農人號」（Washington County Farmer）至費城與哥倫比亞鐵路公司（Philadelphia and Columbia Railroad company），這輛機車頭前端以四輪轉向架配置，看起來就像是個獨立可轉動的貨運拖車，轉向架在之前就在機車頭上測試過了，當時的機車頭名為「強納森老兄」（Brother Jonathon, 早期，「強納森老兄」是所有美國男子的暱稱），由約翰・杰維斯（John B. Jervis）在紐約的西點鑄造廠（West Point Foundry）製造。四輪轉向架確保農人號和之後的拉法葉號（以及幾乎所有未來的客運用機車頭）在通過彎道時，都能緊抓著軌道免於出軌。巴爾的摩與俄亥俄鐵路公司的主管認同此概念，因此下了八輛機車頭的訂單。

直到1842年，巴爾的摩與俄亥俄鐵路才終於延伸至俄亥俄河，當時，新建的鐵路網已遍及美國東岸（康登與安波易鐵路〔Camden and Amboy Railroad〕以及莫霍克與哈德遜鐵路〔Mohawk and Hudson Railroad〕，皆緊接著巴爾的摩與俄亥俄鐵路興建完成）。然而，這條鐵路仍不斷刷新美國的紀錄：不論是發布時刻表、以馬達為牽引動力，皆是由它創下先例，它還在1930年推出空調系統完備的列車。

拉籌伯大而無用的建築

◆

巴爾的摩與俄亥俄鐵路的發起人菲利普・湯瑪斯，名字被拿來為一項極具開創性的工程作品命名：湯瑪斯高架橋（Thomas Viaduct）。巴爾的摩與俄亥俄鐵路於1831年收到許可證，獲准從巴爾的摩延伸至華盛頓，此新增路段也在途中的高架橋建設完畢後，於1835年通車。湯瑪斯高架橋屬於八跨距結構（eight-span structure），當時是全美最長的高架橋，同時也是美洲首座石拱橋，唯有建構成弧形，它才有辦法跨越帕塔普斯科河（Patapsco River）及其河谷。許多人深信此「拉籌伯大而無用的建築」（Latrobe's Folly, 此綽號出自設計者班哲明・亨利・拉籌伯二世〔Benjamin Henry Latrobe II〕，他是約翰・拉籌伯的弟弟）絕對無法經得起考驗，不過，它卻在1868年和1972年分別撐過了該河谷史上最嚴重的兩次洪災。

南卡羅來納運河與鐵路公司
South Carolina Canal and Rail Road Company

區域：美國

類型：客運、貨運

長度：219公里

◆ 社會
◆ **商業**
◆ 政治
◆ 工程
◆ 軍事

展望未來
奧利佛‧埃文斯預見利用蒸汽做為火車動力的潛能，讓火車得以載著乘客跨越數百英里的距離。

讓查理頓躍上地圖的1920年代跳舞熱潮，始於該城市的工業港區。在一世紀以前，同一座城市、設立美國其中一條最早的公共鐵路時，也在歷史上留下它的名字。

疾如飛鳥

同一天內，早餐可以在巴爾的摩進行，晚餐則可以在紐約享用，在1813年，這完全就是無稽之談。不過，這段話的作者其實十分有遠見。在五十年內，《每月記事》（*Monthly Chronicle*）寫道：「（透過火車）當天之內就能輕鬆於巴爾的摩與紐約兩地間移動。」

奧利佛‧埃文斯（Oliver Evans）生於1755年，是名車輪修造學徒。如同鐵匠的煉冶場，村莊內的車輪修造店也是晚間最受歡迎的集會地點，人們喜歡在那享受店裡的溫暖、燈光，假如師傅正好在修理車輪，他們還能欣賞到其流暢的動作。安裝車輪時，需先燒紅鐵皮，然後將之徹底延展，並小心地套在木輪外緣。接著，修理工的助手會以冷水澆熄鐵輪皮，使之縮小並包覆木輪外圍，此時，眼前所見都會沒入蒸汽白霧之中。這一切，以及鐵匠助理的表演手法，皆讓埃文斯印象深刻。鐵匠助理會將裝滿水與填塞物的來福槍管拿到火上加熱，直到其中的蒸汽爆發，把白嘴鴉嚇得飛離牠們的巢。

對埃文斯來說，他從中學到的是蒸汽的威力。在鍋爐內加熱後，水在轉化成水蒸汽的過程中體積會膨脹。他知道蒸汽能夠帶動活塞：他曾仔細地觀察過博爾頓瓦特公司（Boulton and Watt）的低壓蒸汽機，並且瞭解其極限。如同理查‧特里維西克為「潘尼達倫號」修正設計，埃文斯構想出一部能夠行駛於鐵軌上的蒸汽動力車。他甚至想像有一天，「人們可以乘坐在蒸汽動力的公共交通工具上，以快如飛鳥的速度在城市間穿梭——時速24-32公里。以如此之快的速度穿過空氣，眼前的景象一幕接著一幕地迅速改變，想必是最令人振奮、最愉快的體驗。」回溯到1789年，埃文斯為其水陸兩用的蒸汽機設計取得專

早上，車廂從華盛頓出發，乘客會在巴爾的摩吃早餐，於費城享用午餐，再到紐約吃晚餐。全部都發生在同一天。

奧利佛‧埃文斯，對鐵路的願景，1813

查理頓港
查理頓的新鐵路可望為當地居民帶來遠遠超乎鄰鎮的貿易優勢。

利。然而，美國在19世紀早期擁有許多新興事業，卻沒有太多可運用的資金，不論是透過專利獲取收入或是為新專案籌措資金，埃文斯皆連連失利。有位朋友遠赴英格蘭，試圖在那裡弄到資金，可惜那位朋友在為埃文斯找到贊助之前就過世了，不過有人猜測，理查・特里維克或許曾因此在偶然的機會下看過埃文斯的蒸汽機車頭設計。「潘尼達倫號」是否對這位美國發明家有所虧欠呢？

　　埃文斯過世於1819年，就在他的工程公司失火之後，那場火很可能是一名心生不滿的員工所為。一年後，南卡羅來納州的查理頓開始鋪設美國其中一條最早的鐵路，埃文斯對「人們乘坐在蒸汽動力車上旅行」的奇想也隨著一步步化為現實。

陸路與水路
奧利佛・埃文斯於1780年代為其水陸兩用的蒸汽動力車設計取得專利。

力爭上游的查理頓

　　爵士音樂家吉米・強森（Jimmy Johnson）透過其在1920年代中期的熱門舞曲，讓查理頓這個城市永垂不朽。他說這首曲子的靈感來自在查理頓碼頭工作的非裔美國人。查理頓的名稱來自於英國國王查理二世（Charles II）——該城市因此對在美國獨立戰爭期間遭受英國攻擊有所怨懟，而它想成為「偉大海港城鎮」的志向，則傳承自早期的英國殖民者之一。

　　因黑奴交易盛行所賺得的血腥錢，以及鹿皮馬褲的流行（1700年代

慶祝之旅
「查理頓的最佳伙伴」於1830年的耶誕節，拖著查理頓的第一輛列車踏上旅程。

的重要貿易品項），讓查理頓名列全美十大城市。然而，它在1820年代的前途未卜。當時，白人市民正從可能發生黑奴叛亂的傳聞中努力回歸正常生活（該事件共有35人遭倉促處以絞刑，包含被指稱為叛亂發起人的丹馬克・維西〔Denmark Vesey〕），不僅如此，這座城市的貿易地位，也因為西部經濟發展而受到威脅。南卡羅來納運河與鐵路公司成立於1827年，其成員設法利用鐵路來將查理頓連結至內陸市場，藉此促進當地經濟。

　　該鐵路於1830年的耶誕節通車。根據《查理頓信使報》（*Charleston Courier*）記載：「共141人以時速25-40公里乘風飛翔」，回程的速度更是「快上加快！」。沿著長10公里的鐵路拖著五節車廂奔馳的，是美洲大陸首座全尺寸的蒸汽機車頭。它由西點鑄造廠建造於紐約，並分成幾部分海運至查理頓，名為「查理頓的最佳伙伴」（Best Friend of Charleston）。

蒸汽的最佳伙伴

　　「最佳伙伴」的外觀不同於任何既有的蒸汽機車頭，駕駛站在車頭前方的安全欄杆內，高聳如火箭的鍋爐則在駕駛身後。有了直立式鍋爐和水櫃，它成了堅實的工程傑作，足以帶動五節車廂，共可乘坐超過50人，並且以時速32公里穩定前進。不過，它有個惱人的安全閥裝置，會在鍋爐壓力過低時嗖嗖作響。有個司爐（fireman）為讓它安靜而將其固定，結果卻造成無法挽救的悲劇。1831年，鍋爐爆炸了，不幸造成司爐喪生，機車頭也因此嚴重受損。後來，他們重建蒸汽機，並重新命名為「鳳凰號」，如同神話中浴火重生的鳳凰。

這具機車頭背後的男人，是一名當地的生意人伊薩・米勒（Ezra L. Miller），他擁有鐵路人士的樂觀精神（他很可能曾與查理頓的首席工程師霍瑞修・艾倫〔Horatio Allen〕一同站在人群裡，觀看英格蘭的雨丘速度測試），並且很快地加入鐵路公司的董事會。就在他的同事猶豫於是否該委託製造機車頭時，他二話不說地提供資金（4,000美元），並且提出設計圖。他與馬蒂亞斯・鮑德溫（Matthias Baldwin）聯手成立鮑德溫機車頭製造廠（Baldwin Locomotive Works），並建造「E・L・米勒號」（E.L.Miller）及知名的「老鐵殼號」（Old Ironsides），前者後來賣給南卡羅來納運河與鐵路公司。

軌道投資

米勒的「最佳伙伴」並非出現於美國大陸的第一部機車頭。如同英國和歐洲，早期的美國鐵路也是由礦工和採石工人所建造，用以行駛藉助人力或獸力推拉的礦車。德拉瓦與哈德遜運河公司（Delaware and Hudson Canal Company）從位於英格蘭斯托布里治（Stourbridge）的小工廠弗斯特洛思翠克公司（Foster, Rastrick and Company），進口了一部名為「斯托布里治雄獅號」（Stourbridge Lion）的機車頭（這是首部在英國以外運行的機車頭）。當時，霍瑞修・艾倫是德拉瓦與哈德遜的工程師，他共訂購了四輛機車頭：其中，「雄獅號」和另外兩輛來自洛思翠克公司，第四輛則購自喬治・史蒂文生。史蒂文生最早完成建造並出貨，但是最後受任首航的是洛思翠克公司的斯托布里治雄獅號。一年後，小巧的拇指湯姆才出現在巴爾的摩的鐵路上。

表面上，自查理頓出發的路線只是一次微不足道的小事件，然而，它卻揭開了鐵路建造之爭的序幕。美國的鐵路發展與英格蘭迥然不同，英格蘭的鐵路距離很短，但是交通量相對較高，而且，只要喬治・史蒂文生說服銀行出錢，馬上就會有大筆資金流入。然而，1800年代的美國既沒有錢也缺乏交通量，只不過土地非常便宜，所以查理頓鐵路的成功促使許多生意人和政治家開始投資軌道。不出十年，美國已經有約4,828公里的鐵路：而這個數字甚至在接下來的二十年暴增三倍。

首位美國司機

✦

根據報紙記載，南卡羅來納鐵路公司的員工在1869年大批湧入尼可拉斯・戴洛（Nicholas W. Darrell）的喪禮。在他們眼中，戴洛是美國的首位列車司機。來自紐約的約翰・戴格儂（John Degnon）後來聲稱，是他把知識傳授給戴洛，不過，看來戴洛早在他之前就表明過自己不只曾駕駛「最佳伙伴」，也操作過另一部機車頭「西點號」（West Point, 取自紐約鑄造廠的名字）。最後，他還駕駛了第三部機車頭，也就是首部加入同路線的八輪機車頭：「南卡羅來納號」（South Carolina）。

都柏林與國王鎮鐵路
Dublin and Kingstown Railway

區域：愛爾蘭

類型：客運

長度：10公里

◆ 社會
◆ 商業
◆ 政治
◆ 工程
◆ 軍事

假 如全國採用的軌距都能同於威廉‧達根（William Dargan）所鋪設的都柏林與國王鎮鐵路，愛爾蘭的鐵路網搭乘起來或許能更加平順。然而，他們卻採用了不同的軌距，使得這個目標難以達成，不僅如此，這個問題還影響到遠在天邊的澳大利亞。

驟的背寬？

威廉‧達根是愛爾蘭的農莊之子，他於鄉村學校受教育，而且在1820年代對自己帳本上的數字沾沾自喜：帳本寫著他共有300英鎊的盈餘，那是和蘇格蘭工程師湯瑪斯‧泰爾福德（Thomas Telford）一起工作的成果。泰爾福德曾預言士羅普郡的士魯斯柏立（Shrewsbury, Shropshire）聖查德教堂（St. Chadd's Church）有部分即將崩塌而變得較廣為人知，該教堂也的確在三天後發生崩塌。

泰爾福德在北威爾斯和都柏林（Dublin）從事道路工程時，雇用達根跟在身邊。在隨著斯托克頓與達靈頓鐵路席捲而來的鐵路熱潮中，達根被

海岸線

威廉‧達根在都柏林與國王鎮之間鋪設鐵路，軌距相同於喬治‧史蒂文生使用的規格。

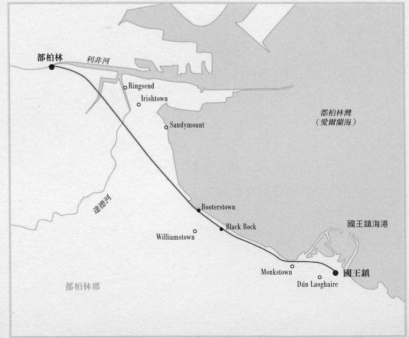

達根的鐵路
威廉・達根對愛爾蘭首條客運鐵路的建設貢獻良多，並且採用了當時通用的軌距。

捲入愛爾蘭第一條客運鐵路的計畫：由都柏林延伸至國王鎮（Kingstown），總長10公里。雖然舖設起來是相對較簡單的路線，但是仍有不少區域性的問題。當地有位大地主每天都會到愛爾蘭海（Irish Sea）游泳，這條鐵路的海線可能危及其隱私，因此鐵路公司只好贈予他一座橋和供其沐浴的聖殿。

> 我很欽佩商業企業……不論他們走到哪……我們所謂的文明就走到哪。
> 湯瑪斯・泰爾福德

達根對鐵軌之間的距離——軌距——要求非常嚴格。他規定軌距為精準的1,435公釐，即用於斯托克頓與達靈頓鐵路的「史蒂文生軌距」。史蒂文生之所以採用此軌距，是因為那是「查爾特隆」（chaldron, 煤礦車）的慣用軌距，而他希望自己的鐵路能夠與礦業鐵道相連接。

礦車使用的軌距源於數世紀以前，臨近希臘科林斯（Corinth）的地方，有條稱為笛耳各斯（Diolkos）的石道仍保留著當時的車轍痕跡，兩道車轍約相距1,500公釐。部分歷史學家聲稱這是古希臘的鐵路，其軌距反映出簡單的事實：除了憑藉奴隸，傳統的馱獸多是馬、牛或騾之外，兩條軌道之間的距離必須夠寬，才能夠容納一群或一對馱獸。基於此原理，史蒂文生的軌距很可能是根據騾的背寬來決定。

史蒂文生在規劃利物浦與曼徹斯特鐵路時，也許有機會採用更寬的軌距，以行駛更寬敞的車廂，並提供更加舒適的搭乘經驗，然而，當時他已經開始建造機車頭和設計鐵路了，所以理當會忠於自己既有的知識。

至關重要的軌距
軌距是兩條軌道之間的距離，由史蒂文生在建造斯托克頓與達靈頓鐵路時所制訂，最早則是源於輪車的輪距。

切換至愛爾蘭軌距

最早的愛爾蘭鐵路於1834年通

車，並且成為十分受歡迎的通勤路線。爾後，其他鐵路相繼出現：1839年的阿爾斯特鐵路（Ulster Railway），以及1844年的都柏林與德羅赫達鐵路（Dublin and Drogheda Railway）。很遺憾地，面對軌距問題，不同工程師皆選擇以愛爾蘭作風來決定大小：阿爾斯特鐵路採用寬敞舒適的1,880公釐，都柏林與德羅赫達鐵路則選用較窄的1,575公釐。由於預見可能產生的麻煩，某一委員會在仔細研究這個問題後，建議採用一個全新的軌距：1,600公釐，此軌距也成為愛爾蘭標準軌距（Irish standard gauge），導致舊都柏林線必須拆除軌道並改成新標準。

　　大約在同一時間，澳洲新南威爾斯州（New South Wales）的州長在尋求軌距相關建議後，決定採用史蒂文生的版本。在曾參與都柏林與國王鎮鐵路工程的法蘭西斯・席爾茲（Francis Shields）舖設雪梨和帕拉馬塔（Parramata）之間的新南威爾斯州首條鐵路時，南澳大利亞州（South Australia）和維多利亞州（Victoria）也同樣選擇採用史蒂文生軌距。席爾茲後來辭去職務，卻在那之前將其鐵路的軌距改成愛爾蘭標準。當時正在規劃中的鐵路——建於1854年的維多利亞鐵路（Victorian Railway），以及1856年的南澳大利亞鐵路（South Australian Railway），也為了保持一致性

頭等艙

1843年的《布拉迪蕭的每月鐵路指南》（Bradshaw's Monthly Railway Guide），列出都柏林與國王鎮鐵路的票價表，其中「頭等艙1先令（shilling）、二等艙8便士（pence）、三等艙6便士。」

而改成愛爾蘭軌距。

繼席爾茲辭職後上任的，是蘇格蘭工程師詹姆斯・華勒斯（James Wallace）。他想回復史蒂文生軌距，詭異的是，州長威廉・丹尼生（William Denison）竟然同意他這麼做。雪梨的鐵路在1855年通車，擁有全國獨一無二的軌距。自此之後，澳大利亞被迫耗費鉅資來處理這個問題。

隨著鐵路網的擴張，新的軌距也開始形成。全世界60%的鐵路最終都選擇採用史蒂文生軌距，即「標準軌距」（Standard Gauge）。略低於25%的鐵路採用較寬的軌距，例如俄國、伊比利半島，以及印度、巴基斯坦和愛爾蘭的部分地區。剩下的地區則是選用窄軌距（narrow gauge），包含南美洲、非洲中部與南部。在兩種軌距的交界處，乘客的旅程必定會受到延宕：其中一個解決方案是打造雙軌距鐵路，以適用不同列車。

有趣的是，這個問題並不是新聞。新石器時代的農人顯然對推車輪距也沒有共同的想法，其輪距範圍從1,300公釐到1,750公釐都有。直到青銅器時代，推車製造者才制定出一個標準輪距，而且與史蒂文生的軌距相去不遠：1,400公釐和1,450公釐。

利斯托爾—巴利邦寧鐵路

◆

1888年，又有一條愛爾蘭鐵路打破常規。其法國設計者查爾斯・拉提格（Charles Lartigue）提出了一項激進的軌距問題解決方案：單軌鐵路。此單線鐵路運行於蜿蜒的鐵製支架上，從利斯托爾（Listowel）穿過鄉間，抵達克立郡（County Kerry）海邊的巴利邦寧（Ballybunion）。這條鐵路不僅需要特殊的機車頭——上頭有兩具跨坐軌道兩旁的鍋爐，乘客和貨物還必須平均分布在車廂兩邊。在經過愛爾蘭內戰（Irish Civil War）的摧殘後，此鐵路於1924年關閉，其中有一部分在2003年獲得重建。

布魯塞爾─麥赫連鐵路
Brussels to Mechelen Railway

區域：比利時
類型：貨運、客運
長度：20公里

在英國開啟鐵路歷史後，比利時率先突圍，成為第一個在歐洲大陸建造鐵路的國家。這個小國家最後發展出的鐵路網，比世界任何一個國家更密集。

◆ 社會
◆ 商業
◆ 政治
◆ 工程
◆ 軍事

利奧波德國王的鐵路

1830年，比利時擺脫荷蘭獨立，宛如蝴蝶破繭而出。此民族國家在拿破崙於1815年戰敗後被併入鄰國，直到1830年革命才正式建國。儘管比利時在國王利奧波德一世（Leopold I）的統治下，憑藉自身條件成為一個國家，然而邊界仍不斷發生零星衝突。因此，國王下令規劃一系列具戰略性的鐵路路線，並以布魯塞爾（Brussels）為中心，讓鐵路網由東到西、由北到南，涵蓋整個國家。

到了1834年，一份規劃完畢的國家鐵路網架構放在國王桌上，等待他的批准。那是一份完整而龐大的計畫，利奧波德完成了第一階段的核准：自布魯塞爾連結至麥赫連（荷蘭文為Mechelen，法文為Malines）的鐵路，它即將成為歐洲大陸首條客運鐵路。

在此同時，利奧波德正在安排皇室表兄妹成親事宜──他的外甥女維多利亞（Victoria）以及侄子艾伯特王子（Prince Albert），艾伯特是薩克森─科堡─哥達王朝（Saxe-Coburg and Gotha）的王子。維多利亞受封為英國王位繼承人（皇室後來決定拋棄其德國姓氏，並以溫莎〔Windsor〕取代之，藉此安撫第一次世界大戰後的反德情緒），並奉命管理自鐵路起家的帝國。

比利時
比利時國王利奧波德一世促成歐洲大陸首條鐵路的誕生。

其間，利奧波德的鐵路已開始建造。舖設鐵路的同時，他們從英吉利海峽（English Channel）的另一端訂購機車頭，分別有名稱笨重的「大象號」（L'Elephant），以及史蒂文生提供的「飛箭號」（La Flèche）和「史蒂文生號」（Stephenson）。大象號來自查爾斯‧泰勒（Charles Tayleur）的麥西塞德鑄造廠（Merseyside foundry, 最初是為了利物浦與曼徹斯特鐵路所設立）。1835年5月首航當日，三輛機車頭一起牽引著共有三十節車廂的列車，乘客約1,000人，包含喬治‧史蒂文生本人，不過他應該沒有表明身分。回程時，僅大象號單獨拖拉著整列火車。

平步青雲的開端

比利時麻煩的荷蘭鄰居也已經開始著手興建鐵路。他們在討論從阿姆斯特丹主要港口一直延伸至德國萊茵河西部的鐵路，然而，曾經參與利物浦與曼徹斯特鐵路的威廉‧貝克

火車開跑
喬治‧史蒂文生匿名登上布魯塞爾－麥赫連鐵路的首航列車。

（William Bake），最初曾提出從阿姆斯特丹連往德國科隆（Cologne）的鐵路計畫，可惜後來胎死腹中。最後，此重責大任落到貝克的員工布拉德（W. C. Brade）身上，他計劃先從阿姆斯特丹舖設一條到哈倫（Haarlem）為止的測試鐵路，先供客運使用。該鐵路準時於1839年通車，成為荷蘭的首條鐵路，不過有趣的是，它原本築成「錯誤」的1,945公釐軌距，結果只得倉促修正。用來牽引第一列火車的車頭同樣來自於英國，分別為「老鷹號」（Arend）和「疾速號」（Snelheid）。這是荷蘭鐵路的小小開始。

讓我們回到比利時連往麥赫連的鐵路，它在一年後的1836年延伸至安特衛普（Antwerp），並於八年內就延伸到根特（Ghent）和奧斯坦德（Ostend），以及德國與法國邊境。1830年的比利時獨立革命（Belgian Revolution）期間，名為錫塔德（Sittard）的荷蘭城鎮選擇支持革命者。於比利時和荷蘭的協定中，荷蘭允許比利時建造穿過荷蘭領土的道路或運河，前往普魯士（Prussia）邊界，因此，比利時決定在1868年建一條以錫塔德為起點的鐵路，這條鐵路後來稱為「鐵萊茵河」（Iron Rhine）。在平步青雲的開端之後，比利時繼續發展出全球最密集的鐵路。

1835

紐倫堡與福爾特鐵路
Nuremberg and Fürth Railway

區域：巴伐利亞
類型：貨運、客運
長度：6.4公里

◆ 社會
◆ 商業
◆ 政治
◆ 工程
◆ 軍事

任何國家的第一條鐵路，都讓該國的歷史往前跨一大步。而巴伐利亞（Bavaria）的路德維希鐵路（Ludwigsbahn）不只預告了中歐即將掀起的鐵路狂潮，還有助於德國統一。

師法英國的巴伐利亞

當巴伐利亞的路德維希鐵路於1835年12月通車時，群眾聚集於現場，但是，用來為此鐵路命名的君王卻沒有現身。於普魯士，普魯士國王的弟弟威廉王子（Prine William）早在四年前就參加過以他命名的鐵路通車儀式，當時，皇室成員以一輛蓋上紅毯的空礦車進行首航。

然而，巴伐利亞的國王路德維希一世（King Ludwig I）對他授予借用其名的新事業已失去興趣。他的心思全在連接多瑙河（Danube）和美茵河（Main）的運河計畫上（他是運河愛好者）。他也可能是沉溺在失去珍‧狄格比夫人（Lady Jane Digby）的傷痛之中，狄格比是一位魅力非凡的英國貴族，她不久前拒絕路德維希一世的求婚。最初，路德維希國王十分熱衷於用鐵路連結紐倫堡（Nuremberg）和福爾特（Fürth）的想法，計畫中，車廂除了可利用駄馬牽引，甚至可能採用正在英國喬治‧史蒂文生工廠製造的奇特機車頭，這項提議令所有人引頸期盼。歐洲對英格蘭在鐵路方面的發展早就關注已久。

德國
最初，促使第一條巴伐利亞鐵路興建的就是國王路德維希一世。

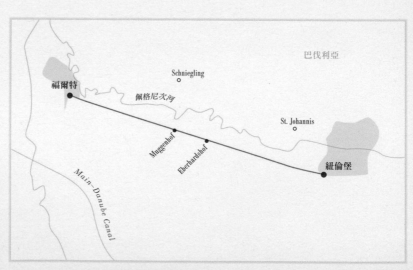

巴伐利亞

Schniegling

福爾特

佩格尼次河

St. Johannis

Muggenhof

Eberhardshof

紐倫堡

Main–Danube Canal

對於鐵路發展，法國仍沉默於深思熟慮中，拿破崙戰爭（Napoleonic Wars）長年造成的損耗，是導致此情形的部分原因。比利時和荷蘭已經起步很久了，但是巴伐利亞還不確定該往哪個方向走。一開始，國王派遣約瑟夫·馮巴德（Joseph von Baader）前往英格蘭學習鐵路知識（他後來成為巴伐利亞鐵路的先驅之一），關於鐵路的論題也在巴伐利亞國會進行討論。他們甚至規劃在慕尼黑的寧芬堡（Schloss Nymphenburg）建造蒸汽馬戲團，然而一切皆化成泡影。

後來，真正開始著手進行的是當地企業。1833年，紐倫堡至福爾特鐵路建造公司（Gesellschaft zur Errichtung einer Eisenbahn mit Dampffahrt zwischen Nürnberg und Fürth）成立。其背後人物的名稱唸起來簡短得多：喬治·普拉特納（George Platner）和約翰納司·夏赫爾（Johannes Scharrer）。跌破眾人眼鏡的是，普拉特納和夏赫爾竟能籌到足夠的資金：132,000基爾德（guilder），不僅過程順利，而且還找到一位工程師：來自法國的保羅·卡密爾·丹尼斯（Paul Camille Denis），這點尤其引人側目。因為，巴伐利亞在拿破崙侵略奧地利時曾給予支持，卻在後來改變心意，並與奧地利和普魯士等組成鬆散的日耳曼聯盟。在接踵而來的政治騷動中，丹尼斯表明其政治立場。他因此備受譴責，負氣的他決定遠走英格蘭，就像約瑟夫·馮巴德一樣，前往學習新興的鐵路技術。

客運量

這條鐵路原本預計貨運量會多於客運量，不過，其載客量很快地成長至每週9,000人次。

神鵰號

✦

1935年，為了慶祝路德維希鐵路100週年，巴伐利亞建造了「神鵰號」（Adler）的複製品。該機車頭甚至曾出現在同年的電影《大鐵怪》（Das Stahltier）中，講述的是路德維希鐵路通車時的故事。成立蓋世太保（Gestapo）組織的赫爾曼・戈林（Hermann Göring）認為，將英國製造的機車頭放在德國鐵路上實在不得體，因而禁播該電影。展示在紐倫堡鐵路車庫（Nuremberg Railway Shed）的神鵰號，因為2005年的一場大火而局部毀壞，並於其後兩年重建。

儘管政治立場不同，夏赫爾和普拉特納仍對他們的工程師充滿信心，而他們的選擇在日後證明是正確的：丹尼斯堅持讓這條鐵路採用相同於利物浦與曼徹斯特鐵路的標準，亦即史蒂文生軌距（或稱為標準軌距），藉此確保歐洲大部分的鐵路能夠照做（威廉王子鐵路〔Prince William Railway〕原本是以窄軌距建造，因而必須在通車後的16年重新舖設）。

萬事俱備，只欠東風。當資金、路線和土地全數到位之後，普拉特納和夏赫爾開始尋找動力車頭。雖然原計畫是讓駄馬負責大部分的工作，一如威廉王子鐵路，但是，他們對史蒂文生蒸汽機車頭的關注絲毫沒有消減。夏赫爾想知道史蒂文生供應其英國製蒸汽機車頭的收費金額，看來答案超乎他所預期，因為他很快地委託兩家巴伐利亞機車頭製造商來建造，包含製造與運送，一部機車頭僅需560英鎊。在鐵路即將完工時，夏赫爾前往確認機車頭的製作進度，他驚懼地發現，不僅承包商已經搬家（至奧地利），還要求雙倍費用才願意完成工程。夏赫爾急忙回到史蒂文生位於紐卡斯爾的工廠，同意支付1,750英鎊，並隨即收到重達14.5噸的蒸汽機車頭，機車頭上驕傲地標示著「神鵰號」。

首航當天，此部英國製機車頭的司機同樣是英國人威廉・威爾森（William Wilson）。他曾參與利物浦與曼徹斯特鐵路，如今又驕傲地乘坐在神鵰號上。當日活動的紀錄畫作顯示，神鵰號牽引著呈現出漂亮黃色的車廂，與其紅綠相間的外表形成賞心悅目的對比。

全國神經系統

威廉・威爾森愛上了巴伐利亞，並且定居下來，儘管他被禁止在紐倫堡過夜。當地有個詭異的地方法則，規定「勞工與外籍人士」在當日工作後不得滯留，這道法令為路德維希鐵路的董事會帶來意料外的利益：客運量。路德維希鐵路主要是為運送啤酒和報紙所量身訂做，不過它的客運量很快地達到每週9,000人次，同時為投資者帶來穩健的股息。

這條鐵路啟用時，德國仍然是個混雜著許多邦國的大熔爐，這些邦國從農村背景堀起，彼此相異、彼此競爭。農莊家庭配合著四季度日與勞

動，此等農村生活特有的愜意與美好其實有其缺點：封閉、常為瑣事爭吵，以及世仇。德國經濟學家弗里德里希・李斯特（Friedrich List）認為這是十分不健康的現象，可能導致文化修養低下、虛榮以及目光短小的偏見。李斯特因此堅決主張，對日耳曼邦國來說，由鐵路構成的全國神經系統是不可或缺的。

後見之明是件很棒的事，但是先見之明更無可比擬。弗里德里希・李斯特非常地瞭解鐵路，他曾參與美國當時最長的覆鐵軌道（iron-capped railway），那是一條在小斯庫基爾（Little Schuylkill）穿過藍山（Blue Mountain）的礦道，總長32公里。即使是在建造巴伐利亞的紐倫堡線之前，李斯特就曾於1833年隨手寫下一本小冊子，其中提到透過以柏林為中心的鐵路系統，讓德國合而為一。

李斯特甚至提出首創採用蒸汽動力而非馬力的鐵路計畫：來比錫—德勒斯登鐵路（Leipzig to Dresden Railway）。薩克森（Saxony）當局認同其計畫，且願意提供21萬英鎊的資金，以及一位曾參與利物浦與曼徹斯特鐵路的蘇格蘭工程師詹姆斯・沃克（James Walker）為其進行路線勘測。爾後，他將計畫書交給另一位英格蘭鐵路人士約翰・浩克蕭（John Hawkshaw, 後來負責處理早期一項計畫不周的隧道構想，用以連結英格蘭和法國——請見第216頁），四年後的1839年，紐倫堡與福爾特鐵路通車，來比錫—德勒斯登鐵路也隨之啟用。

人們在1980年代讚揚弗里德里希・李斯特，並將其肖像印在郵票上，以慶祝來比錫—德勒斯登鐵路的150周年紀念。然而，即使李斯特滿腔熱情且忠於自我信念，他還是沒能活著見證自己預言實現的那一天。可能是因為他自覺沒有獲得認同，也可能是因為他認為自己沒有從該鐵路得到應得的肯定（或酬勞），他在奧地利提羅爾邦（Tyrol）的阿爾卑斯山區度假時舉槍自盡。

39個日耳曼邦國終於在1871年統一。那是在紐倫堡線通車的三十二年後，不過，當時鐵路公司早已同意開放邊界政策，也已經開始提供跨城邦的列車服務。鐵路網遠在德國形成之前，即造就了日後的德國。

> **看著鐵路網對英格蘭和北美洲的懾人影響，我沒辦法不期盼我的日耳曼祖國也能同樣地受益於鐵路。**
> 弗里德里希・李斯特寫於一本小冊子，1833

FRIEDRICH LIST 1789-1846

Deutsche

POLITIKER UND VOLKSWIRTSCHAFTLER

Bundespost

170

1989

蒸汽鐵路先知
弗里德里希・李斯特預見德國將透過鐵路網合而為一。

1837

巴黎—勒佩克鐵路
Paris to Le Pecq Railway

區域：法國
類型：客運
長度：19公里

◆ 社會
◆ 商業
◆ 政治
◆ 工程
◆ 軍事

共和黨派、徵兵制度和鐵路被喻為將法國帶入19世紀的推手。不過，早期發生於該國首都的一次鐵路意外，差點讓鐵路歷史就此告終。

鐵路帶來的扭轉

1830年，歐仁・德拉克洛瓦（Eugène Delacroix）描述革命的激昂畫作《自由領導人民》（*Liberty Leading the People*）公開於世人眼前。畫中，自由女神高舉著法國國旗、越過路障，邁向自由、平等、博愛的新價值觀。儘管法國非常先進（當時里昂〔Lyon〕的絲織工人正要發起全球最早的工人起義之一），他們在1830年代仍不甚願意投資在鐵路上。

在舖設巴黎和盧昂（Rouen）之間共132公里長的鐵路時，法國將自古以來的敵意擺一邊，選擇聘請英格蘭人。其工程師為約瑟夫・洛克（Joseph Locke），承包商為湯瑪斯・布拉西（Thomas Brassey）和威廉・麥肯錫（William Mackenzie），這條路線穿過舊塞納河（Seine）氾濫平原的北邊，動用約5,000名英國挖土工。他們努力的程度讓旁觀者歎為觀止。

此路線成功地於1843年開始營運，儘管有一群持反對意見的盧昂生意人認為，鐵路不僅會摧毀法國人的生活方式，還會瓦解透過運河和河流所進行的貿易（法國的運河網是他們國家的驕傲）。不過，一件關乎法國首條真正鐵路的事件，扭轉了他們的觀點。該路線介於巴黎和一個名為勒佩克（Le Pecq）的小鄉鎮之間，後者位於巴黎西方19公里處，同樣位於塞納河畔。巴黎—勒佩克鐵路使用的蒸汽機車頭，部分資金來自銀行世家羅斯柴爾德（Rothschild）家族，並以提供客運服務為目標。

享受巴黎
共和政體花了不少時間才接納鐵路時代的來臨，尤其是在巴黎—勒佩克鐵路發生致命意外之後。

埃米爾‧貝海荷（Émile Péreire）和他的巴黎—聖日耳曼鐵路公司（Compagnie du Chemin de fer de Paris à Saint-Germain）是這條鐵路的贊助商，1837年8月，國王路易—菲利浦一世（Louis-Philippe）的妻子瑪麗亞‧阿馬利亞（Maria Amalia）為其剪綵開幕，當時，它被視為成功的建設。在超過100萬名乘客皆對其開放式車廂和包廂的搭乘經驗表示滿意後，這條路線又加了另一條軌道。後來，原本30分鐘的旅程更進一步延長，讓舊政權的宏偉象徵也能包含其中——凡爾賽（Versailles）。

大家對鐵路的樂觀期盼似乎終於越來越熱烈，促使首長路易‧勒格朗（Louis Legrand）提出全國鐵路網的計畫，讓所有路線彷彿陽光般，從巴黎向外呈放射狀排列。然而，前方烏雲籠罩。

勿忘默敦

1842年5月的某一天，旅客從凡爾賽踏上歸途後，所有事情都出了差錯。機車頭的輪軸斷裂，這個在早期十分常見的情形，竟導致車頭出軌並起火燃燒（蘇格蘭工程師威廉‧蘭金〔William Rankine〕事後推斷，該輪軸的斷裂應是金屬疲勞所致）。查爾斯‧亞當斯（Charles Adams）在其1879年的《鐵路意外記事簿》（*Notes on Railway Accidents*）中講述這段故事：「三節擠滿人的車廂……疊在燃燒的車頭上。車廂的門已上鎖……而且很可能才剛重新上漆。他們宛如引火柴般被熊熊大火吞噬。」這場意外共造成55人死亡，其中包括著名的法國探險家儒勒‧迪蒙‧杜爾維（Jules Dumont d'Urville）。此事件可謂早期法醫學中的一個範例，當時，某位甫幫杜爾維製作頭部模型的骨相學家（phrenologist），指認出他的遺體。

這場意外被稱為「默敦鐵路事故」（Le catastrophe ferroviaire de Meudon），此後數年間，只要對法國鐵路提倡者說出「想想默敦！」，他們便會立刻噤聲不語。

悲慘的一天
從凡爾賽往巴黎回程的乘客中，共有55人在這場因撞毀所引發火燒車意外中喪生。

大合流鐵路與倫敦—伯明罕鐵路
Grand Junction and London to Birmingham Railways

區域：英格蘭

類型：貨運、客運

長度：132公里及180公里

◆ 社會
◆ 商業
◆ 政治
◆ 工程
◆ 軍事

倫敦—伯明罕鐵路和大合流鐵路被命名為兩條不同的路線，然而，它們卻構成了世界首條真正的城間鐵路。反對者擔心他們擁有的一切美好將被破壞殆盡；支持者，即所有的鐵路人士，則相信鐵路能造就社會變遷。

鐵路帶來的利益

詹姆斯・瓦特是機械工程之父，而與他同樣名為詹姆斯的兒子卻不是。事實上，他可以說是完全反其道而行，至少在面對讓蒸汽機通過自家土地這件事上是如此。

託其父親的福，小詹姆斯有幸住在豪華的阿斯頓廳（Aston Hall），阿斯頓廳位於伯明罕外圍，是棟詹姆斯一世風格的（Jacobean）鄉間宅邸。當倫敦—伯明罕鐵路還在路線勘測階段時，許多勘察工作皆是趁著黑夜進行，藉此避免威廉・詹姆斯在勘察利物浦與曼徹斯特鐵路時所遇到的種種抗爭。而阿斯頓廳就落在倫敦—伯明罕鐵路的行經路線上，於是詹姆斯・瓦特封閉其通道，導致該路線必須耗費鉅資地繞道至伯明罕的寇松

英格蘭中部

史上第一條城間鐵路的起點是利物浦與曼徹斯特鐵路的沃陵頓，一開始的終點站為伯明罕，並於一年後增加伯明罕到倫敦的區段。

街（Curzon Street），才能與大合流鐵路接軌。

詹姆斯・瓦特並非唯一的反對者。一位牧師拒絕讓勘測員勘察其土地，除非他忙於教堂佈道。另外一位則是因為替國王進行外科手術而受封的爵士，也怒叱羅伯特・史蒂文生：「你的計畫荒謬至極！你想把我們的土地四分五裂，只為建造不必要的道路。」因為他認為史蒂文生的計畫會對社會結構造成威脅。此舉讓一名心生不滿的協商者低調地表示：「看到一個只不過為喬治四世（George IV）切除頸部囊腫就受封『爵士』的人，竟然因為我們提議把鐵路所帶來的利益給予他與其鄰近區域，而指控我們意圖危害貴族，這實在非常教人惱火。」

不過，也有其他人預見鐵路可能帶來的好處。這兩條新建鐵路的董事會注意到利物浦與曼徹斯特鐵路帶來的豐厚股息，也注意到一個有趣的現象：人們似乎很享受搭乘火車的樂趣。早期的鐵路作家法蘭西斯・科格倫（Francis Coghlan）認為搭乘火車旅行一點也不舒適，並且建議道：「你一定要背向機車頭，背靠著背板，如此才能不受灌進開放式車廂的冷風折磨，還可以保護眼睛，避免煙囪不時噴出的煤屑導致失明。」然而，儘管有諸多不適，利物浦與曼徹斯特鐵路的乘客數量仍不斷的攀升。除此之外，還有貨運的問題需要考量。利物浦與曼徹斯特鐵路大幅降低煤礦價格，並迫使運河必須調降運費，而且鐵路的煤礦運量不僅高於以往，還很快地變成農人的好朋友，農人開始透過鐵路直接將牲畜運往市場。

倫敦─伯明罕鐵路和大合流鐵路的總長度幾乎是利物浦與曼徹斯特鐵路的六倍，並且計劃於沃陵頓小鎮交會，前者始於倫敦、終於伯明罕，後者始於伯明罕，終於沃陵頓（它們後來在1846年合併為倫敦與西北鐵路〔London and North Western Railway〕）。喬治・史蒂文生被指名為大合流鐵路的工程師（他後來將此工作交給約瑟夫・洛克負責），其子羅伯

蛙跳鐵路

◆

在倫敦─伯明罕鐵路開通的同一年，倫敦收到一份「野心教人震驚」的公共鐵路計畫，而且其花費同樣高得驚人。它橫跨城市的距離僅5.6公里，花費卻相同於56公里的利物浦與曼徹斯特鐵路，這條鐵路稱為倫敦─格林威治鐵路（London to Greenwich Railway），它必須跨越一條條的街道，需要超過870座巨型磚造拱門，像蛙跳般逐一跳過街道。此項計畫共花了五年才完成，所使用的磚塊多到造成全國性的磚塊短缺。然而，鐵路董事會卻不確定鐵路乘客是否會對這條鐵路感興趣。因此，他們讓這條鐵路採行靠右行駛（英國僅有四條路線這麼做），並沿著軌道打造林蔭大道，以供行人付費行走。結果，幾乎是從開通的那一天起，此路線就因大量的旅客忙得不可開交，林蔭大道也因此毫無用武之地。

蒸汽先驅
伯明罕的一座雕像，其中的人物分別是馬修・博爾頓、詹姆斯・瓦特以及威廉・默多克。

特則負責倫敦 — 伯明罕鐵路。

　　據說羅伯特曾徒步走完整條路線超過二十次，確保總長達180.2公里的路線高度幾近一致，僅在出了尤斯頓——倫敦站—— 後有一小段陡坡。他們透過粗狀的纜繩和一部固定式蒸汽機，成功地將列車拖上該斜坡。

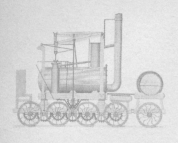

機車頭的改善
鐵路建造商堅稱，社會會因為「維拉姆」等蒸汽機車頭的推出而受惠。

文明與進步

　　大合流鐵路長125.5公里，建造商也有必須克服的阻礙。除了需在普雷斯頓布魯克（Preston Brook）鑿出長3.2公里的縱深切口外，還需興建四座重要的高架橋，其中最艱難的就屬在德頓（Dutton）橫跨威弗河（River Weaver）的那一座，它動用了整整700名人力，耗時兩年才完成。大合流鐵路於1837年完工，倫敦 — 伯明罕鐵路則是完工於1838年，旅客現在可以於尤斯頓站上車，一路搭乘至利物浦。尤斯頓站成了通往北方的入口。

　　根據倫敦 — 伯明罕鐵路的助理工程師彼得・雷康特（Peter Lecount）所言，尤斯頓站幾乎可以說是一項奇蹟。雷康特在他的著作《鐵路實用專論》（*Practical Treatise on Railways*, 1835）中指出，該鐵路的興建工程比建造金字塔還浩大，他也提供詳細計算輔助，說明何以見得。此外，雷康特還針對鐵路的運作提供大量詳盡的細節。例如，以下是列車司機的責任：「列車司機應當非常留意水位表（water gauge），並隨時參考水位表旋塞，一旦有測試水位表的需求，就一定得進行。列車司機切勿在未轉動小旋塞（pet cock）的情況下使用幫浦，此外，請利用幫浦確保一切運轉正常。」

　　不過，真正為鐵路（幾乎確定是倫敦 — 伯明罕鐵路）穿過城市時所看到的社會景象賦予血肉的，是維多利亞時代的小說家查爾斯・狄更斯（Charles Dickens），他在其著作《董貝父子》（*Dombey and Sons*）中描述到：「有間新開張的小酒館，店裡散發著新鮮灰漿與塗料的氣味，門前什麼都沒有，不過已經掛上寫有『鐵路紋章』（The Railway Arms）的招牌。啤酒

雄偉壯觀的入口
乘客在前往倫敦第一座城間車站時，會穿過著名的尤斯頓拱門（Euston Arch）。此雄偉的建築物於1960年代拆毀。

店成了挖掘工的零工待雇處；而歷史久遠的火腿和牛肉店也成了鐵路食
堂，每天供應一隻烤豬腿。」

　　狄更斯接著寫道，在「尚未開通的鐵路區段……髒亂的田地、牛舍、
堆肥、堆積如山的塵土、水溝、花園、避暑小屋，以及用於拍打地毯的廣
場，全都聚集在鐵路旁。標杆、圍欄、禁止進入的老舊警告牌，以及簡陋
房屋的背面和植物凋萎的土地，皆令人感到侷促不安。」而在已完工部分
的起點，「（鐵路）從極度雜亂之中，沿著其邁向文明與進步的軌跡，穩健
而平順地駛向遠方。」

　　社會可望邁向「文明與進步」的說法並非空談。據說，拉格比公學
（Rugby School）的校長湯瑪斯・阿諾德（Thomas Arnold）教授就曾為了
觀看火車，而在新開通的倫敦─伯明罕鐵路沿線，爬上其中一座史蒂文
生用以跨越該鐵路的橋。《喬治・史蒂文生的一生》（*The Life of George
Stephenson*, 1857）的作者山繆・史邁爾斯曾提到，阿諾德聲稱就在列車呼
嘯而過的當下：「我欣喜若狂地看著它，想著封建制度從此消失無蹤：想
到某個邪惡之物就此消失，實在是件非常幸福的事。」顯然，「文明與進
步」就在鐵路上。

沙皇村鐵路
Tsarskoye Selo Railway

區域：俄羅斯
類型：客運
長度：25.7公里

◆ 社會
◆ 商業
◆ 政治
◆ 工程
◆ 軍事

俄羅斯的第一條鐵路是發生在1830年代後期的短暫事件，在此之後，整整花了近15年的時間，俄國才著手鋪設聖彼得堡與莫斯科之間的鐵路。然而，最初那條始於聖彼得堡的小鐵路，卻讓俄羅斯帝國的歷史向前跨了一大步。

富人的玩具

在1830年代，有些人認為鐵路時代只會帶來麻煩，有些人深信來來往往的蒸汽機車頭會染黑放牧中的綿羊毛，有些人覺得火車的速度會造成人體器官無法挽救的傷害，還有人認為俄羅斯的漫漫長冬會直接冰封蒸汽時代。

然而，有兩個人卻不這麼認為，他們分別是奧地利人法蘭茲・安東・馮葛斯特納（Franz Anton von Gerstner），以及俄羅斯人派維爾・佩特洛維奇・梅尼卡夫（Pavel Petrovich Melnikov），後者不僅是工程師，還曾是俄羅斯的交通部長。旅居國外的日子讓他們堅信鐵路的可行性：他們皆看過美國鐵路運作的模樣。

俄羅斯是個環境險惡的國家。如同芬蘭、瑞典和挪威等其他波羅的海國家一樣，若要在俄羅斯進行遠程旅行，需要橫跨鄉間極其廣大的荒野，那裡的河流會在冬季結冰、夏季乾涸。若是想從某些裏海（Caspian Sea）上的偏遠地點運送物品到皇都聖彼得堡，可能需耗費兩年的時間。

從聖彼得堡連往莫斯科、長643.7公里的鐵路具有十足潛力，馮葛斯特納如此說服猶

拉多加湖

聖彼得堡

涅瓦灣

涅瓦河

沙皇村

帕夫洛夫斯克

往莫斯科

測試環境條件
俄羅斯在第一次短暫進入鐵路時代時，大家懷疑是否有機車頭能夠抵擋聖彼得堡的寒冬。

豫不決的沙皇尼古拉一世（Tsar Nicholas I）。他指出，當愛爾蘭情況變得棘手時，英格蘭能馬上部署軍隊，並透過鐵路迅速將其運往利物浦港口。在尼古拉一世平定1825年的一場革命後，終於喚起他對鐵路的興趣，並於1837年下令建造新路線。

俄羅斯記者尼古拉‧格列奇（Nikolai Gretsch）描述到，除了某處有個急彎，這條鐵路極為筆直。沙皇有次一時興起，就把這條路線畫在地圖上，而工程師不敢指出該錯誤。

此路線由梅尼卡夫監督，並於測試鐵路先行之後，於1851年通車。測試鐵路介於聖彼得堡至沙皇村（Tsarskoye Selo），即位於帕夫洛夫斯克（Pavlovsk）的皇宮。測試鐵路的舖設工程始於1836年5月，動員一群英格蘭工程師、土木工人以及俄國士兵。舖設工程在一年內就完工，顯然完工得太早了，因為馮葛斯特納訂購的蒸汽機車頭仍在建造階段。因此，只得交由鐵路的駄獸馬在寒冬之中拖著列車，直到機車頭抵達為止。對機車頭能否承受俄羅斯冬季的疑慮很快就得以消除，不過，沙皇花了很久的時間思索是否該讓貴族以外的人靠近他的鐵路。結果，在他整個任期之內，沙皇村鐵路一直都只是富人的玩具，僅用於載運俄國富豪前往帕夫洛夫斯克欣賞豪華演奏會，譬如，欣賞維也納作曲家小約翰‧史特勞斯（Johann Strauss II）演奏煽情的舞曲華爾滋。

地位象徵
前往帕夫洛夫斯克皇宮的鐵路僅供權貴使用。

漸漸地，其他北歐國家也開始興建鐵路。丹麥於1847年建立其第一條鐵路，挪威於1854年啟用奧斯陸（Oslo, 當時名為克里斯蒂安尼亞〔Christiania〕）至愛茲弗爾（Eidsvoll）的路線，瑞典於1862年啟用從斯德哥爾摩（Stockholm）到哥特堡（Gothenburg）的418公里鐵路（瑞典後來在鐵路相對於人口的比例上達到世界第一），芬蘭則是自1870年啟用赫爾辛基（Helsinki）前往聖彼得堡的鐵路。然而，極端保守的沙皇尼古拉一世，儘管因自己將鐵路帶進俄羅斯而引以為傲，但是直到1855年，其國內還是只有805公里的鐵路。不過，最初那條短小的鐵路，算是成就世界最長鐵路西伯利亞鐵路（Trans-Siberian, 請見第164頁）的第一步。

尼古拉一世──彼得大帝（Peter I）的繼任者，將鐵路引進俄羅斯。
俄羅斯首條鐵路通車時，壓鑄在紀念勳章上的文字

1837

卡馬圭—奴埃維塔斯鐵路
Ferrocarril de Camagüey a Nuevitas

區域：古巴

類型：貨運

長度：27.5公里

◆ 社會
◆ **商業**
◆ 政治
◆ 工程
◆ 軍事

西班牙對鄰居法國心懷疑慮，所以，早期他們以不同的軌距建造鐵路，藉此避免任何法國鐵路的入侵。然而，此舉卻造成反效果，導致西班牙漫長的經濟孤立。不過，西班牙的首條鐵路其實位於古巴，它同時也是拉丁美洲的第一條鐵路。

在孤立中凋零

西班牙帝國曾是歷時長達三個世紀的殖民強權，到了1800年代，它開始面臨凋零。獨立運動在西班牙的殖民地遍地開花，包含墨西哥、委內瑞拉、智利和秘魯。整個國家對拉丁美洲殖民地的支配力頓時化為一把散沙：抓得越緊，沙就漏得越快。

英格蘭、美國、法國、巴伐利亞、奧地利甚至俄羅斯都已經開始建構他們的鐵路網。義大利正在那不勒斯（Naples）內興建長度僅8公里的短小鐵路，同時也在規劃另一條較長的路線：從米蘭（Milan）連往威尼斯（Venice）。西班牙則暫緩計畫，直到1848年才在巴塞隆納（Barcelona）和一個名為馬塔洛（Mataró）的小港口之間，興建長32公里的路線。由於這條鐵路是由加泰隆尼亞人（Catalan）米蓋爾·比亞達（Miquel Biada）所規劃，而非卡斯提爾人（Castilian），所以此路線幾乎不能歸納為西班牙的成功。當西班牙帝國終於跳入鐵路事業時，採用了大於歐洲其他地區的軌距，藉此防止大批法國軍隊快速入侵其邊境。

正如發生於澳洲的情形，這種決定會使自家鐵路與同一大陸的其他國

拉丁美洲
古巴是中南美洲率先擁有鐵路的國家，該鐵路原本是為了蔗田量身訂做。

家孤立開來（葡萄牙後來也採用西班牙的軌距），導致日後永無止盡的問題（更糟的是，在此面積達518,000平方公里的國家中，許多互相連接的路線皆是採用與之不相容的窄軌距）。除此之外，還有另一個原因阻止西班牙積極建構鐵路網，因為整個西班牙是被鋸齒狀山脊縱橫貫穿，是瑞士以外最多山的國家，對西班牙來說建構鐵路網是十分棘手的工程。

蔗糖列車
到了1837年，蒸汽機車頭已經取代古巴卡馬圭─奴埃維塔斯鐵路上的貨運馬車。

源自古巴的開始

儘管兩西西里王國的瑪麗亞・克里斯蒂娜（Maria Christina of the Two Sicilies）成為西班牙攝政者是有些不可思議，但在1834年，的確是由她授權興建西班牙鐵路——雖然她不太可能搭乘，因為該鐵路座落在7,242公里之遙的古巴。

古巴是一座奴隸島，1492年開始成為西班牙的殖民地，當地原住民很快地被滅絕，取而代之的是來自非洲的黑奴。此時此刻，這座島成了全球其中一座菸草與蔗糖的製造廠，蔗糖供應量達全球三分之一。在古巴以外的地方，早期鐵路皆是出現在礦場和採石場，而憑藉駄馬牽引的卡馬圭─奴埃維塔斯鐵路，則是最早用於支持農業的鐵路之一。

再往西方一點，1837年，採用蒸汽機車頭的哈瓦那（Havana）至貝胡卡（Bejucal）路線已開始營運，到了1843年，該路線更是從北到南地貫穿整座島至17世紀的港口巴塔巴諾（Batabanó）。

在拉丁美洲，鐵路網象徵大眾捷運的雛型，這些鐵路成了拉丁美洲最具意義的重大發明之一，其通車時間和地點分別是1855年的巴拿馬（世界跨洲鐵路〔transcontinental railroad〕的誕生地，請見第92頁）、1870年代的哥斯大黎加，以及1880年代的薩爾瓦多（El Salvador）和瓜地馬拉（Guatemala）。短小的卡馬圭─奴埃維塔斯鐵路預告了這一切即將到來。

受到眷顧的火車

米蓋爾・比亞達是造訪卡馬圭─奴埃維塔斯鐵路的乘客之一。比亞達在法國攻打其家鄉馬塔洛時逃往美洲，在受到古巴鐵路的啟發後，他帶著鐵路計畫書回到西班牙東北部，亦即其原生的加泰隆尼亞區。儘管他已在倫敦籌得部分資金，但是其鐵路仍經常處於資金不足的窘境，而且不時遭受不友善的村民破壞。不過，他還是成功建造44座橋，以及穿過城鎮蒙特加特（Montgat）底下的一條隧道，並在牧師的祈福之下開通，首航當日是以名為「馬塔洛號」的蒸汽機車頭帶動列車。然而，比亞達錯過了這歡心鼓舞的一刻：在鐵路通車前數個月，他因罹患肺炎而過世。

約克與北米德蘭鐵路
York and North Midland Railway

區域：英格蘭

類型：客運、貨運

長度：61公里

◆ 社會
◆ **商業**
◆ 政治
◆ 工程
◆ 軍事

每當經濟繁榮，總會吸引它應得的聖人與罪人前來。喬治‧哈德遜（George Hudson）就屬於後者，他成了最早打造、同時也毀掉一條鐵路的人之一。

鐵路之王

1840年代，喬治‧哈德遜在倫敦是家喻戶曉的人物。由於他掌控超過四分之一的國家鐵路，也因為英國鐵路潮已達到極盛時期，使得他手上事物繁多。只要他從眼前經過，人們就會捂著嘴小聲議論著：「是哈德遜，那個鐵路之王。」

鐵路之王身兼英國國會的榮譽會員和市長，他還曾與維多利亞女王會面。然而，這位曾是布商助理的鐵路之王，同時也是個騙子。1840年代，他忙於以掮客身分介紹各種買賣，後來，他的新業務牽涉到籌措資金（在這裡指的是捐款）；遊說具影響力的人物，尤其是政治人物；以及廣泛宣傳正面形象。假如有需要，其新業務也可以包括提供豐厚利益，換而言之，就是賄賂。

喬治‧哈德遜是約克郡（Yorkshire）自耕農之子，15歲時曾在約克（York）市的一家布商工作。他向老闆的女兒暗送秋波，並於1821年結為

北米德蘭

約克的生意人看見連接里茲與塞爾比鐵路（Leeds and Selby Railway）和通往倫敦的鐵路所能帶來的商業利益。

連理，同時成為該公司的合夥人之一。原本他的故事可能僅止於此，然而在天時地利人和的情況下，他的叔公過世，由於哈德遜在叔公生前經常到病楊前探望，所以叔公決定將3萬英鎊的財產與位於約克的豪宅交由哈德遜繼承。

脫離正軌
喬治·哈德遜其實是個巧言令色的無賴，而他所打造的鐵路帝國終將瓦解，其失敗對經濟造成極大的衝擊。

約克郡計畫獲得批准

約克市的財富來自於自中世紀以來的羊毛事業，接下來，該市將受惠於全國的甜食愛好者，以及約克當地兩位維多利亞人——甜點商朗特里（Rowntree）和泰利（Terry）——的遠大商業計畫。哈德遜的野心是讓約克成為區域性鐵路網的中心。當他在惠特比偶遇喬治·史蒂文生時，就已經對鐵路產生興趣了，並於1833年，藉著當地駄馬鐵路而賺得不少財富。當時，史蒂文生前往給予惠特比市民一些忠告，惠特比是位於東岸的海港，並仰賴捕鯨業為生，如今正努力地跟上時代腳步。從惠特比往西的收費道路地形陡峻，還需要穿過約克郡的許多沼地，因此不適合用來運送鯨油，當地居民計畫在皮克陵（Pickering）附近興建鐵路（1836年成為約克郡第一條開通的鐵路），以取代該道路，並希望鐵路日後能延伸到約克市。

在此同時，約克市的元老紛紛瞭解到被鐵路競賽拋在後頭的壞處，以及將約克與鄰市里茲（Leeds）連結在一起的好處，遂邀請哈德遜來當投資人。當哈德遜宣布由喬治·史蒂文生擔任新鐵路的工程師時，曾是布商助理的哈德遜如今登上董事長寶座，該公司也在日後成為約克與北米德蘭鐵路公司（York and North Midland Railway Company）。

這條新鐵路在1837年獲得批准，除了需建造約三十座橋，以及必須在約克市內的中世紀古城牆打一個洞之外，它在

在惠特比的等待
此北約克郡的城鎮希望新鐵路能改善當地的經濟景況。

興建上並未遭遇其他重大困難。在1839年通車之後,它馬上成為約克和倫敦之間的繁忙路線。哈德遜本身也變成常客,經常往返於首都之間,所需搭車時間僅是傳統馬車的四分之一。

中產階級的投資

哈德遜開始從其他鐵路路線收購股份,個個股息豐厚。有則消息開始傳遍大街小巷:「鐵路之王哈德遜是很好的投資對象。」於是,向國會提議興建的鐵路越來越多,蜂擁而至的投資人絲毫沒有減少的現象。維多利亞女王在1837年受封,卻差一點失去王位及腹中的孩子,因為在1840年,有名刺客企圖在白金漢宮外槍殺她。現在,她領導著信心與日俱增的國家,她的子民渴盼投資國家經濟,鐵路公司也急切地想要拿走他們手裡的錢。根據史蒂文生的傳記作者山繆‧史邁爾斯所言,投資人不只有貴族和地主,還包括零售商和製造商、上流社會人士和店主、公職人員,以及酒吧裡遊手好閒的人。未跟風的人甚至會因為婉拒投資而被指責對自己的家人不公不義。當時,崛起中的中產階級正不斷累積財富,他們難以抗拒想從鐵路股份獲取更多利益的盼望。如同1630年代發生的鬱金香狂熱(tulip mania)、1720年代的南海公司醜聞(South Sea scandal),以及2005年的次級房貸危機(subprime mortgage crisis),鐵路泡沫經濟不斷成長,直到財政把關疏失加上貪婪心作祟的致命組合,終於導致泡沫幻滅。就如史邁爾斯描述的:「愚蠢與無賴行為方興未艾。」

鐵路股票崩盤

有好一陣子,哈德遜都是利用其聲望來拓展自己的鐵路帝國:正在走下坡的東部各郡鐵路公司(Eastern Counties Railway),正努力在幾近飽和的市場中求生存,因而擬出一份需聘請哈德遜進入董事會的計畫。那是非常糟糕的選擇,如今,哈德遜

在(鐵路)熱潮導致的諸多負面影響中,最糟的就是它降低了鐵路交易的道德觀。
山繆‧史邁爾斯,1859

第一張票

◆

在騙局被揭穿後,喬治‧哈德遜逃往巴黎,直到1871年才回到英格蘭等待歸西之日。然而,他其實也對鐵路做出不少改善。於早期的鐵路旅行中,若計劃透過多家鐵路公司的鐵路穿越英格蘭,途中每段行程都需各買一張票(通常需在不同車站購買)。哈德遜在1842年協助建立鐵路結算所(Railway Clearing House),藉此解決上述問題。該結算所也在1847年9月開始採用格林威治標準時間,在此之前,每個車站都有自己的公共時鐘,每一具的時間都有些微差距,視其與格林威治間的距離而定。

拿從新投資人身上取得的錢去支付現有股東，並以誇張的高價將其股票賣予他已經持有的公司，然後從資金中挖取甜頭，放入自己賬戶。但是這種狀況難以維持下去，當投資人仔細研究會計簿冊之後，馬上發現明顯的竄改痕跡。大家發現哈德遜根本不是鐵路之王，他更像是個鐵路流氓。

約克與北米德蘭鐵路撐過了這場衝擊，儘管前董事長已經以鐵路騙徒的身分被寫入歷史中。不過，哈德遜不是第一個鐵路騙徒，也不是最後一個。1856年，愛爾蘭金融家約翰・薩德爾（John Sadleir）在透過其「瑞典鐵路公司」（Swedish Railway Company）詐取投資人金錢之後，於倫敦的漢普斯特德荒野（Hampstead Heath）舉槍自盡。1870年代，在美國興建第一條橫貫鐵路時，眾議院議員奧克斯・阿美斯（Oakes Ames）遭到揭穿，除了向其他議員發送法國銀行莫比利埃信託的股票，還有不少金額龐大的的賄賂行為。1873年，一樁涉及加拿大橫貫鐵路的醜聞，迫使加拿大總理約翰・麥克唐納（John Macdonald）辭職下台。對於薩德爾、阿美斯和哈德遜來說，1850年代於蘇格蘭發行、作者不詳的《靈性鐵道》（*Spiritual Railway*），可以做為再貼切不過的墓誌銘：

基督打造了一條通往天堂的路
一條用無極真理舖設的鐵路
從地表往天堂延伸再延伸
抵達無窮的終點
來吧！可憐的罪人，現在正是時候
無論是哪一站
只要你悔悟，並且摒棄罪惡
列車永遠會為你停下，為你敞開大門

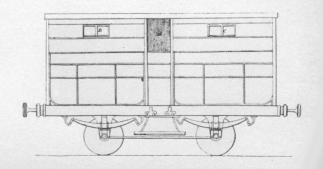

約克與北米德蘭鐵路

大西部鐵路
Great Western Railway

區域：英格蘭

類型：客運、貨運

長度：於1841年達245公里

◆ 社會
◆ 商業
◆ 政治
◆ 工程
◆ 軍事

伊桑巴德・金德姆・布魯內爾（Isambard Kingdom Brunel）是大西部鐵路的策劃人，他設計了布里斯托（Bristol）具代表性的克利夫頓吊橋（Clifton Suspension Bridge），同時也是「大不列顛號」（S.S. Great Britain）等三大遠洋蒸汽船的幕後功臣。他是位對鐵路歷史影響深遠的工程天才，然而，就算是天才也可能犯錯。

不是最便宜，但是最優秀

「我們總有一天可以一邊拿著咖啡、一邊書寫，同時以時速72公里平穩安靜地移動，這樣的日子距離我們已經不遠了。」伊桑巴德・金德姆・布魯內爾在其日記中寫到。155年後，旅客的確一邊啜飲咖啡，一邊書寫他們的商業報告（人手一機的筆記型電腦尚未出現），只不過速度早已遠遠超過時速72公里。

就如同大西部鐵路，人們也經常用「偉大」來形容布魯內爾。在他常見的一張照片中，他站在蒸汽船「大東方號」（S.S. Great Eastern）下水時的吊掛鍊條旁，戴著一頂大禮帽、叼著雪茄、手插口袋，散發出如鋼

布里斯托邊境
由於英格蘭西部的海港是海運通往美國的途徑，因此，連往倫敦的鐵路被視為必要建設。

地圖標示：

NORTHAMPTON

威爾斯　　　英格蘭

CARDIFF　布里斯托　巴克斯丘　斯文敦　Didcot　倫敦 帕丁頓
　　　　　　巴斯　Chippenham　Reading　美登赫

布里斯托灣

艾克希特

SOUTHAMPTON　　　BRIGHTON

英吉利海峽

鐵般的偉大氣場。然而在1840年代，有些人濫以上帝之名咒罵布魯內爾所採用的軌距，因為它迫使他們捲入必須在格洛斯特車站（Gloucester Station）轉車才能前往伯明罕的混亂中。

布魯內爾在1830年代中期，經過國會授權擔任倫敦至布里斯托鐵路的策劃人，他決定建造一條「不是最便宜，但是最優秀」的鐵路。在他開始著手興建之前，他前往曼徹斯特與愛倫・赫爾姆（Ellen Hulme）會面，根據布魯內爾的日記，這位年輕女性是他最長久且忠貞不渝的摯愛。（由於過於窮困而無法結婚，布魯內爾於是專注在事業上：「我的職業終究是唯一適合我的妻子。」）前往曼徹斯特的旅程讓他有機會搭乘史蒂文生的利物浦與曼徹斯特鐵路，而他感到有些不以為然，儘管他極為尊敬競爭對手羅伯特・史蒂文生。當列車咯咯不休地行進著，他拿出筆記本並試圖徒手畫一個圓，結果失敗了。他想到：「總有一天，咖啡、書寫、速度……」

工程天才
布魯內爾在受邀擔任具開創性之大西部鐵路的工程師時，年僅二十多歲。

寬軌距

大西部鐵路的起點是倫敦，終點則是全國最大、最棒的海港布里斯托。來自美國的船隻駛進亞芬峽谷（Avon Gorge），接著抵達碼頭——布魯內爾當時已設計出橫跨該峽谷的吊橋。就在布里斯托與美國之間的商業往來受到利物浦港口和利物浦與曼徹斯特鐵路的質疑時，布魯內爾被任命為大西部鐵路的工程師。

布魯內爾算是走運才能活到20幾歲。他是傑出法國工程師馬克・伊桑巴德・布魯內爾爵士（Sir

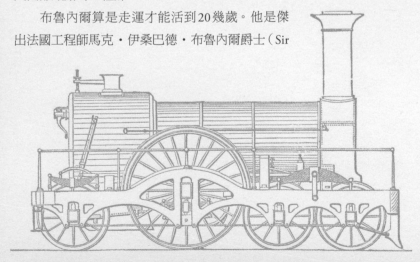

特快機車頭
八輪式的「大西部號」（Great Western），是為了布魯內爾的鐵路所設計的特快機車頭（express locomotive）。早期的機車頭並沒有鐵路本身成功。

Marc Isambard Brunel）的兒子（馬克娶蘇菲亞・金德姆〔Sophia Kingdom〕為妻，所以兒子才會有這麼不尋常的中間名）。布魯內爾參與其父親的一項艱鉅工程，他們需於倫敦泰晤士河下方開鑿隧道，隧道頂部極其不穩定。約瑟夫・阿斯普丁（Joseph Aspdin）是生產波特蘭水泥（Portland cement）的製造商，他說服馬克採用他的水泥來修理隧道頂部。波特蘭水泥的價格是「羅馬水泥」（Roman cement）的兩倍，根據阿斯普丁的廣告：「經過證實，這種水泥能夠支撐泰晤士隧道（Thames Tunnel）頂部達二十年之久，頑固抵抗水的作用力。」然而，1828年1月，隧道水泥有部分崩落，造成隧道內大淹水，最後導致6人溺斃，還差一點奪走年輕布魯內爾的生命。

當布魯內爾著手進行大西部鐵路的工程時，他馬上就決定讓軌道在可行的前提下，距離彼此越遠越好。寬軌距可以帶來較舒適的搭乘經驗、更寬敞的車廂，以及整體上更為優秀的公共鐵路。他武斷地將軌距設計為2,130公釐的軌距，幾乎比史蒂文生軌距多一半。然而，這是個錯誤的決定。

你的鐵路積少成多，多過巴比倫（Babylon）的城牆；你的鐵路彌山跨谷，廣過艾費蘇斯（Ephesus）的神殿，數不勝數。
約翰・羅斯金（John Ruskin），
《交通運輸》（*Traffic*），1866

代價高昂的隧道

大西部鐵路的成本原本預估為250萬英鎊，其中有一大部分是用來支付爭吵不休的地主，因為他們的地產剛好落在鐵路行經的路線上。除此之外，還有一些更加棘手的問題，約翰・吉特（John Keate）即是其中之一。吉特當時在英格蘭的第一私校伊頓公學（Eton College）擔任校長，極度支持以藤條鞭打男學生的體罰制度（利用綁束成捆的細枝鞭打其臀部），他

走運的逃脫
布魯內爾的父親馬克・布魯內爾爵士是泰晤士隧道的策劃人，而他兒子差點在1828年喪生於隧道內。火車開始行經隧道的時間是1865年。

擔心的點令人難以理解：「鐵路可能會妨害學校的紀律。」他甚至懇請之前的學生、也是未來的首相威廉・格萊斯頓（William Gladstone）加以仲裁。然而，格萊斯頓其實支持鐵路，他甚至於1844年引進名為「國會列車」（Parliamentary Train）的平價鐵路服務系統。

該路線成功得以繼續進行。布魯內爾自行勘察路線，有時也會和他的律師傑瑞米亞・奧斯朋（Jeremiah Osborne）一起進行。位於巴斯（Bath）附近的巴克斯丘（Box Hill）是這條路線的主要障礙，當要處理它時，布魯內爾運用他從泰晤士隧道獲得的經驗，動員共4,000名土木工人來開鑿。布魯內爾贏得工人的尊敬，他們還為他取了個暱稱「小巨人」（Little Giant），他們利用十字鎬、鏟子和黑火藥（black powder, 即火藥）穿過層層鮞狀岩（oolite stone），每週用掉的黑火藥高達上百公噸。當有人拿在巴斯附近醫院治療的受傷工人名單給布魯內爾看時，他說道：「考量到工作的粗重程度以及龐大的火藥用量，我覺得人數算是非常少了。」

隧道開鑿團隊最後終於在巴克斯丘底下相遇，交會時，隧道兩端之間的誤差範圍連布魯內爾拇指的第一節都不到。據說，他取下戒指獻給工頭，以對其努力表達感謝之意。謠傳布魯內爾在設計這條完工於1841年的隧道時，特別算好角度，讓每年的4月9日，也就是布魯內爾的生日，都能透過此長達2,937公尺的隧道看見另一端正在升起的太陽。不過，這個理論從未經過證實。

大西部鐵路最後的總決算，是原本預估的三倍——有部分是因為布魯內爾對大多數的功能性項目皆堅持施以嚴謹的建築設計，從隧道兩端到橋梁皆包含在內；另一部分則是因為他的工程策劃能力創建了一條極其筆直又精準的路線（被稱為「布魯內爾的撞球桌」〔Brunel's billiard table〕），直到超過一個世紀後仍能運作無礙。

布魯內爾後來繼續在德文郡研究「大氣」鐵路（以固定式引擎和大氣壓力來推進列車，而非蒸汽機車頭），也因此賠了不少錢。早期的測試不甚成功，然而，大西部鐵路公司收購其軌道，並將其延伸至康瓦耳郡的朋占斯（Penzance）。有頗長一段時間，這條鐵路持續位居英國最長的鐵路路

荷蘭飛人號

◆

有好多年的時間，全球最快列車「荷蘭飛人號」（Flying Dutchman）在行駛於大西部鐵路時，都是以丹尼爾・古奇（Daniel Gooch）的「鐵公爵級」（Iron Duke class）蒸汽機車頭進行牽引。「鐵公爵」之名來自於威靈頓公爵的外號，「荷蘭飛人」則是來自於英國最有名的19世紀純種賽馬，而不是傳說中那艘在海上無盡漂泊的幽靈船。1851年，這列列車拖著長長一道蒸汽煙霧，從倫敦帕丁頓站（Paddington Station）啟程，穿過鄉間，抵達位於西南地區的艾克希特（Exeter），距離超過306公里遠，平均時速達85公里。

帕丁頓站

如同這座車站的其他部分，此鍛鐵與玻璃結構的屋頂也是由布魯內爾所設計。此倫敦終點站為大西部鐵路服役超過175年。

線。朋占斯充滿著海洋、陽光、沙灘和乘船旅行的浪漫，因而被夢幻地包裝成康瓦耳郡的蔚藍海岸（Riviera）。

興建過程中，大西部鐵路的董事會曾向布魯內爾詢問，他們的寬軌距列車該怎麼切換至採用史蒂文生軌距的路線，布魯內爾宣稱這只是小事一樁，無縫接軌的配套措施也被投入渾沌之中。結果，軌道切換幾乎不可行。有一寬軌距支線在格洛斯特與伯明罕的列車交會，雜誌插畫家很快地畫了一幅插圖，圖中，神情擔憂的母親們緊抓著她們的子女，而她們的丈夫則奮力緊握著行李，和車站挑夫一同慌張地衝向下一段旅程的列車。

這個問題促使國會成立委員會，並於1892年下令全國鐵路全數採用史蒂文生軌距。該年的5月21日，超過4,000名負責養護此路線的工頭和鐵路工人齊聚一堂，開始著手更換軌道。兩天後，他們即成功完成285公里的重新舖設工程，即時讓帕丁頓至普利茅斯（Plymouth）的夜間郵政列車能依照原訂時間表營運，只不過所費不貲。

雨、蒸汽和夢想

1844年，已經是位成就非凡的藝術家透納（J. M. W. Turner），在畫作《雨、蒸汽和速度—大西部鐵路》（*Rain, Steam and Speed – The Great Western Railway*）中描繪了布魯內爾的工程：一列早期的機車頭，燃燒中的燃燒室（firebox）門敞開著，正越過當時甫完成、由布魯內爾設計建造，於美登赫（Maidenhead）橫跨泰晤士河的三拱高架橋。前景中有隻難以辨識的小野兔正在機車頭前奔跑。整個構圖和眩目而熱烈的色彩，皆透露出透納認同蒸汽動力的新時代，而這幅印象派作品，也成為所有鐵路主題畫作中意義最深遠的一幅。

在大西部鐵路還是寬軌距的最後幾天，所呈現的景象就和蒸汽時代最後數十年一樣，鐵路側線（siding）堆滿了準備報廢的機車頭，老舊的「鐵公爵級」特快車機車頭也包含在內（請見第63頁右欄）。它們是北安布里亞工程師丹尼爾・古奇的傑作，他是喬治・史蒂文生的朋友，後來成為大西部鐵路的董事長。在致信布魯內爾，並要求成為他的機車頭助理時，古奇年僅21歲。整個工作生涯中，古奇始終忠於布魯內爾的鐵路，若談到設計出成功且高速的機車頭，他可是個天才。布魯內爾的工程長才在用

於挑選良好而堅實的機車頭時，似乎總會不盡人意。許多他挑選的機車頭都擁有響亮的名號，譬如「首相號」（Premier）、「雷鳴號」（Thunderer）、「火神號」（Vulcan）和「颶風號」（Hurricane），但它們的表現總是黯淡無光。古奇設計了許多機車頭，讓斯文敦（Swindon）的小村莊威爾特郡（Wiltshire）成為主要的鐵路城鎮。1864年，古奇、湯瑪斯・布拉西以及威廉・巴伯（William Barber）一同登上布魯內爾設計的「大東方號」，在英國和美國之間鋪設世界首條橫渡大西洋的海底電纜。布魯內爾沒能活著看到這項工程，他過世於1859年，當時僅50歲出頭，死因據說是過勞。

　　儘管布魯內爾偶爾會判斷錯誤，但是他仍是個富有遠見的人。他將其雄偉華麗的倫敦帕丁頓站（因為這個車站又多花了100萬英鎊），視為從倫敦前往紐約之蒸汽動力之旅的第一站。他還預見有一天，乘客可以在艾克希特或布里斯托下車，並登上他其中一艘蒸汽船橫渡大西洋（「大不列顛號」、「大西方號」〔S.S. Great Western〕和「大東方號」等，皆是出自於布魯內爾之手）。而他所預測的──約1,840名乘客會以超過時速65公里從倫敦前往320公里外的艾克希特──也同樣成為現實。

美登赫橋
透納描繪了大西部鐵路列車從倫敦駛來的景象。

列斯特與勒夫波羅鐵路
Leicester and Loughborough Railway

區域：英格蘭

類型：客運

長度：19公里

◆ 社會
◆ 商業
◆ 政治
◆ 工程
◆ 軍事

鐵路時代讓每個人都有機會拓展視野、四處旅行，他們的鐵路之旅也經常是其人生第一次遠離家園。而首位開拓鐵路潛能的人，就是來自列斯特（Leicester）的湯瑪斯・庫克（Thomas Cook）。

安全且清醒

1850年代，奧古絲塔・霍爾（Augusta Hall）在威爾斯的蒙茅斯郡（Monmouthshire）擁有一座莊園，正當一條興建中的新鐵路穿過其莊園時，她關閉了莊園內的所有酒吧，此舉讓所有佃農深受打擊。如同1800年代中期的許多人，奧古絲塔也是堅定的禁酒運動支持者。在澳洲、紐西蘭、美國和英國，含酒精飲料的消費量都在向上攀升。於英國，酒精消費量增長幅度最大時，恰巧發生在鐵路網迅速擴展的1850至1876年，這點必然會對鐵路安全造成影響。《卡塞爾家庭雜誌》的特派記者寫道：「搭乘鐵路最常發生的小意外，多出現在車廂仍在移動卻貿然下車的情況，還有在抵達月台之前就動手開啟車門的無腦行為。」上述意外的肇事者中，除了緊張、歇斯底里又試圖跳車的女人，還包括漫不經心的醉漢。

不過，這樣的危險完全不會對約500人參與的全球首發公共鐵路短程旅行產生威脅（它可以說是最早的團體旅遊），這趟旅行發生在1841年的7月，行程介於列斯特和勒夫波羅之間。所有旅客都是當地禁酒運動的成員，而且每個人皆已支付1先令予一位列斯特浸信會教友，該教友私下包下整列列車。這位教友名為湯瑪斯・庫克，他從細木工匠轉為傳教士，本身也在1833年宣誓戒酒。庫克出生於墨爾本（Melbourne,同名的澳洲城市即是以墨爾本子爵〔Viscount Melbourne〕的稱號命名，他是英國墨爾本的名人）的德比郡

東北部

列斯特到勒夫波羅的短小路線，在大眾觀光歷史裡扮演了重要的角色。這一切都要感謝湯瑪斯・庫克。

（Derbyshire）村莊，就在他從位於哈波羅市集（Market Harborough）的住家徒步24公里至位於列斯特的新家地址時，他開始有了把火車和禁酒運動結合在一起的想法。列斯特是英格蘭的針織品重鎮。

庫克瞭解到，鐵路網能拓展人類視野。誰會寧願待在家裡用琴酒和高濃度啤酒澆熄自己的哀愁，而不願搭乘時髦的火車到沒去過的地方旅行呢？庫克不是唯一將禁酒和火車旅行聯想在一起的人，愛德華・皮斯等貴格會教徒，同樣將斯托克頓與達靈頓鐵路的模範安全紀錄，歸功於管理部門拒絕在車站販售蒸餾酒。

因此，庫克包下整列火車，從列斯特的坎貝爾街站（Campbell Street Station），前往勒夫波羅的美麗近郊，他為這些清醒的親朋好友所安排的行程，包括參訪豪華住宅、觀賞板球比賽、箭術比賽以及音樂表演，據說該場音樂盛會的表演者是極具權威的銅管樂團。隔年和兩年後，庫克又舉辦了一樣的行程，並與鐵路公司取得特別協議，為更多禁酒社群和主日學校（Sunday-school）興辦距離更遠的郊遊行程，例如前往利物浦和蘇格蘭。儘管他的生意頭腦曾讓他失足而不得不宣告破產，不過，當倫敦萬國工業博覽會在1851年盛大舉行時，庫克已經重新站起來，而其信用應該也得以重新建立，這一次，他包下從列斯特啟程的博覽會遊覽列車（Exhibition Excursion train）。

團體旅遊和旅行支票

庫克十分小心謹慎，然而，鐵路網迅速的擴展讓他願意冒險舉辦幾次國外團體旅遊，行程遠至巴黎。1860年代，他也辦了許多瑞士、義大利、埃及，甚至是美國的「豪華環遊」（grand circle）之旅。當他的兒子約翰（John）到了他們可以將公司名稱改為「湯瑪斯庫克父子」（Thomas Cook & Son）的年紀時，父子倆在倫敦開了一間實體店面。1874年，那間店不僅銷售鐵路旅遊票，還販賣旅遊書、旅遊服飾、飯店優惠券，以及「周遊券」（circular note），周遊券能夠用來在國外兌換現金。美國運通（American Express）也在1891年發行了他們自己的周遊券：旅行支票（traveler's cheque）。

湯瑪斯與約翰個性迥異，湯瑪斯始終

拓展視野
湯瑪斯・庫克趁鐵路網擴展之際，包下家鄉和國外的火車，藉此增進商業利益。

保持其與禁酒的關係，約翰則開啟了一項新事業：美國南北戰爭（American Civil War）的戰場鐵路之旅。戰地觀光並非標新立異——馬克·吐溫（Mark Twain）在幾年後也帶了一群人到烏克蘭的克里米亞（Crimea），參觀塞瓦斯托波爾（Sevastopol）滿目瘡痍的城垛（請見第94頁）——不過，那卻是公司起飛的開始。湯瑪斯決定退居幕後，不情不願地離開公司，並在退休後回到墨爾本（由於他被視為暴發戶，所以他想租用墨爾本廳〔Melbourne Hall〕的要求被拒，那棟宅邸是墨爾本子爵的前住所）。

約翰·庫克（John Cook）和兒子們極速地拓展旅遊事業，不僅安排的團體旅遊遠至中東，還在澳洲和紐西蘭開設海外分公司。約翰因痢疾過世於1899年，公司最後賣給臥舖列車公司（Wagons-Lits Company, 請見第103頁）。後來，臥舖列車公司在二次大戰期間由德國接管，湯瑪斯庫克父子公司則由英國政府收為國有，並成為英國鐵路公司（British Railways）的一部分。

日間遊客

湯瑪斯·庫克的顧客並非唯一會搭乘火車、偶爾享受單日度假的人。1850年代，旅行仍是有錢人獨享的特權，鮮少有勞動階級的人會外出度假。不過，鐵路網為社會帶來改變。全歐洲的鐵路公司紛紛開始經營開往

來去布來頓
查爾斯·羅西特（Charles Rossiter）的畫作《三便士或六便士來回布來頓》（To Brighton and Back for Three and Sixpence, 1859）中，旅客正搭乘火車前往海邊。

海邊城鎮的特殊班車，那些城鎮也為此重新整頓，進而從這筆新生意中獲取最大利益。

當鐵路網於1864年觸及法國的蔚藍海岸，諸如尼斯（Nice）等地立刻蓬勃發展；當1870年觸角延伸到蒙地卡羅（Monte Carlo），摩納哥侯國（principality of Monaco）的人口也因而翻倍。同樣的故事還在多維勒（Deauville）和特胡維勒（Trouville）等法國北部的海邊度假村上演著，1862年，前往不列塔尼半島（Brittany）坎佩市（Quimper）的路線，吸引了無以數計的畫家，他們厭倦了都市生活，於是就在阿凡橋（Pont-Aven）附近組成一個藝術家群體。來自巴黎、美國、加拿大和英格蘭的畫家不斷湧入，結果其中最有名的一位卻因而離去——保羅·高更（Paul Gauguin）。他離開藝術家群體，來到朋都（Le Pouldu）的小村莊，並定居該地直到他動身前往大溪地（Tahiti）為止。

1844年，英國首相威廉·格萊斯頓推出標準且低廉的車票價格，讓鐵路旅行不再只是大地主的專利，就連其獵場看守人和女管家也能享受。於英格蘭，鐵路網為許多海邊城鎮帶來財富，例如黑潭（Blackpool）、南港（Southport）、伊斯特本（Eastbourne）、托基（Torquay）、威斯頓馬爾（Weston-Super-Mare）、威爾斯的巴里（Barry），以及其中獲利最豐厚的布來頓（Brighton），布來頓是位於南海岸的海邊城鎮，同時也是威爾斯喬治王子（George, Prince of Wales）之前的度假地。鐵路帶來的人潮並非總是受到歡迎，有家地方性報社《柏立和索頓郵報》（Bury and Sutton Post）即在1867年報導，當火車載著600名「最沒水準和比最沒水準稍好一點的乘客」停靠在伊普斯威治（Ipswich）時，他們掃光了櫃台上的所有東西，包括一塊重達6磅（將近3公斤）的起司，以及無數小圓麵包和餅乾，而且「這些飢渴的尋樂之人連一毛錢也沒付」。

海濱風光
黑潭能夠成為度假勝地全歸功於鐵路網。

從1857-61年開始，英格蘭和威爾斯的酒醉比例增加36%。
約瑟夫·朗特里，〈傑出的禁酒專家〉，《哈姆斯沃思雜誌》（Harmsworth Magazine），1899

某些海邊城鎮其實是鐵路網的產物，例如索爾特本（Saltburn）和亨斯頓（Hunstanton）。企業家亨利·勒·斯特拉吉（Henry Le Strange）說服多位投資人把閒錢投進一條新路線，起點是諾福克（Norfolk）的金斯林（Kings Lynn，亦稱為林〔Lynn〕），終點為位於東盎格利亞（East Anglian）地區的亨斯頓海邊村莊。林與亨斯頓鐵路（Lynn and Hunstanton Railway）從1862年的通車日開始，就不斷為股東賺進大筆獲利，勒·斯特拉吉寬敞而便利的旅店 New Inn 也在同一年開張（維多利亞女王在一年前就買下附近的桑德令罕〔Sandringham〕莊園，這也對該鐵路的獲利有所幫助）。

從海邊到礦泉

鐵路的單日旅程同樣觸及當時大受歡迎的浴場。如同法國和德國，擁有礦泉（spa）的城鎮只要沒有火車站，就會喪失競爭力。1840年代有赤爾登罕（Cheltenham）和巴斯礦泉（Bath Spas），1850年代有林肯郡（Lincolnshire）的伍德霍爾礦泉（Woodhall Spa），1870年代則有馬特洛克浴場（Matlock Bath）。即使是蘭德林多威爾斯（Llandrindod Wells）的威爾斯小村莊，都因為威爾斯中部鐵路（Central Wales Railway）於1865年通車，而被推向短程旅行的時代。當來自伍斯特（Worcester）的路線於1859年延伸至礦泉鎮馬爾文（Malvern），單日來回的遊客飆升至5,000人，幾近難以招架。其中較為出名的旅客分別有詩人丁尼生（Alfred, Lord Tennyson）、查爾斯和凱特·狄更斯夫婦（Charles and Kate Dickens），以及佛蘿倫絲·南丁格爾（Florence Nightingale）。他們皆是慕「重力水療」（great douche）之名而來，約翰·里奇（John Leech）在《潘趣》（Punch）雜誌裡形容：「重力水療彷彿尼加拉瀑布的翻版，它能夠以每分鐘約238公升的水量，形成筆直紮實的水注直洩而下，那樣的力道……把我像九柱球的木柱一樣擊倒。」重力水療是詹姆斯·威爾森（James Wilson）和詹姆斯·古力（James Gully）這兩位內科醫師的智慧結晶，它持續提供水療服務，直到古力捲入一場謀殺醜聞，受害者是古力的情婦佛蘿倫絲·李卡多（Florence Ricardo）以及她的丈

CHELTENHAM SPA
A BEAUTIFUL RESORT IN THE HEART OF THE
COTSWOLDS
GWR　LMS
Illustrated Guide free from Dept. D.R. Town Hall, Cheltenham

夫，儘管此案始終懸而未決，但是鐵路還是難以挽救其礦泉生意的名聲。

前進山林

　　兩次世界大戰之間，另一種型態的假日遊客也開始愛上火車：戶外活動愛好者。在第一次世界大戰後，許多人酷愛露營、騎腳踏車，以及到山裡健行，鐵路於是在風景秀麗的支線停放特殊露營車，而且每一家都爭相提供最適合腳踏車騎士的服務。

　　1920年代，數千名民眾會在曼徹斯特的倫敦路站（London Road Station）搭上列車，前往海非（Hayfield），並繞著金德斯考特峰（Kinder Scout）登山健行。1932年4月，警察進行地毯式搜索，試圖找到激進漫步者班尼・羅思曼（Benny Rothman），因為羅思曼煽動群眾前往本寧山脈（Pennine）。關於這場公然非法入侵私人松雞狩獵場的計畫，消息被用粉筆寫在曼徹斯特和里茲的人行道上，而羅思曼被視為主導者之一。他與一群漫步者巧妙地躲開警察追捕，並在與獵場看守人發生幾次肢體衝突後，成功登上金德斯考特峰。然而，有一警察小隊在他們前往海非車站搭車返家的途中攔截，並逮捕羅思曼和其他五個人。儘管羅思曼因此入獄服刑四個月，但是大眾也開始認為山區應開放給全民眾。鐵路網似乎改變了社會的每個層面，它將鄉野攤在所有人面前。追溯到1870年代，慈善家約翰・羅斯金就已經預言會發生這樣的事態，當時他預見鐵路網會像是「從麻袋倒出煤炭」般將觀光客注入湖區（Lake District），造成暴增的小酒館和九柱球遊戲場，以及佈滿整片沙灘的破碎薑汁啤酒瓶。羅斯金表示：「相較於黑潭，這樣的湖色風光並不會給予遊客更好的享受。」到了羅斯金早已與世長辭的1930年代，鐵路又出現新的吸引力：假日度假村。戰後，一直到汽車自有率大增的時代來臨之前，鐵路帶著數千名旅客從都市前往海靈島（Hayling Island）、斯克格內斯（Skegness），以及曼島（Isle of Man）上的道格拉斯（Douglas），盡情享受當地風光。此時距離湯瑪斯・庫克的首次鐵路旅遊超過一世紀了，事實證明，鐵路觀光已經如潮水般勢不可擋。

環遊世界

◆

1865年，湯瑪斯・庫克規劃了北美洲的鐵路之旅，涵蓋的鐵路總長高達6,437公里。七年後，在美國的橫貫鐵路和蘇伊士運河（Suez Canal）開通之後，他帶領一個小團體進行環遊世界之旅。他們搭蒸汽船橫渡大西洋，然後乘火車穿越美國，之後再航行到日本、中國、新加波、錫蘭（Ceylon）和印度。湯瑪斯接著前往埃及和巴勒斯坦，再行經土耳其、希臘、義大利和法國，最後返抵英格蘭。這趟旅程成了一場年度盛事，總共花了222天。

1845

雪非耳、阿什頓安德萊恩與
曼徹斯特鐵路 Sheffield, Ashton
under Lyne and Manchester Railway

區域：英格蘭

類型：隧道

長度：4.8公里

鐵路的興建環境簡陋隨便，施工者的福祉經常不受重視。然而，在英國嚴峻的本寧山脈下奮力建造鐵路隧道的工人之死，讓大家看見該公司對工人安全的漠視程度實在教人震驚。

風險驚人的伍德黑德隧道

◆ 社會
◆ 商業
◆ **政治**
◆ 工程
◆ 軍事

早期的交通船載著英國惡棍前往澳洲的新南威爾斯州時，數百人會在航行過程中喪生。因飲酒過度和打架生事而遭判刑的囚犯，包括幾個聲名狼藉的鐵路工人，由於被置於過度擁擠的船艙中而失去性命。

英國政府於是發布命令，要求租船者需要為囚犯的安全負責。該命令馬上看見成效，負責運輸的業者開始費心照料他們的貨艙，而每多一名囚犯安全上岸，他們就能多拿到一份獎勵。然而，維多利亞時期對承包商需負起工人安全責任的道理卻漠然置之。一個8歲女孩，假如因為自己的

本寧通道
伍德黑德隧道（Woodhead Tunnel）位於雪非耳、阿什頓安德萊恩與曼徹斯特鐵路的路線上，該鐵路的興建工程介於1841到1845年，穿越地形險惡的本寧山脈。

疏失而遭機器斷手，那她對工廠主人還有什麼用處呢？假如有土木工人因喝醉而死於隧道崩塌，鐵路公司為什麼需要負責照顧他的家人？雪非耳、阿什頓安德萊恩與曼徹斯特鐵路公司企圖在本寧山脈下開鑿隧道，願意

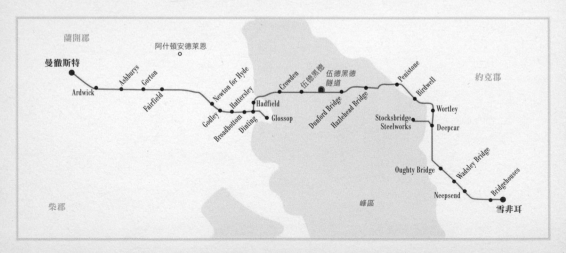

蘭開郡　　　　　阿什頓安德萊恩　　　　　　　　　　　　　　　　　　　　約克郡

曼徹斯特　Ashburys　Gorton　　Newton for Hyde　Crowden　伍德黑德　伍德黑德隧道　　Penistone　Birdwell

Ardwick　Fairfield　Godley　Hattersley　Hadfield　Dunford Bridge　Hazlehead Bridge　Wortley

Broadbottom　Dinting　Glossop　　　　　Stocksbridge Steelworks　Deepcar

柴郡　　　　　　　　　　峰區　　　　Oughty Bridge　Wadsley Bridge　Bridgehouses

Neepsend　雪非耳

冒險投資如此大膽企業的投資人，為何還得寵溺已經付錢讓他工作的工人呢？

威靈頓·普耳敦（Wellington Purdon）是開鑿隧道時的助理工程師，當政府調查問及，以安全引線（safety fuse）來爆破石塊是不是比較明智的選擇時，他回答：「或許是；但是這麼做會浪費許多時間，而且差別真的非常小，我不會建議去花那些時間，只為多救幾條人命。」他的評語顯示鐵路公司多麼不重視他們的勞工。這份調查報告應該能夠改變工業歷史的走向，然而，國會擱置了那份報告。

1845年，當第一列列車駛過完工的伍德黑德隧道時，在另一頭迎接它的是由權貴和幾名留下的土木工人參與的慶祝活動，其餘土木工人早已步履蹣跚地前往下一條鐵路的興建工程。社會改革家愛德恩·查兌克（Edwin Chadwick）並沒有參與慶祝，根據他的統計，伍德黑德的損耗率「幾乎等於一場慘烈戰事的傷亡比例。」這項工程共造成32人死亡，140人受傷，傷亡率高於滑鐵盧戰役。

留著落腮鬍的查兌克總是笑容滿面，纖細的頭髮平整地覆蓋在已禿的頭上，他是維多利亞時代的社會運動人士，他將社會主義學家約翰·穆勒（John Stuart Mill）視為朋友，他也和幾位醫師友好。最重要的是，來自曼徹斯特的外科醫師約翰·羅伯頓（John Roberton）也是其中之一，羅伯頓和外科醫師亨利·朋弗瑞特（Henry Pomfret）也是好朋友。伍德黑德隧道的土木工人自掏腰包，以讓現場能有醫師待命，而朋弗瑞特即是他們聘請的醫師。

> **我不會建議去花那些時間，只為多救幾條人命。**
> 工程師威靈頓·普耳敦向下議院特別委員會表達的意見，1846

地底下

在本寧山脈炸出伍德黑德隧道之前，布魯內爾位於巴斯的巴克斯隧道（Box Tunnel）是全英國最長的隧道。

光禿無樹的伍德黑德，座落在本寧山脈上較為荒涼的峰區（Peak District），本寧山脈多石而堅硬，將英格蘭的東北部和西北部劃分開來。棉花產業看著這些砂岩村莊的人口，隨著紡織業者開設公司而增長。1839年，鋪著大卵石的街道充滿靴子在地上敲擊的聲響，宣告來自蘇格蘭、愛爾蘭、蘭開郡（Lancashire）和約克郡的土木工人，正前來進行炸穿伍德黑德丘（Woodhead Hill）的工程。他們即將著手開鑿的隧道總長5公里、就快成為英國最長的隧道，讓伊桑巴德・金德姆・布魯內爾位於巴斯的巴克斯隧道退居第二。

總工程師查爾斯・維尼奧爾斯（Charles B. Vignoles）不只是威靈頓・普耳敦的長官，也是鐵路公司的股東之一。由於工程進度落後，而且花費超支，這項工程導致其破產。具開創者地位的約瑟夫・洛克接管他的工作，當時，上千名勞工運用十字鎬、鐵鏟和炸藥，分別從七個不同的豎井（shaft）挖出淤泥與泥漿，其中兩口位於隧道頭尾，其餘五口則是從隧道上方垂直向下挖掘。對洛克來說，完成此工程的唯一方法就是把工人當作動物般奴役，假如對方有所質疑，就以謊言矇騙。

在伍德黑德一座小禮拜堂的墓園中，仍有一側聚集著無數無名墓碑，就好像一群不受歡迎的人直挺挺地站著，他們有些是朋弗瑞特醫師未能救回的生命。整個工程共花了六年之久，在接近尾聲時，朋弗瑞特

土木工人（navvy）

◆

在美國，「navvy」一詞指的是蒸汽動力挖土機，多數早期的鐵路皆是藉助它來完成。而在歐洲，這個詞原本指的是運河建造商或「領航員」（navigator），後來則是經驗老道的勞工，他們總是數以千計地集結起來，一同興建鐵路。他們原本可能是農場工人、辦公室職員、流動焊鍋匠或是吉普賽人，可能來自各行各業。他們也可能來自愛爾蘭克雷爾郡（County Clare）的寒冷山上，那裡的馬鈴薯荒導致整個社會體崩解；他們還可能來自蘇格蘭高地，土地開墾迫使男人遠離家園去尋找鐵路相關工作。顯然，貧窮就是最好的招聘機構。

醫師和羅伯頓醫師談論此事，羅伯頓醫師再轉達給愛德恩‧查兌克，然後，1846年1月，查兌克在「曼徹斯特統計學會」（Manchester Statistical Society）發表了一份論文：《由於對從事鐵路建造與工程的勞工缺乏適當規範，所引起的道德敗壞現象和人員損傷》（*The Demoralization and Injuries Occasioned by Want of Proper Regulations of Labourers Engaged in the Construction and Works of Railways*）。

儘管該篇論文標題冗長，但爆炸性的內容就好比土木工人的炸藥。文中揭露傷患如何被迫照料自己，多數工人如何在自己搭建的茅舍之中（因而導致霍亂爆發），度過本寧山脈最嚴寒的冬季。查兌克還揭露另一項惡劣行徑，他指出，鐵路公司存心積欠工資達數個星期，然後特意在公眾酒吧中支付，那些酒吧遂而慫恿土木工人用剛拿到的工資買酒喝。在此同時，工資延遲也迫使他們進入「實物工資制度」（truck system），即某種員工福利社的概念，用以確保工人和其家人永遠都需要仰賴鐵路公司而生（英國早已禁止實物工資制度，然而其法規早在鐵路熱潮之前就已經制定，因此並未明確將鐵路工人納入其中）。查兌克表示，一般土木工人之所以會給人效率差又魯莽的酒鬼印象，直接原因就是這個產業不斷地供給他們酒精飲料，而不提供適當的食物和住所。

回到原始
十字鎬、鐵鏟，再加上有力的雙臂，就是土木工人最天然的工具。

鐵路公司和工程師否認對他們的指控。不過，1846年7月的政府調查建議〈實物工資法〉（Truck Act）適用於鐵路，要求鐵路公司為土木工人的健康、福祉和住宿負責，其中最重要的就是將死傷責任歸屬至鐵路公司。國會會員同時堅持鐵路公司應每週支付工人工資，而且只能以現金支付，不得使用當作實物工資的代幣。查兌克的報告甚至沒有被拿出來討論。

查兌克的朋友約翰‧穆勒在其1859年的《論文與探討》（*Dissertations and Discussion*）中斷言：「當社會需要重建，試圖將其重建在舊有計畫上只會是徒勞。」鐵路公司允諾正面迎擊舊有方式，以求帶來新時代和社會變遷，然而，所有捲入伍德黑德隧道醜聞（Woodhead Tunnel scandal）的人皆全身而退。不過，查兌克的努力並非徒勞，他用戰場上的傷亡與鐵路人員損傷做比較，成功引起大眾注意，因此後來，每當有土木工人喪生，媒體很快就會加以報導。但這種情形並不適用在印度的鐵路建造商身上（請見第84頁）。

巴黎—阿弗赫鐵路
Paris to Le Havre Railway

區域：法國
類型：客運、貨運
長度：228公里

◆ 社會
◆ 商業
◆ 政治
◆ 工程
◆ 軍事

作家們花了點時間才適應火車時代，不過，自從托爾斯泰（Leo Tolstoy）將他筆下的安娜・卡列尼娜（Anna Karenina）扔到機車頭下後，作家和電影人就開始利用這種新的冒險交通工具。巴黎—阿弗赫鐵路就是鐵路影響藝術內涵的一例。

巴黎聖拉查車站

「從這一片黯黑的深處，些許聲響傳了過來——巨大的喘息聲，彷彿有人因染上熱病而正在垂死邊緣；突然發出的尖銳嘯鳴，宛如女性被侵犯時的尖叫；伴隨著號角淒涼的嗚咽，以及鄰近街道車來車往的轆轆響聲。」（左拉〔Émile Zola〕，《人面獸心》〔La Bête Humaine〕）。

廉價恐怖怪談和通俗小說的內容多是些愛情故事、大膽行為和恐怖事件，通常會陳列在車站書店架上。然而在維多利亞時期，最受歡迎的小說資源反而是《生活熱門》（La Vie Populaire）等雜誌。狄更斯和柯南・道爾（Arthur Conan Doyle，他創造的福爾摩斯和華生醫師，就經常倚靠鐵路相關物件——尤其是鐵路時刻表——解開謎題）都曾在雜誌中連載作品。1889年11月，坐在車廂裡、手拿《生活熱門》的乘客，皆滿心期待轟動社會的《人面獸心》最新連載，場景就設定在巴黎—阿弗赫鐵路。知名小說

恐怖列車
左拉的《人面獸心》描寫發生在巴黎—阿弗赫特快車的謀殺案和暴行，引起法國民眾廣泛的注意。

家埃米爾・左拉在研究題材時十分謹慎，其中的技術資訊包含：一如許多法國機車頭，他筆下的「利松號」（La Lison）是以鐵路途經城鎮命名；鐵路服務人員的薪水、雙座客艙（coupé compartment, 僅一邊有座位的小隔間）；還有一個重要的細節，能讓計畫縝密的謀殺案在四下無人的情況下發生——沒有走道的列車上。鐵路歷史學家除了能從《人面獸心》蒐集有用的資料外，也能欣賞到類印象派文風的絕妙文具：「水氣凝聚，所有東西都還留著

法國北部

這條從巴黎開往法國北部的路線擁有滿滿的歷史，一切都要歸功於左拉、克勞德‧莫內（Claude Monet），以及亨利‧卡提耶—布列松（Henri Cartier-Bresson）等藝術家。

雨水帶來的濡濕；滿處紅色燈火，彷彿四濺的血跡穿透夜晚……」

　　左拉描寫的故事是發生在火車上的性虐待、通姦行為、謀殺與自殺，背景設定在1869-70年間，由西部鐵路公司（Compagnie des chemins de fer de l'Ouest）負責營運由巴黎聖拉查車站（Gare Saint–Lazare, 左拉特意避免提到其名）開往不列塔尼北部和諾曼第（Normandy）的列車。左拉除了善用當代事件：維多利亞時代發生在倫敦的一連串謀殺懸案——多名妓女遭開膛手傑克殺害；以及另一樁謀殺案——1886年發生在巴黎往樹堡（Cherbourg）列車上的省長之死，也從熱衷自聖拉查車站搭火車前往北部的一位印象派友人的作品中獲得靈感。聖拉查車站旁就是阿多夫‧朱利安（Adolphe Jullien）所設計的歐洲大橋（Pont de l'Europe），屬於鐵路路線的一部分。1877年，莫內昂首步入聖拉查車站，將畫架置於月台上。他住在附近公寓的朋友畫家古斯塔夫‧卡耶博特（Gustave Caillebotte）有一幅描繪歐洲大橋的畫作，並計畫資助一場新畫展，讓那些將自己定位為印象派藝術家的人展示作品。參展者包括經常回歸鐵路題材的畢沙羅（Camille Pissarro）、馬內（Édouard Manet, 他也畫過車站）、寶加（Edgar Degas）、雷諾瓦（Pierre-Auguste Renoir）以及莫內，全是外光派（plein-air）的倡導者。莫內需要多一點素材，因此匆匆進入聖拉查車站，命令困惑的工作人員移動某部機車頭，好讓他更寫實地掌握蒸汽煙霧在蒼穹下的樣貌，甚至要求改變

安娜‧卡列尼娜

✦

列夫‧托爾斯泰致力於在小說中描寫當代俄羅斯。在撰寫1878年出版的《安娜‧卡列尼娜》時，他以當時的鐵路做為故事核心，甚至涉及女主角的自殺：「她沿著從水塔延伸到鐵軌的階梯一步步往下，最後停佇在靠近列車行經的地方。然後，就在車輪到達眼前的那一瞬間……她俯身躍下，隨之捲入車底。」諷刺的是，托爾斯泰本身也死於鐵路旁，那時他深受肺炎之苦，最後在1910年不敵病魔，並過世於阿斯塔波沃火車站（Astapovo Railway Station）。該車站後來改名為列夫‧托爾斯泰。

列車位置以利構圖。直到他在該年印象派畫展中展出11幅車站畫作中的7幅為止，沒有人知道他到底是誰。此後，車站人員驕傲地告訴乘客：「是的，太太，我們曾經協助莫內先生完成他的作品。」

　　奧諾雷・杜米埃（Honoré Daumier）捕捉到的鐵路場景更加切身。在其畫作《三等車廂》（*The Third-Class Carriage*）中，腿上放著籐編提籃的老婦人靜坐車內，一旁是一名低頭進入夢鄉的男孩，另一旁則是她抱著熟睡嬰孩的女兒。後方女士偷瞥了一眼，一如所有鐵路乘客總會不自覺地觀察別人。杜米埃開始作畫的1860年代，威廉・佛力茲（William Frith）也創作出史上最成功、價格最高昂的商業化鐵路畫作之一。佛力茲於1862年公開他對倫敦帕丁頓站的詮釋：《火車站》（*The Railway Station*）。1858年，他就曾在畫作《賽馬日》（*Derby Day*）中如實呈現賽馬場景象，《火車站》則是眾所期待的後繼作品。有了眾多模型和照片的輔助，再加上付費請來的製圖者幫忙繪製煩悶的結構細節，《泰晤士報》（*The Times*）指出，佛力茲這次創作出了創世傑作。其特派記者補充道：「這幅畫的題材代表著我們的鋼鐵和蒸汽時代，而佛力茲先生作品的高昂定價，唯有在全民大膽投資的時代才行得通，該定價是為了吸引特定族群，並讓他們願意掏錢欣賞。」它的確成功了，超過21,000名民眾掏出12便士欣賞這幅畫，就為感受畫中一連串景象帶來的震撼：獵場看守員打理他的狗、男士們為車夫費用爭執不下、參加婚禮的人正準備出發，還有兩名倫敦警察在逮捕罪犯。佛力茲的生意夥伴路易・弗列托（Louis Victor Flatow）也在畫裡：正在與火車司機深入交談的早期鐵路迷，當時的機車頭為鐵公爵級的「蘇丹號」（Sultan）。鐵路上上演的人生百態盡在這幅畫中。

經濟艙
奧諾雷・杜米埃在其畫作《三等車廂》（1862-1864）中，描繪沉悶的坐車時光。這位畫家喜愛描寫鐵路旅行的各種面貌。

鐵路巨作
1862年，在維多利亞時代的
威廉·佛力茲於倫敦公開新
作《火車站》後，成千上萬的
人潮前往一睹風采。

納撒尼爾·柯里爾（Nathaniel Currier）和詹姆斯·艾福斯（James Ives）等19世紀的紐約平版印刷商，開始將鐵路納入他們的題材（每一份印刷皆是以產品組裝線的形式手工上色，一個女孩負責一種顏色），自此以後，鐵路公司也開始付費聘請藝術家來提升他們的品牌形象。當時的鐵路公司就像20世紀的跨國公司，非常在意形象。20世紀的藝術家有英格蘭畫家泰倫斯·科里奧（Terence Cuneo, 他的雕像立於倫敦滑鐵盧車站外），以及法裔俄國畫家阿道夫·莫倫（Adolphe Mouron）等，後者在其受到包浩斯（Bauhaus）風格影響的海報上皆署名卡桑德爾（Cassandre），例如，《北部鐵路——速度—奢華—舒適》。倫敦運輸（London Transport）的總裁法蘭克·皮克（Frank Pick），也曾委託曼·雷（Man Ray）、格雷厄姆·薩瑟蘭（Graham Sutherland, 起初他在德比〔Derby〕的米德蘭鐵路公司擔任工程師學徒，整日鬱鬱寡歡），以及保羅·納什（Paul Nash）等藝術家。

羅藍德·埃梅特（Rowland Emett）、佛卡夏（Fougasse）等漫畫家，以及新興的插畫家希斯·羅賓森（W. Heath Robinson），皆有與鐵路相關的作品。在蒸汽時代劃下句點後，這些曾仰賴它維生的藝術家，都靠著當時的收入過著不錯的生活（1950年代，旅客再也受不了緩慢的蒸汽列車：不過二十年後，他們開始深深地懷念起那段過往時光）。然而，討喜程度無人能敵的還是約翰·哈沙爾（John Hassall）為斯克格內斯（亦稱作Skeggy）創作的蹦跳水手。1908年，大北方鐵路公司（Great Northern Railway）以12幾尼買下這幅名為〈斯克格內斯教人心曠神怡〉（Skegness is so Bracing）

鐵路時刻表

✦

「查一下布拉迪蕭的火車時刻表。」虛構的偵探福爾摩斯在《紅樺莊探案》（The Copper Beeches Case）中向助理華生說道。喬治·布拉迪蕭（George Bradshaw）是蘭開郡的印刷商，他從1838年開始印製鐵路時刻表，當時僅有幾條鐵路而已，他的《布拉迪蕭的每月鐵路指南》一直持續發行到1960年代初期為止。這本指南中的資訊來自鐵路公司時刻表交付印刷時的打樣（proof），儘管它附帶一項禁制令——對所有時刻表的終極放棄條款：「因資訊錯誤所導致的任何損失皆不在業主責任範圍之內」，此時刻表仍位居市場領導者的地位。

的海報，做為海邊度假村的廣告。

火車登上大螢幕

假如19世紀是擁有大量肖像畫的時代，20世紀就是鐵路電影的時代。在盧米埃兄弟（Auguste and Louis Lumière, 請見第212頁）走紀錄片風格的電影之後，電影製作者開始參考左拉等人的作品。鐵路之旅中的風流韻事、陰謀詭計和刺激冒險，構築出包羅萬象的可能性。1900年代早期，愛德溫·波特（Edwin Porter）長12分鐘的《火車大劫案》（*The Great Train Robbery*），吸引大量觀眾前往新的、位於一樓店面狹小的五分錢電影院（nickelodeon）觀看：入場費五分錢，廉價木椅，環境髒亂。波特之後又推出了幾部無聲電影，畫面中嚇得花容失色的美麗女子被綁在軌道上，行進中的列車不斷向其逼近。

波特將大家熟悉的美國西部拍成電影，奠定新的電影潮流，例如西席·地密爾（Cecil B. de Mille）執導的《聯合太平洋鐵路》（*Union Pacific*）、約翰·福特（John Ford）1924年執導的無聲電影《鐵騎》（*The Iron Horse*, 關於美國首條橫貫鐵路）和史詩片《西部開拓史》（*The Way The West Was Won*, 次要情節著眼於阿拉帕荷〔Arapaho〕印第安人遭鐵路公司背叛）。福特是外景拍攝的先驅，1962年的《雙虎屠龍》（*The Man Who Shot Liberty Valance*）一片中，身處早期美國西部的詹姆斯·史都華（James Stewart）思索著西部城鎮「新邦」（Shinbone）的變遷：「你只知道在鐵路

到來之後，好多事都不一樣了，一切都不一樣了。」

　　歐洲和亞洲的電影人同樣把重心放在鐵路上，從波蘭導演耶吉・卡瓦萊洛威茲（Jerzy Kawalerowicz）執導的《夜行列車》（1959），到捷克導演伊利・曼佐（Jiří Menzel）技術純熟的驚悚電影《嚴密監視的列車》（1966）。在班・海默（Bent Hamer）的電影《霍頓的鐵道人生》（2007）中，名為霍頓的挪威電聯車駕駛考慮退休；在錦織良成（Yoshinari Nishikori）的《RAILWAYS 49歲的電車夢》（2010）裡，主人翁筒井肇則離開大公司轉職為火車司機。當然，一定會有電影人想重現左拉的《人面獸心》，這個人就是尚・雷諾瓦（Jean Renoir）：左拉藝術家友人皮耶—奧古斯特・雷諾瓦之子，他於1939年推出該部電影。他說：「列車本身就是電影的主要角色之一。」

> 「是什麼把你帶到好萊塢的？」當時還是記者的尚盧・高達（Jean-Luc Godard）詢問約翰・福特。福特回答：「火車。」
> 《電影筆記》（*Les Cahiers du Cinema*）

　　巴黎的火車站與藝術史之間的連結還沒有斷。1932年，當時鮮為人知的攝影師亨利・卡提耶—布列松在後火車站拍了一張黑白照片《聖拉查車站後》，當時24歲的他已決定放下畫筆，專心致力於紀實攝影。刊載於《時代雜誌》（*Time Magazine*）的文章曾寫到，卡提耶—布列松那張跳過積水的模糊剪影，可謂20世紀的「代表照片」。

路線的終點

下圖是巴黎—阿弗赫鐵路的終點站：埃坦於—聖荷馬車站
（Gare d'Étainhus-Saint-Romain），攝於1900年代。它不是第一條給予藝術家靈感的鐵路，但也不會是最後一條。

喬治城與普來桑斯鐵路
Georgetown and Plaisance Railway

區域：蓋亞那

類型：貨運

長度：8公里

◆ 社會
◆ **商業**
◆ 政治
◆ 工程
◆ 軍事

蓋亞那

南美洲的第二條鐵路，宣告南美鐵路網迅速擴展的開始。然而，當海外投資者退出後，許多鐵路公司只得拚命求生。

在逐漸拓展且帶來豐沃利益的南美鐵路網中，蓋亞那（Guyana）的短小糖業鐵道也佔有一席之地。鐵路為海外投資者賺進大筆紅利，尤其是較先進的阿根廷內的鐵路，然而，唯有在西方國家能受益於南美洲的豐富物資時，這樣的情況才會成立。

蔗糖路線

19世紀，英國和法國投資人將其價值不菲的南美鐵路股份妥善收藏在書桌裡，到了1930年代，這些股票已是毫無價值的廢紙：當西方經濟蕭條，南美鐵路連帶受到嚴重影響。

在北美走出自己的獨立之路後，南美洲於1800年代後期成了處處是機會的地方。受到西班牙和葡萄牙殖民的南美洲，已經準備好被開發，特別是阿根廷。歐洲和北美的企業家只需從內陸鋪設鐵路至港口，就可以開始源源不絕地掏取各式各樣的物資，從牛肉、鋁氧石（bauxite）到穀物和葡萄酒，應有盡有。

約翰・洛依德・史蒂芬斯（John Lloyd Stephens）和弗雷德里克・卡瑟伍德（Frederick Catherwood）是其中兩位南美洲早期的鐵路人士。他們於1830年代後期前往參觀馬雅遺址（Mayan ruins），並在那之後發表關於當地的描述，驚豔全球。史蒂芬斯是美國紐澤西（New Jersey）商人的兒子，他曾參與全球首條跨洲鐵路巴拿馬鐵路（請見第92頁）的建設；卡瑟伍德則在1848年，於蓋亞那（當時稱為英屬蓋亞那〔British Guiana〕）開通了一條介於喬治城（Georgetown）和普來桑斯（Plaisance）之間的短小蔗糖鐵路。當初，卡瑟伍德的蔗糖鐵路是全南美洲的第二條鐵路，第一條興建於古巴（請見第54頁）。雖然兩條鐵路都是專為運送蔗糖量身訂做，但皆為南美洲鐵路的擴展揭開序幕。到了1914年，在南美第二大國阿根廷，富裕的農場經營者不僅可以透

過鐵路前往國家多數地方，甚至還能搭乘南美洲首見的都會區運輸系統（metropolitan transit system）前往首都布宜諾斯艾利斯（Buenos Aires）。

在收集煙草文物之餘，來自伯明罕的鐵路工程師威廉·巴拉格（William Bragge）於1857年開始興建阿根廷的首條鐵路布宜諾斯艾利斯西部鐵路（Ferrocarril Oeste de Buenos Aires）。山繆·默爾頓·佩多（Samuel Morton Peto）也緊追在後，並於1865年興建布宜諾斯艾利斯大南方鐵路（Buenos Aires Great Southern Railway）。接下來的第三條是鋪設於1870年的路線，介於羅沙略（Rosario）和哥多華（Córdoba）之間。第一次世界大戰開打時，阿根廷已擁有全球第十大的鐵路網。這個國家正在建立自己的名氣：就在探戈舞從布宜諾斯艾利斯的郊區滑步跳入歐洲時（就連倫敦盛名遠播的華爾道夫飯店〔Waldorf Hotel〕也於1900年代早期舉辦了探戈舞茶會〔Tango Tea〕），阿根廷的鐵路也將其最大宗的輸出品——牛肉罐頭（corn beef）—— 運送至外地。當歐洲軍隊在前所未有的慘烈戰爭中彼此對峙，他們賴以為生的食物就是「罐頭牛肉」（bully beef）——來自阿根廷。

然而，過度依靠海外市場對阿根廷鐵路是致命傷。1948年，阿根廷總統胡安·裴隆（Juan Perón）宣布將七條屬於英國和三條屬於法國的鐵路收歸國有，還因此在布宜諾斯艾利斯舉行盛大的慶典。但由於所獲投資不如預期，即使是到了鐵路轉為民營的1990年代，投資額仍然不足。儘管貨運需求增加，阿根廷的鐵路網及大多數穿越南美洲的鐵路，皆落後於其他國家。

1992年，穿過安地斯山脈（Andes）的山麓，從艾斯奎爾（Esquel）開往印格涅羅亞科巴奇（Ingeniero Jacobacci）的偏僻小鐵路巴塔哥尼亞鐵路（Ferrocarriles Patagónicos，請見右欄）遭受廢止的威脅，它的外號是「窄軌小鐵路」（La Trochita），因為它使用的軌道是遺留自一次大戰戰壕（請見第168頁）的窄軌距庫存。不過，在一場抗議運動之後，阿根廷當局改變心意：有別於廢止整條路線，他們宣布部分 La Trochita 為國家紀念區。

窄軌小鐵路

✦

在作家保羅·索魯（Paul Theroux）的《老巴塔哥尼亞快車》（*The Old Patagonian Express*, 1975）中，他描述著他的鐵路之旅，從寒冷的波士頓地鐵前往阿根廷最南部的高原，一個不毛之地。在旅途中，他坐上「窄軌小鐵路」，那是一列貨運列車，穿過阿根廷境內的巴塔哥尼亞地區，全長402公里。窄軌小鐵路的列車輕到可能被強烈的側風吹離軌道，但它也成了南美洲最後且最長的一條百分之百採用蒸汽動力的鐵路。索魯的旅程使它成為全球最知名的列車之一。

這些怵目驚心的騷亂，全是身著禮服大衣的紳士所造成，那些人的眼裡，只看得到錢財和接下來的巴黎之旅。
R·L·史蒂文森（R. L. Stevenson），《業餘移民》（*The Amateur Emigrant*, 1895）

大印度半島鐵路
Great Indian Peninsula Railway

區域：印度
類型：客運、貨運
長度：34公里

◆ 社會
◆ 商業
◆ 政治
◆ 工程
◆ 軍事

印　度鐵路網的興建，在當時很可能是自建造金字塔以來最浩大的公共工程建設。英國建構的系統將全印度團結起來，並於印巴分治（Partition of India）期間，透過人數空前的人口遷徙，幫助其劃分成功。

印度鐵路

　　許多人可能聽聞過，以員工數來看印度鐵路，應可列為全球第二大的僱主，榜首為中國軍隊，第三為英國保健署。2012年，印度鐵路公司的員工約140萬人，每天載運1100萬名旅客，就實際而言它其實排行第八，在它前面的還有美國國防部、沃爾瑪（Walmart）和麥當勞。然而在一世紀半以前，人們不禁納悶：「假如你為印度建造鐵路網，到底有誰能負擔得起搭乘費用？」

　　印度的鐵路網始於英國統治期間，直到1947年的印巴分治為止，印度一直是英國的殖民地。印巴分治將印度分成兩個不同宗教的國家，錫克教徒（Sikh）和印度教徒（Hindus）傾向印度，伊斯蘭教徒（穆斯林）則組成新的國家巴基斯坦。

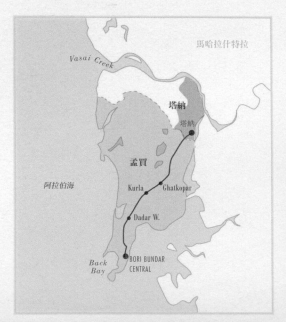

殖民地拓展
印度的第一條鐵路起迄點分別是孟買（Bombay, 後更名為Mumbai）和塔納（Tannah, 後更名為Thane），總長34公里。在穿越陸地時，鐵路建造商面面臨過往遇到的地形阻礙中最具挑戰性的幾項。

一世紀以前，當英國正在思考怎麼做才是鞏固其珍貴財產的最佳方法時，印度總督達爾豪西勳爵（Lord Dalhousie）主張運用「此一能帶動進步的偉大工具」：鐵路。他不是第一個提議建造印度鐵路系統的人，卻是最具影響力的其中一位。另外，他曾在專為英國快速擴展的鐵路網所成立的國會委員會擔任主席，所以瞭解鐵路的威力。把鐵路引進印度有兩個好理由：棉花和武器。由於1846年美國棉花歉收，導致英國紡織產業企業家對其失去信心，遂而遊說議員另覓較保險的資源。只要能改善作物運往孟買港的運輸方式，棉花產量豐富的印度就是最佳替代選項。

接下來，還有軍隊運輸的生意需要考量。在印度西北部的邊境外，阿富汗不斷威脅英國利益：最近一次是在1842年，4,500名精兵連同12,000名平民在棄守喀布爾（Kabul）後，全體遭到殲滅，僅有一名滿身是血的跨過邊境，將這個消息帶回來。鐵路在戰略上十分重要：軍方主張，印度全國性的鐵路網能夠加強邊境防禦。

達爾豪西為印度半島「鐵路化」所擬訂的計畫，完全不像英國或美國的計畫般雜亂、市場導向，以及擁有來自各方意見的大亂鬥。雖然印度鐵路屬於民營機構，但它是由殖民政權所規劃，同時交由頂尖鐵路工程師負責設計。他們一共提議了兩條試行路線：第一條路線從孟買延伸至塔納、長34公里，位於東部，設計者為羅伯特・史蒂文生；第二條路線則從豪拉（Howrah）到拉尼干治（Raniganj），長195公里，位於孟加拉。拉尼干治原本是無足輕重的偏遠地點，直到東印度公司（East India Company, 請見右欄）在1770年代於當地發現煤礦，才開始受到重視。

孟買到塔納路線的設計工作最後並非由史蒂文生擔綱，而是落在他的助理詹姆斯・柏克萊（James Berkley）身上。他發現途中有個濕地和山丘需要鑿出縱深的塹切口——不過棘手程度不及利物浦與曼徹斯特鐵路（請見第22頁），而且，他也在一份1850年發表於

達爾豪西勳爵
達爾豪西是印度鐵路最積極的提倡者之一，他曾於英國見證鐵路運作。

東印度公司

✦

如同法國和荷蘭的東印度公司，英國東印度公司也屬於掠奪性質的貿易公司，他們與英國政府有相當程度的政治與經濟掛勾。此公司掌握及協助馬德拉斯（Madras）、孟買和加爾各答（Calcutta）等地的貿易港口發展，並且從孟加拉首領手中強奪印度東北富裕地區的控管權。東印度公司曾拓展孟加拉和中國之間的鴉片貿易，並且從中獲取豐厚利益，最後，它在鐵路時代前夕被迫交出壟斷地位。

公司控管權
隨著鐵路網的擴展，東印度公司失去其原本對印度的掌控。

鐵路夫人

◆

在詹姆斯・柏克萊的鐵路試圖穿越西高止山脈（Western Ghats）的過程中，造成多人死傷，倒楣的所羅門・崔德威爾（Solomon Tredwell）也是其中之一。崔德威爾生於1823年英格蘭的伍斯特郡（Worcestershire），父親是隧道挖掘工，也是碼頭老闆。崔德威爾曾在伊桑巴德・金德姆・布魯內爾的明輪式（paddles steamer）遊輪「大東方號」上，與其共事。1851年，他與愛麗絲・皮克林（Alice Pickering）結婚，並帶著家人前往印度，參與柏克萊的鐵路工程。不到兩個月，他就和其他三分之一的工人一起遭土石活埋而喪生。此時，令人敬畏的愛麗絲接下他的工作，並且負責監督工程直到1863年完工。她「的確表現得教人極為滿意」，柏克萊的訃聞撰寫人註解道。

孟買機械學會（Bombay Mechanics Institute）的論文中指出：「這裡的勞工薪資也普遍偏低。」然而，這裡不是英國的厄齊丘（Edge Hill）或老特拉福（Old Trafford），這裡是神秘、充滿異國風情的印度，一個擁有複雜種姓制度、嚴謹宗教儀式和嚴峻氣候的國家。柏克萊很快就痛失兩名「技術最精湛、經驗最豐富、為人最正直的承包商」（包含所羅門・崔德威爾在內，請見左欄），同時也導致自身早逝。

不過，他的路線還是成功興建完成，並在大印度半島鐵路公司的管理下，於1853年4月通車，吸引廣大群眾前來觀看啟用典禮。典禮上，這列列車從孟買出發，車上坐滿十四節車廂的權貴顯要，時速達32公里。這條南亞首條鐵路之後大獲成功，即使並非所有人都對它感到滿意。亞瑟・寇頓爵士（Sir Arthur Cotton）是卡弗里河（Kaveri River）和哥達瓦里河（Godavari River）的灌溉系統設計師，他認為印度真正需要的是輸水灌溉系統。（鐵路）無法以所需的定價提供載客服務，也沒辦法載運所需的量，而且每年還要耗資300萬盧比來維護。不過事實證明，這300萬盧比花得非常值得。

東印度鐵路公司（一家英國公司，如同柏克萊所言，整個印度的鐵路系統幾乎全是以英國的資金來運作）很快就開始著手建設孟加拉線。這條路線在其工程師喬治・騰博（George Turnbull）的帶領下，於1855年2月完工，它同樣遇到不少挫折。英國皇家海軍貨船「古德溫號」（Goodwin）在從英格蘭把車廂運往印度的途中沉沒，另外兩家加爾各答公司史都華（Stewart）和塞敦（Seton）因而必須負責建造替代品。接著，從英格蘭運送機車頭的船隻，也因為人員疏失，導致機車頭被運往澳大利亞而非加爾各答。最後，他們發現這條路線在昌德納加（Chandernagor，後更名為Chandannagar）侵犯了法國的領土，不得不透過漫長的談判來解決。

鐵路橋
詹姆斯・柏克萊負責設計孟買到塔納的鐵路，該路線於1853年通車。

　　詹姆斯・柏克萊此時開始從孟買興建由他負責的鐵路，途中需穿越印度半島西岸的西高止山脈。根據柏克萊在1850年的說明：「通過高止山脈對於印度貿易來說，一直都是代價高昂且嚴苛的阻礙。」他當時完全不知道之後會賠上這麼多條人命。

確保紡織品貿易

　　西高止山脈自平原隆起約762公尺，絕美得令人屏息。但是，在最長的兩個上坡路段上，岩壁要不是在炎熱下龜裂，就是因暴雨而坍塌崩落，印度的雨季迫使工程必須暫停四個月之久。柏克萊一開始動員超過3萬人，包含10,822名鑽孔工，以及2,659名泥水匠在內，但是霍亂的肆虐導致他在處理陡坡及打造一系列巧妙的之字型折返路線時（他設計的系統後來也用於巴西和安地斯山脈的鐵路），得再多招募12,000人。此路線共需要二十五座隧道和八座大型高架橋，成本也飆升至每1.5公里7萬英鎊（當時騰博的東印度路線預估成本是每1.5公里15,000英鎊）。然而，人命成本卻更高：因此工程喪生的人數估計多達25,000人，即每公里超過1,000人。柏克萊本身也由於極度惡劣的健康狀況返回英格蘭，並在此路線完成之前，就在1862年撒手人寰。

　　如此龐大人數的喪生之痛，幾乎在路線通車的當下就被遺忘，1870年，人們首次能夠從孟買貫穿整個

> **（印度）鐵路可能帶來的商業利益**
> **無庸置疑，而且幾近難以估量。**
> 羅藍德・麥可唐納・史蒂文生
> （Rowland MacDonald Stephenson）

印度直達加爾各答。如同詹姆斯・柏克萊其中一名訃聞撰寫者所形容的：「此全長1,990公里的鐵路造就偉大的交通幹線。」這是非凡的鐵路成就，在受其啟發的作家之中，45歲的朱爾・凡爾納（Jules Verne）寫下知名小說《環遊世界八十天》（*Around the World in 80 Days*），描述主人翁斐利亞・福克（Phileas Fogg）企圖環遊世界的總總歷程。同樣重要的是，這條路線在通往納格浦（Nagpore, 後更名為 Nagpur）時，行經幾處西印度最廣大的棉花田，為英國棉花工廠老闆帶來滿意的產量，紡織貿易如今無需再擔心受怕。

邊境列車

從此刻起，只要有兩座主要城市未比鄰相依，就會出現用以連接它們的鐵路。1890年代，印度開始在拉加斯坦邦（Rajasthan）的亞日米爾（Ajmer）自行打造鐵路機車頭，而同一時期，他們也派送工程師至烏干達建造鐵路。一如經營鐵路公司的人，這些工程師多是英印混血兒（Anglo-Indian），通常有來自父系的英國血統以及來自母系的印度血統。理論上，這樣的招募政策能確保他們忠誠於英國統治，然而，在印巴分治期間，卻致使他們面臨裡外不是人的危險境地。

印度政府於1900年接管大印度半島鐵路公司的路線，並開始經營傳統火車服務，例如「邊境列車」（Frontier Mail）。邊境列車於1928年開始在孟買的蒸汽船碼頭與白沙瓦（Peshawar）之間運行，後者接近印度和阿富

汗之間的西北邊境省（North-West Frontier Province）。邊境列車替服役於印度陸軍的英國軍官帶來妻子、家人和信件。佩姬・里奇（Peggy Leech）是第十九海得拉巴德軍團（19th Hyderabad Regiment）的英國軍官之女，她在回憶其邊境列車之旅時說道：「車廂內被分成許多封閉的小隔間，每間都有一個窄小的洗手間，裡頭有開口直接對著軌道的馬桶，以及小巧的黃銅洗手槽。窗上有百葉窗和紗窗，車廂地板上還有一個冰櫃。」負責安排這趟旅程的是她父親的總管，一位高大、莊嚴的印度人，名為瑞姆・基森（Ram Kissen），「他處理所有的事務，從幫你安排女僕到為軍官張羅晚宴。」

日本在1941年入侵東南亞，印度的午宴和晚宴因此嘎然驟止。此時，鐵路變成運送軍隊和物資至緬甸邊境的專屬工具（緬甸鐵路公司〔Burma Railways〕已在1880年代開通一條從仰光〔Rangoon〕往伊洛瓦底江〔River Irrawaddy〕的鐵路，同盟國和日本爭相取得其掌控權）。在載著援軍從孟買前往新加坡的列車中，至少有一輛遭遇不幸，他們抵達時遭到日本軍隊的猛烈攻擊，許多戰士皆死於泰緬鐵路（Burma–Siam Railway, 請見第196頁）。

二次大戰於1945年劃下句點，英國的殖民統治則結束於1947年。印巴分治將印度的印度教徒、錫克教徒和基督教徒自多屬伊斯蘭教的社群劃分開來，後者建立新的國家巴基斯坦。此後，英國人大舉徹離，超過1000萬人就此離家，成為史上人數最多的人口遷徙。最初，群眾在儀仗隊和軍樂隊的相伴之下，搭乘火車動身前往未來的家鄉。

佩姬・里奇和她的嬰孩搭火車前往孟買，再乘船回到英格蘭，與她共乘同一個車廂的還有其他五名印英混血的鐵路人士。由於擔心宗派鬥爭，他們也跟著逃離印度。儘管有聖雄甘地（Mahatma Gandhi, 他透過火車前往各地宣揚獨立和互不侵犯的理念，1948年遭印度國家主義者暗殺身亡），以及印度的賈瓦哈拉爾・尼赫魯（Jawaharlal Nehru）、巴基斯坦的穆罕默德・阿里・真納（Muhammad Ali Jinnah）等其他政治領袖的努力，印巴兩地的極端份子還是經常攻擊火車，數以千計的旅客在軌道邊慘遭屠殺。到了1947年底，死亡人數已達百萬人，包含之前提及的總管瑞姆・基森，他從孟買上車後，就沒有人再看過他。

高地遺產

✦

英國人在殖民時期，於印度建造了無數的登山小鐵道，包含西高止山脈的尼爾吉里登山鐵道（Nilgiri Mountain Railway）、大吉嶺喜馬拉雅鐵路（Darjeeling Himalayan Railway, 完工於1881年），以及卡爾卡—西母拉鐵路（Kalka to Shimla Railway, 1898年通車）。卡爾卡—西母拉鐵路位在地勢嚴峻之印度北部，地處高山的西母拉一直是旅印英國人的山中避暑盛地。這些登山鐵道的非凡魅力使其成為印度的觀光熱門景點，許多也都在日後登錄成為世界遺產。

賽梅林格鐵路
Semmering Railway

區域：奧地利

類型：客運、貨運

長度：41公里

♦ 社會
♦ 商業
♦ 政治
♦ 工程
♦ 軍事

全球首見

奧地利擁有全球第一條通過阿爾卑斯山脈的鐵路，也是最早的登山鐵路之一。

19 世紀中期，對勇於冒險的年輕男女來說，攻克阿爾卑斯山的高度是一項非常時髦的流行。而鐵路也沒有落後太多。

登山鐵路

　　1850年代是登山家的黃金年代。膽大無畏的年輕登山能手征服阿爾卑斯山脈上一個個的峰頂，他們總是將1854年的威特峰（Wetterhorn）成功登頂視為這個年代的開始，當時登上威特峰的是英國律師艾爾弗雷德·威利斯（Alfred Willis, 後來成為英國鐵路和隧道專設委員會主席）。就在威利斯用克難的麻繩和磨得光亮的岩錐（piton）艱苦登上冰封岩壁之際，鐵路網也開始將觸角蔓延到各個峰頂。賽梅林格鐵路是首條穿越阿爾卑斯山的鐵路，它採用標準軌距，並且於威利斯登上威特峰的同一年通車（不過後來發現，早在威利斯登頂的十年前史丹霍普·史畢爾〔Stanhope Speer〕就已經成功登頂了）。

　　這條鐵路由義大利工程師卡爾·梵吉佳（Carl von Ghega）一絲不苟地進行勘測，目的是在奧地利的格羅尼茲（Gloggnitz）和苗茲楚什拉格（Mürzzuschlag）之間打造所需連結。當時，梵吉佳是少數相信通過阿爾卑斯山的鐵路是實際可行的。儘管動員超過2萬人且耗費六年建造必備橋梁、高架橋和隧道，梵吉佳的鐵路終於完工了。能勝任爬山任務的機車頭最後採用奧地利工程師維荷姆·馮恩格茲（Wilhelm von Engerth）設計、專用於該路線的恩格茲蒸汽機車頭（Engerth locomotive）。1998年，賽梅

林格鐵路成為聯合國教科文組織（UNESCO）認證的世界遺產之一。

　　在賽梅林格鐵路完工的十年後，登山家露西·沃克（Lucy Walker）登上瑞士阿爾卑斯山脈3,698公尺的巴母峰（Balmhorn）。在此同時，鐵路工程師也在研究另一個同樣棘手的登頂計畫，目標是隆河—阿爾卑斯大區內、瑟尼峰（Mont Cenis）旁的高山。以往的馱馬登山道是1800年代初由拿破崙的手下所建，當寄往印度的郵件如雪片般從英國湧入地中海港口再轉往印度時，因為必須透過馱馬所以總會在瑟尼峰有漫長的耽擱。英國極為渴望打通一條隧道，讓鐵路穿過阿爾卑斯山脈連結法國的莫丹（Modane）和義大利的巴多內恰（Bardonecchia）。

　　這座長13公里的隧道由義大利國王維托里奧·伊曼紐二世（Victor Emmanuel II）委託建造，預估工作時間長達二十五年。當隧道工人逐步炸穿瑟尼峰後，英國昆布利亞（Cumbria）的約翰·費爾（John Barraclough Fell）設計的臨時鐵路系統取代了馱馬，特殊的三軌路線和蒸汽機則是由蘭開郡的詹姆斯·布羅登（James Brogden）建造。臨時鐵路僅營運四年，因為隧道工人以破紀錄的時間成功炸穿整座山。總工程只費時十四年，這歸功於發明不久的氣動手鑽機（pneumatic drill），以及阿弗烈·諾貝爾（Alfred Nobel）的炸藥。在薩瓦（Savoy）的工程師傑曼·索梅烈（Germain Sommeiller）坐鎮下，此隧道於1871年9月開始營運。

　　費爾的技術傳至巴西和曼島（提案者是費爾的兒子喬治〔George〕，1895年通車），並且連同布羅登一起引進紐西蘭。布羅登負責裝設跨越里姆塔卡山脈（Rimutaka Range）的軌道：威靈頓至馬斯特頓（Masterton）路線的一部分，同時參與了將移民海運至此新國家的行動，這些移民後來被暱稱為「布羅登人」（Brogdenite）。不過，真正驅使鐵路工程師征服高山的仍是賽梅林格鐵路。美國華盛頓山（Mount Washington）於1869年被征服（世界首條齒軌式登山鐵路〔mountain cog railway〕；美國科羅拉多州的馬尼圖與派克峰鐵道（Manitou and Pike's Peak Railway）於1891年由席夢思床墊（Simmons Beautyrest Mattress）的老闆建造完成；威爾斯的斯諾登山（Mount Snowdon）也在1896年獲建一條鐵路。

新停車動力源

✦

喬治·西屋（George Westinghouse）生於1846年，歷經早期鐵路的全盛期，他一年可以取得18項創意的專利，其父發明了早期的打穀機，而他也跟隨父親的腳步。瑟尼峰隧道所使用的手鑽機是利用壓縮空氣來驅動，西屋受到它的啟發，開始在匹茲堡（Pittsburgh）動手研發用於列車每節車廂之間的壓縮空氣煞車（compressed air brake）。

造成阻礙的山已成全民公敵
威廉·古柏（William Cowper），《任務》（The Task, 1785）

征服阿爾卑斯山
賽梅林格鐵路的成功促成瑟尼峰登山鐵路（Mont. Cenis Summit Railway）的興建。

巴拿馬鐵路
Panama Railway

區域：巴拿馬

類型：客運、貨運

長度：76公里

◆ 社會
◆ 商業
◆ 政治
◆ **工程**
◆ 軍事

穿越陸地

利用運河連結大西洋和太平洋的事業始於一條鐵路：巴拿馬鐵路。

鐵路必然會取代運河，就像它們把郵遞馬車送入歷史一樣。然而，本章節的鐵路卻與眾不同，當地的運河是在鐵路和著名的加州淘金熱（gold rush）之後才出現。

興建運河路線

1849年的加州淘金熱創造出新型態的勞動者，稱為「四九人」（forty-niner）或「淘金者」（Argonaut）。他們遠從德國、波蘭和俄羅斯前來，許多人會先從紐約登陸，再從那裡搭船繞過南美洲的合恩角（Cape Horn），整趟旅程可能歷時超過140天。除此之外，還有另外一條路線：先航行至加勒比海，接著以獨木舟和駝驛穿過巴拿馬，最後再從太平洋搭船前往加州。這是趟宛如行經地獄的旅程，淘金者曝露在各種危險中：遭嚮導搶劫、淪為野生動物的盤中飧，或是死於疾病。

1851年，「喬治亞號」（S.S. Georgia）和「費城號」（S.S. Philadelphia）這兩艘明輪式遊輪停靠在阿斯平沃爾（Aspinwall，即現在的科隆〔Colón〕），甫下船的千名淘金者心中，充滿著對未來的憧景。據說這個城鎮的名稱取自威廉・阿斯平沃爾（William Aspinwall）的姓氏，因為他曾沿著淘金者的行經路線興建一條長13公里的鐵路，儘管票價誇張地高達每1.5公里50分美元，淘金者還是成群結隊地擠上火車。這並非一趟愉快的旅程，除了軌道旁散佈著簡陋的墳地之外，還有層層堆疊的大木桶，裡頭是泡在溶劑裡的工人屍首，另外還可以看見愁苦哀傷的鐵路工人付錢請當地原住民用大砍刀（machete）斬下自己的頭顱，只為死個痛快。這些謠傳都是真的。鐵路醫院的工作人員販賣屍體給醫學院，藉此籌措資金。在此同時，800名中國勞工中，有許多人因為鴉片供應中斷而走上自殺一途。

其實一開始，興建這條鐵路並不是為了淘金者的需求，而是為了美國郵政署。

在快馬郵遞（Pony Express）或美國橫貫鐵路（American Transcontinental, 請見第106和118頁）出現以前，美國郵政必須透過海運往返兩個海岸，郵政管理局沿著西岸和東岸打造了許多運輸港口。威廉·阿斯平沃爾在使用巴拿馬和俄勒岡（Oregon）之間的托運服務時，發現利用鐵路穿越巴拿馬的可能性。陸軍上校喬治·休斯（Colonel George Hughes）負責勘測此路線，預估成本為100萬美元，所需時間預計為十二個月。然而，這樣的預估數值太過天真。巴拿馬鐵路共花了五年時間才完工，耗資超過700萬美元，而且死傷極其慘重，慘重到可能終止建設，直到喬治亞號和費城號抵達後，危機才解除。

淘金者挽救了整個情勢，他們投注的資金刺激紐約方面進行投資，讓巴拿馬鐵路得以在1855年通車。它的生意如日中天，不僅投資人分得高達24%的紅利，有段時間，它還是全球貨運量最高的鐵路。如同阿斯平沃爾所預測，美國郵政寄送郵件的所需時間大幅縮短。此路線的資金雄厚到能夠為鐵路工人設立教堂和圖書館。然後，巴拿馬運河（Panama Canal）的來臨推翻了一切。

曾建造蘇伊士運河的斐迪南·德雷賽布（Ferdinand de Lesseps）在著手處理巴拿馬運河的工程時，率先進行的就是買斷鐵路公司的股份。當時，鐵路公司已日益衰落。1881年，美國橫貫鐵路早已通車（請見第118頁），而淘金熱潮也已成過往雲煙。然而，巴拿馬的地理條件讓德雷賽布也束手無策，美國政府後來在1904年買下巴拿馬鐵路，之後接手運河工程的則是美國工程師約翰·史蒂文斯（John Stevens），不過在完工之前他就辭職了（他前往參與西伯利亞鐵路工程），運河最終在1914年開通，鐵路也得以生存。

巴拿馬共有三種疾病：黃熱病、瘧疾和膽小症；其中最嚴重的就是膽小症。
約翰·史蒂文斯，巴拿馬運河工程師

海海相連

◆

巴拿馬是全球首條貫穿陸地的鐵路。19世紀，跨洲鐵路對於鐵路建造者來說，宛如聖杯般至高無上。有些國家將跨洲鐵路視為能將國家拼湊起來的針線；有些則認為它是地位的象徵，例如俄羅斯帝國；英國、法國和德國等舊殖民強國，則將它看作是增進經濟活動的工具，同時配合軍隊掌控其殖民地。到了20世紀後期，跨洲鐵路成了鐵路迷的朝聖地。

損耗率
巴拿馬鐵路的環境可怕到導致部分工人選擇自殺，沒有人知道確切的死亡人數。

大克里米亞中部鐵路
Grand Crimean Central Railway

區域：烏克蘭

類型：軍用

長度：47公里

◆ 社會
◆ 商業
◆ 政治
◆ 工程
◆ 軍事

每當科技進步，軍火工業就會善盡其用。鐵路也無一例外，克里米亞戰爭（Crimean War）、美國南北戰爭以及波耳戰爭（Boer War），在在證明了這項事實。

軍事僵局

1854年，巴西和挪威推出他們的第一條鐵路，而澳洲正為墨爾本和霍布森灣（Hobsons Bay）之間的蒸汽船航線舉行落成典禮。但是，在黑海北岸的克里米亞半島上，俄軍正與英國、法國和土耳其軍隊針鋒相對。緊接著的是巴拉克拉瓦戰役（Battle of Balaclava），在該戰役中，曾發生「輕騎兵衝鋒」事件，該次進攻成功，卻由於所接獲的指令錯誤而導致最終失敗。當時，超過600名英國龍騎兵（dragoon）乘著駿馬，深入俄軍炮兵虎口，然而，俄軍躲在武裝配備完善的塞瓦斯托波爾要塞裡，該要塞實在太過堅不可摧，徹底抵擋了所受到的攻擊。

倫敦《泰晤士報》利用新電信線路提供生動而身歷其境的報導，輿論也深受新聞報導的影響。就在34歲的佛蘿倫絲·南丁格爾設立具革命性的新護理站，用以照料受傷與命危士兵的當下，有三位鐵路人士正在

烏克蘭克里米亞半島
建造於戰火不斷之克里米亞的窄軌距鐵路，改變了戰爭的命運。

克里米亞

塞瓦斯托波爾灣

塞瓦斯托波爾

車納雅河

Kamiesh

Col of Balaclava

Kadikoi

巴拉克拉瓦

黑海

Cape Fiolent

思考軍事僵局的問題，他們分別是山繆・佩多（請見第99頁右欄）、佩多的合夥人愛德華・貝茲（Edward Betts），以及湯瑪斯・布拉西。他們想出一個能解決僵局的簡單方法：介於巴拉克拉瓦港口和塞瓦斯托波爾要塞之間的突圍鐵路（siege-busting railway）。他們甚至願意以成本價代勞。

突圍鐵路
土木工人在巴拉克拉瓦港口和塞瓦斯托波爾要塞之間鋪設鐵路，拯救了在克里米亞戰役中陷入膠著的英國軍隊。

英國政府接受他們三個人的提議。1854年11月，大量鐵路工人、土木工人、鐵匠、泥水匠、工頭、粗石工（roughmason）、木工、出勤時間計時員、工程師、辦事員和神職人員齊聚利物浦港口，連同所有需要的材料（包含一整箱迪恩亞當斯〔Deane and Adams〕左輪手槍），一行人共搭乘23艘船，浩浩蕩蕩地前往克里米亞。主張極端愛國主義（jingoism）的《倫敦新聞畫報》（Illustrated London News）於1885年寫道：「假如這些人與敵軍貼身肉搏，他們會像擊倒九柱球的木柱般，把敵人打得落花流水。」同時也高調宣告：「無庸置疑地，當它（鐵路）抵達終點站，那些參與此項工程的人，都會恪守其榮譽領袖佩多爵士的格言——忠貞不渝（Ad Finem Fidelis）。」

佩多是典型的成功維多利亞生意人。14歲就在叔叔的公司擔任臨時建築工，到了30歲，他更設立了一家雇員人數達全球之最的建設公司。在參與納爾遜紀念柱（Nelson's Column）和英國國會大廈（Houses of Parliament）的建設之後，佩多將業務拓展至鐵路事業，除了從加拿大魁北

克（Quebec）開往休倫湖（Lake Huron）、長867公里的大幹線鐵路（Grand Trunk Railroad）之外，他還興建了一條國內的短小路線，他在東盎格利亞擁有一座鄉村莊園，這條小鐵路就是從鄰近該莊園的羅斯托弗（Lowestoft）港口，連結至國內鐵路網。

克里米亞的戰況打不倒佩多。克里米亞鐵路共使用了1,800公噸的鐵軌以及6,000條枕木，起迄點分別是巴拉克拉瓦碼頭及圍攻地點，除了主幹線之外，還有許多支線，總施工時間極短。在他們完成舖設的當下，參與圍攻

佩多的獻禮
這位鐵路巨擘自願以成本價興建克里米亞鐵路。

的軍隊開始收到食物、糧草、砲彈和子彈，傷兵也由全球其中一輛最早的「救護列車」（hospital train）運回巴拉克拉瓦救治。1855年9月，塞瓦斯托波爾終於攻陷，鐵路在克里米亞戰爭打了一場勝仗。

鐵路導致戰爭規模擴大

六年後，南北戰爭在美國展開，參戰雙方為北方的聯邦（Union），以及南方的邦聯（Confederacy）。這場戰爭因黑奴問題而起，而鐵路從一開始就在其中扮演非常重要的角色。

1859年，一個名為海瓦德・雪弗德（Heyward Shepherd）的倒楣鐵路服務員，在前往維吉尼亞州（Virginia）的哈珀斯費里（Harper's Ferry, 現在隸屬於西維吉尼亞州）搭乘巴爾的摩與俄亥俄特快車時，於途中遭到殺害。雪弗德是非裔美國人，他不幸遇到一群突襲組織，因而吞了顆子彈。該突襲組織的首領是廢奴主義者約翰・布朗（John Brown, 他的組織包含許多非裔美國人）。布朗計劃搶奪當地軍械庫，用以武裝欲造反的奴隸。然而，由於警鈴大作，陸軍上校勞勃・李（Robert E. Lee）動員86名美國海軍陸戰隊員搭火車前往事發地點，布朗因此被逮捕，並且處以絞刑。

無為必將無獲。
美國陸軍運輸部隊座右銘

1861至1865年的南北戰爭期間，巴爾的摩與俄亥俄鐵路尤其深陷南北雙方的槍炮威脅中，聯邦試圖加以防禦，邦聯則想盡辦法摧毀它。南方處於劣勢，因為他們僅擁有約14,484公里長的軌道，而北方擁有35,406公里，而且南方鐵路之間的軌距不一，轉乘過程十分費時。然而南方很早就懂得利用鐵路來運送軍隊至戰場。1861年7月，當聯邦少將歐文‧麥克道爾（Irvin McDowell）派遣35,000名大軍前往維吉尼亞的馬納沙斯（Manassas）奪下鐵路時，邦聯將軍皮埃爾‧博雷加德（Pierre G. T. Beauregard）僅有23,000人的兵力能夠與之對戰。

不過，在鐵路運輸又為博雷加德帶來另外1萬名援軍之後，邦聯開始居於優勢。邦聯將軍「石牆」傑克森（"Stonewall" Jackson）在瞭解到機車頭和鐵路場站在戰略上的價值後，於1861年5月前往維吉尼亞州的馬丁斯堡（Martinsburg，現在隸屬於西維吉尼亞州），並在巴爾的摩與俄亥俄鐵路位於當地的調車場摧毀超過四十輛機車頭。在此同時，邦聯少將傑布‧史都華（Jeb Stuart）也鎖定鐵路車站和它們的電報局（telegraph office），他們經常預先發送誤導的訊息至電報局，再將其付之一炬。南北雙方皆有採用能安裝在列車上的大砲，在聯邦最後一次攻擊喬治亞州和維吉尼亞州時，少將格蘭特（Grant）和薛曼（Sherman）

重要的渡河鐵路
美國鐵路讓南北戰爭期間的衝突規模劇增，這條位於田納西（Tennessee）的鐵路也是其中之一。

將鐵路的效用發揮得淋漓盡致。於此戰爭的一開始，軍隊移動32公里需要整整一天的時間：現在只需一小時，鐵路讓戰爭的規模越加擴大。

梅富根救援

在1870年的普法戰爭（Franco-Prussian War）中，鐵路的角色至關重要，普魯士在鐵路軍隊（Eisenbahntruppen）的協助下，很快地獲得勝利。時隔不久，鐵路又有機會在波耳戰爭中扮演重要角色，無論是提供武器、供給物資，或是搭載武器直接發動攻擊，都有其用武之地。1880年代，英國軍方在南非的川斯瓦共和國（Transvaal）和奧蘭治自由邦（Orange Free State）奮戰。英國早在1806年就奪下非洲南端的開普殖民地（Cape Colony），荷蘭、德國和法國拓殖者的後代阿非利卡人（Afrikaner, 亦稱為波耳人〔Boer〕）則定居在川斯瓦共和國和奧蘭治自由邦北部。該區域於1867年發現鑽石，英國渴盼分一杯羹。當金礦也出現在當地之後，英國隨即進入戰鬥模式。戰火就在英國於1877年併吞川斯瓦共和國後點燃，波耳人期望英國首相威廉·格萊斯頓能准予獨立，或是至少能讓他們擁有自治權。在要求被拒之後，波耳人靠武力爭取成功。戰事平息後，此地也成為日後南非種族隔離政策制度的萌芽地。

1899年，某處正發展成圍城情勢，8萬名波耳人包圍萊迪史密斯（Ladysmith）、慶伯利（Kimberley）和梅富根（Mafeking）的駐軍。駐防司令官羅伯特·史蒂文生·史密斯·貝登堡（Robert Stephenson Smyth Baden-Powell）選擇以梅富根做為戰略據點，該地區位於布拉瓦約

車輪上的戰爭
1870年的普法戰爭中，普魯士軍隊霸佔多條鐵路，軍隊列車和救護列車因而再次展開行動。

（Bulawayo）和慶伯利之間的鐵路路線上。他計劃將波耳人拉離海岸線，以為即將登陸的英國援軍做準備。貝登堡在會見美國偵察兵弗雷德里克·羅素·伯納姆（Frederick Russell Burnham）後，成了童軍運動的創始者。身為日後的童軍總領袖（也是鐵路工程師羅伯特·史蒂文生的教子），貝登堡利用當地鐵路發揮了最大影響力：利用梅富根鐵路工廠建一座榴彈砲，還令一部裝甲機車頭直搗敵軍陣營。根據亞瑟·柯南·道爾在《偉大的波耳戰爭》（The Great Boer War, 1900）的記載，該次攻擊成功取得勝利（儘管其指揮官霍茲沃斯上校〔Colonel Holdsworth〕在過程中喪生）。這位通常較關心華生和福爾摩斯命運的作家描述：「相較於其他總是命運多舛的鐵路列車，這列車顯然運氣較佳。」

歷經浩大的鐵路之旅後，梅富根於1900年5月收復（貝登堡的弟弟也在救援行列內）。倫敦與西南鐵路（London and South Western Railway）順利將528,000名士兵和其駿馬及裝備運往朴次茅斯（Portsmouth）的碼頭。根據柯南·道爾記載，搭乘長途鐵路前來集合的各分隊，會先越過重重海洋抵達貝拉（Beira），接著由窄軌鐵路通往班布克里克（Bamboo Creek），再轉乘寬軌鐵路至馬蘭德拉斯（Marandellas），然後乘坐公共馬車，在經過數百英里後抵達布拉瓦約，再從那裡搭四、五個小時的火車到奧茨（Ootsi），最後軍隊還得行軍百英里。

鐵路誕生的世紀已邁向終點。英國的最高統治者維多利亞女王，正度過生命的最後幾天，而她的孫子威廉二世（Kaiser Wilhelm II）即將展開一場掀起所有戰爭的戰事。從那時起，所有軍事頭腦都再也無法漠視鐵路實為潛在武器的事實。

波耳戰爭
一列列車成功抵達前線。羅伯特·史蒂文生的教子貝登堡，在戰鬥中將鐵路的功用發揮到極致。

忠貞不渝

✦

在克里米亞戰爭取得勝利之後，山繆·佩多和合夥人愛德華·貝茲繼續著手興建英格蘭的鐵路，從彼得波羅（Peterborough）到唐卡斯特、從波士頓到勞司（Louth）、從牛津（Oxford）到伍爾弗罕普頓（Wolverhampton）、從格洛斯特到赫里福（Hereford）、從牛津到伯明罕，以及1851年通車的知名路線：從南倫敦（South London）到水晶宮（Crystal Palace），在當時，水晶宮是萬國工業博覽會即將舉行的地點。佩多和貝茲也參與海外的鐵路建造工程，包含俄羅斯的杜奈伯格（Dunaberg）至維帖布斯克（Vitebsk）、北非的畢耳答（Bildah）至阿爾及爾（Algiers），以及挪威介於克里斯蒂安尼亞至愛茲弗爾之間的大幹線鐵路，最後甚至遠至澳洲。然而到了1866年，歐佛倫葛尼公司（Overend, Gurney & Co.）倒閉，佩多遭波及而破產。在人生最後的二十年，他往返匈牙利和英格蘭兩地，經濟狀況始終沒有起色。

芝加哥─聖路易鐵路
Chicago to St. Louis Railroad

區域：美國

類型：客運

長度：421公里

◆社會
◆商業
◆政治
◆工程
◆軍事

列車乘客總會期望他們的車票能換來一些物質享受：扶手椅般的座位、可折疊餐桌，說不定還有供餐車廂。喬治・普爾曼的芝加哥與奧頓鐵路（Chicago and Alton Railroad）提供上述一切所需，他的服務也奠定了全球豪華鐵路之旅的趨勢。

一位總統之死

當美國總統亞伯拉罕・林肯於1865年4月15日過世時，舉國哀悼。他在前一晚於福特劇院（Ford's Theatre）遭到刺殺，子彈擊中頭部，他的遺體從華盛頓被運回出生地伊利諾州（Illinois）的春田（Springfield）。數以千計仍在震驚之中的民眾，默不作聲地目送移靈列車駛離華盛頓。移靈列車以時速32公里的速度前進，莊嚴而穩重，接下來2,575公里的路程都不曾超過此速度。這是全國首次透過鐵路一同悼念總統的死，對喬治・普爾曼來說，這是切身之痛，同時也是出乎意料的商業機會。由於普爾曼是林肯家族的朋友，所以他提供了靈車，而此事件卻成了他日後事業扶搖直上的契機。

當時，普爾曼是35歲的芝加哥企業家，他剛離開搬家業（以千斤頂將房屋頂起，名副其實的搬家。這是由他父親路易斯〔Lewis〕發明的房屋挪

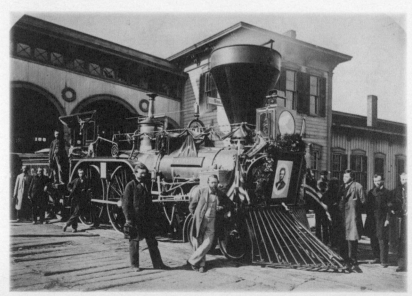

黑色列車

林肯總統遭到刺殺身亡，這部納許維爾（Nashville）蒸汽機車頭準備用來牽引移靈列車，並將林肯總統的遺體送往伊利諾州的春田市。照片中，喬治・普爾曼倚靠在排障器上。

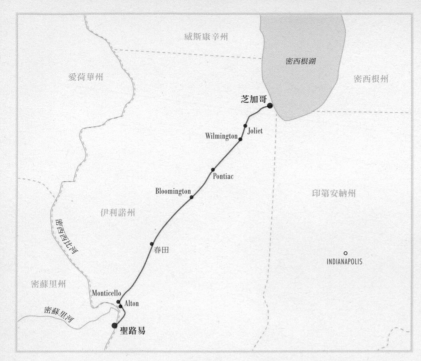

地圖標註：
威斯康辛州
密西根湖
密西根州
愛荷華州
芝加哥
Wilmington　Joliet
Pontiac
印第安納州
Bloomington
伊利諾州
春田
INDIANAPOLIS
密西里州
Monticello
Alton
密蘇里河
聖路易
密蘇里州

美國中西部
喬治・普爾曼選擇藉由芝加哥一聖路易鐵路來推出全球最昂貴的車廂。芝加哥的鐵路樞紐後來成為全美最繁忙的鐵路樞紐之一。

動法），並投身鐵路產業。據說，普爾曼曾在紐約州水牛城（Buffalo）與威斯非（Westfield）之間的臥舖夜車上，有過極為不舒適的經驗，而那段地獄般的旅程讓他有了打造豪華車廂的想法。他將他的計畫帶往芝加哥與奧頓鐵路公司，提議將舊車廂內裝拆除，重新改裝，並且在該鐵路公司平時的路線上運行。普爾曼的想法是藉由提升舒適度來增加收入，因此，他向芝加哥與奧頓鐵路的乘客收取額外的小額費用。

　　1859年9月，第一列豪華列車於芝加哥一聖路易路線開始營運，而1860年代早期，普爾曼推出了「拓荒者」（Pioneer）車廂，它是全美最昂貴的車廂，但很遺憾地，它太寬而無法適用於大部分的芝加哥與奧頓鐵路。然後，發生了林肯總統的刺殺事件，林肯的遺孀瑪麗・陶德・林肯（Mary Todd Lincoln）接受普爾曼的幫助，同意使用拓荒者當做靈車。芝加哥與奧頓鐵路公司連忙調整鐵路側線，以容納車廂寬度，而普爾曼也幾乎一夕成名。（林肯家族和普爾曼關係更加密切。他們唯一還在世的兒子羅伯特・陶德・林肯〔Robert Todd Lincoln〕在普爾曼過世後，成為普爾曼公司〔Pullman Company〕的總裁。）

最後的旅程
精明生意人普爾曼借出他的拓荒者車廂，做為總統的移靈列車。

普爾曼車廂的發展

普爾曼車廂獲得大量讚賞。馬克‧吐溫在從奧馬哈（Omaha）搭乘後寫道：「用完晚餐後，我們成群回到臥舖車廂。由於當天是安息日前夕（Sabbath eve），所以我們一起吟誦一些偉大的古老聖歌〈謳咾上帝萬福本源〉（Praise God from whom）等等，〈陽光照耀的海濱〉（Shining Shore）、〈加冕彌撒〉（Coronation）等等——男女歌者的聲音甜美地飄揚在夜晚空氣裡，而我們的列車，用它如獨眼巨人波呂斐摩斯（Polyphemus）般的炯炯大眼，照亮一望無際的大草原，奔進黑夜與荒野之中。然後，我們躺進奢華的床舖，安穩進入夢鄉。」（《苦行記》Roughing It, 1872）

英國《哈姆斯沃思雜誌》的記者也留下類似的深刻印象：「晚上，服務人員前來幫你將兩張安樂椅變成一張臥舖；沙發也以同樣的形式轉變，而桌子不知怎麼地被折疊帶走；之前沒注意到的層架現在起了作用，接著褪去衣裳，像個好孩子般上床睡覺，並且留下隔天幾點想被喚醒的指示。」

這些指示是由非裔美國人負責承接（吐溫稱其「衣索比亞服務生」〔Ethiop waiter〕），因為普爾曼特意指定聘用以前的黑奴。雖然許多非裔美國人很開心能有這份工作，但是，該政策使社會改革者勃然大怒，他們認為此舉突顯出重獲自由之黑奴的卑賤角色。

成立普爾曼豪華車廂公司（Pullman Palace Car Company）之後，普爾曼在美國和加拿大各地經營近五十節臥舖車廂。他在測試飯店車廂（hotel car）失敗後，開始經營供餐車廂。飯店車廂是將食物烹調、用餐和睡覺全擠在同一節車廂，感覺會引發幽閉恐懼症。而新的餐車就像是加了輪子的餐廳，透過走道與乘客的車廂連結，車廂內有走道的做法，後來為世界各地的客運車廂所採用。最早的餐車名為「戴爾莫尼克」（Delmonic），取自紐約一家知名餐廳的名字。馬克‧吐溫再次為之驚豔。他在《苦行記》中描述到，「在從奧馬哈出發的火車上，他和同伴多麼地享受車上佳餚，其美味到就連戴爾莫尼科（Delmonico）本人也絕不會感到蒙羞……除了往常成就頂級晚餐的要素之

服務生服務

普爾曼規定僅雇用非裔美國人來做為供餐車廂的工作人員。社會改革者批評此做法，但是這份工作很快就額滿了。

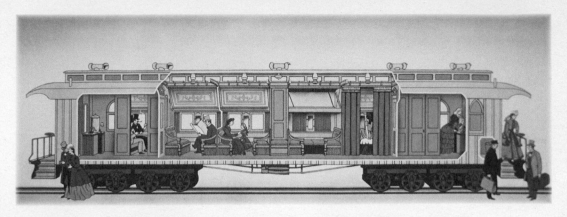

外，我們不只有羚羊排可以享用……還有美味的高山溪鱒，以及嚴選水果和莓果。」兩天後，他們「滿盛至杯緣的香檳，連一滴都沒有灑出來。」

納吉麥克的臥鋪列車

　　普爾曼的帝國版圖持續擴張，直到他一共有七千節車廂運行於超過150條鐵路上。1868年，在普爾曼賺進人生第一個百萬美元之前，大家深信他曾與一位來自比利時且正在害相思病的銀行家之子不期而遇，這個人就是佐治・納吉麥克（Georges Nagelmackers）。納吉麥克在無法獲得堂姊歡心而失戀之後，被送至海外學習鐵路。他一面尋求改善家族關係的方法，一面仔細而冷靜地研究普爾曼的事業，之後，他很快地返家，並試圖讓家人和朋友對其臥鋪列車（Wagons-Lits）公司感興趣。一如普爾曼，納吉麥克計劃將豪華車廂附加在一般列車上，並從富人願意支付的升等票價中賺取利益。

　　他最初屬意的是奧斯坦德和柏林之間的路線，卻因為普法戰爭而宣告失敗，而且他的家族興趣缺缺。不過到了1872年，再加上不牢靠的陸軍上校威廉・道爾頓・曼（William d'Alton Mann, 美國生意人和出版商，他因收賄不讓某些人登上新聞而聞名）資助，納吉麥克推出了他自己的臥鋪列車。

　　納吉麥克合情合理地解釋道，歐洲人注重隱私，所以對有隔間的「閨房風格車廂」（boudoir car）會比較感興趣。納吉麥克其中一位老主顧就是完美的例子：比利時國王利奧波德二世（Leopold II）。奧波德二

藍色列車

✦

　　這輛特快車從加來（Calais）開往位於法國蔚藍海岸的尼斯，其底色為深藍色且搭配金色飾邊的臥鋪車廂，為其贏得「藍色列車」（Le Train Bleu）的美稱。藍色列車的尊爵服務始於1886年，並在兩次世界大戰之間重新營運。藍色列車於傍晚離開巴黎，並在隔天抵達蔚藍海岸的溫暖陽光之中，可可・香奈兒（Coco Chanel）、瑟給・狄亞格烈夫（Serge Diaghilev）、喬治・西默農（Georges Simenon）、史考特・費茲傑羅（F. Scott Fitzgerald）、查理・卓別林（Charles Chaplin）和阿嘉莎・克莉絲蒂（Agatha Christie）等名人都曾是車上佳賓。列車於1930年代增加二等和三等車廂，但1945年再次開辦時，嚴重受到空中旅行和高速列車快速成長的影響，以至於旅行時間從二十小時大幅縮短至五小時。

世是全球最常搭乘火車旅行的君王,而他與22歲的芭蕾明星克萊奧·德梅洛德(Cléo de Mérode)之間的緋聞(德梅洛德曾擔任亨利·德·土魯斯—羅特列克〔Henri de Toulouse-Lautrec〕和古斯塔夫·克林姆〔Gustav Klimt〕這兩位畫家的模特兒),也讓他特別贊同列車上有臥房的想法。另一大顧客則是半島東方輪船公司(Peninsular and Oriental Steam Navigation Company, P&O),該公司負責確保寄往印度的信件能以最快速度抵達目的地,而納吉麥克在1881年推出類似普爾曼餐車的供餐車廂,讓郵政列車在穿過歐洲、奔向位於地中海的港口時,無需再為了停下來用餐而延遲抵達時間。

臥舖列車公司也為搭乘渡輪的列車打造專屬車廂。這些列車從多弗(Dover)港口藉由渡輪通往巴黎期間,頭等艙旅客不得下車。他們也在多弗和敦克爾克(Dunkirk)加設特殊的通海船閘(sea lock),讓火車能在免於受到潮汐高低影響的情況下連結至渡輪上的軌道(據說它使用鐵鍊來確保火車在波濤洶湧的海面上安全無虞,但是鐵鍊發出的匡啷聲響令旅客完全無法一夜好眠)。

納吉麥克繼續尋求新境界,亦即打造整列臥舖列車,而不再只是將豪華車廂接在別人的列車上。他夢想一趟橫跨歐洲的美妙特快車之旅,從繁華的巴黎到充滿異國情調的東方之都君士坦丁堡(伊斯坦堡〔Istanbul〕舊名)。儘管必須和兩地之間共八家不同的鐵路公司協商,但是他的夢想終於在1883年的6月成功實現,他推出了一列「東方快車」(Express

d'Orient，請見右欄）。

　　1885年，臥舖列車公司為了吸收從跨大西洋定期渡輪下船的旅客，於是著手調整其特殊列車的路線，在此同時，藍色列車（請見第103頁右欄）開始將愛好藝術的旅客從加來載往蔚藍海岸。從巴黎開往里斯本（Lisbon）的南方特快車（Sud Express）於1887年推出，1896年，第一列北方特快車（Nord Express）駛離巴黎，通過布魯塞爾和柏林，最後抵達2,158公里遠的聖彼得堡。經營跨洲生意有潛在風險，許多臥舖列車公司車廂的所有權，皆在第一次世界大戰（德國成立一家競爭公司，並接管臥舖列車公司）和1917年俄國革命（Russian Revolution）期間遭剝奪。然而，在介於兩次世界大戰的那段期間，臥舖列車受歡迎的程度達到巔峰。1936年，一對富裕的夫婦可以先去購買巴格達（Baghdad）、開羅（Cairo）或德黑蘭（Tehran）的旅遊書，然後在用完晚餐過後，搭乘藉由渡輪渡海的夜班列車，從維多利亞車站（Victoria Station）的2號月台出發，直達巴黎北站（Gare du Nord）。接著，他們可以選擇登上東方快車或辛普倫東方快車（Simplon Orient Express）前往伊斯坦堡，或是搭乘亞爾堡東方特快車（Arlberg Orient Express）至雅典（Athens），他們知道同行旅客可能包含皇室成員、外交官、有錢生意人，甚至是小說家。格雷安・葛林（Graham Greene）於1932年寫了一部小說《東方快車》（*Orient Express*），阿嘉莎・克莉絲蒂則於1934年推出其《東方快車謀殺案》（*Murder on the Orient Express*），主角是名為赫丘勒・白羅（Hercule Poirot）的比利時偵探。

　　每當納吉麥克推出一項新的歐洲服務，時時捍衛自我商業利益的喬治・普爾曼就會起而較勁。普爾曼曾試圖在1882年買下納吉麥克的公司，但是到最後，兩家公司還是只有在自己的國家內與對方競爭。這兩位頂級旅遊倡導者普爾曼和納吉麥克一前一後分別在1897年和1905年過世，而豪華鐵路之旅並沒有就此停歇。

東方快車

✦

東方快車於1883年開始服務，代表著鐵路奢華的極致。擁有摩洛哥革（moroccan）製的真皮座椅、地毯質地豐厚的交誼廳、男士專用的吸煙室，以及個人專屬的廁所。東方快車魅力無比的形象因1891年5月的事件更加突顯。當時，它遭到強盜攔截，他們在距離君士坦丁堡96公里的地方使列車出軌，並綁架司機和5名德國商人，他們後來以8,000英鎊（20萬法郎）的贖金交換釋回。東方列車的知名乘客還包括德國間諜瑪塔・哈里（Mata Hari），她在1917年被法軍處決；以及保加利亞國王斐迪南一世（Ferdinand），他當時堅持自行駕駛鐵路機車頭。第二次世界大戰迅速終結東方快車時代（雖然其服務仍苟延殘喘了幾年，但有時僅是連接在當地列車的一節車廂而已）。新的東方快車於1982年重新啟用。

漢尼拔─聖約瑟鐵路
Hannibal to St. Joseph Railroad

區域：美國
類型：貨運
長度：332公里

◆ 社會
◆ 商業
◆ 政治
◆ 工程
◆ 軍事

說到利潤最豐厚、重量最輕的貨物，豬肉、人、包裹或白報紙（newsprint）全都望塵莫及，真正的贏家是：信件。鐵路讓郵件產生革命性的劇變。當鐵路的生意在20世紀遭道路和航空等競爭對手接連奪去，對他們來說，想必是非常沉重的打擊吧。

鐵路郵政

1860年代，前密西西比河（Mississippi River）的輪船領航員山姆・克列門斯（Sam Clemens）以他的筆名馬克・吐溫，為維吉尼亞市（Virginia City）的《地方企業報》（*Territorial Enterprise*）撰文。Mark Twain（馬克・吐溫）是以前深度探測（depth sounding）的用詞，來自他當水手的時光，但是，山姆・克列門斯已經從此告別輪船，他宣告：「乘船的浪漫已不在。」馬克・吐溫是位用詞精準的作家，他對鐵路也有類似的怨懟。1867年，他向《上加利福尼亞日報》（*Alta California*）的讀者表示：「鐵路是貪婪的城鎮毀滅者。」

然而，馬克・吐溫的讀者之所以能遍及全國，就是因為鐵路，就如同鐵路幫他把家書寄回家一樣：1838年，負責費城至蘭卡斯特（Lancaster）路線的賓夕法尼亞鐵路公司，因利用鐵路運送信件而獲得每年400美元的津貼，其後，美國當局全面指派鐵路做為郵遞路線。郵遞鐵路服務的發展也與馬克・吐溫的家人息息相關，將他的大量家書運回家的正是介於聖約瑟（St. Joseph）和漢尼拔（Hannibal）這兩座密蘇里州（Missouri）城市之間的路線。這條路線的目的是取代獵犬公司（Hound Dog）的驛馬車軌道，而當初的計畫，最早是在1846

馬克・吐溫
這位美國作家聲稱不再支持不斷鋪設的鐵路。

年於漢尼拔的一家律師事務所簽訂和用印。當時的律師是約翰・馬叟・克列門斯（John Marshall Clemens），也就是馬克・吐溫的父親。

快馬郵遞

密蘇里州的聖約瑟是皮草獵人（fur trapper）約瑟夫・羅賓度（Joseph Robidoux）建立的州境城鎮，座落在這條鐵路路線的終點，而橫跨3,212公里的廣大曠地使它與西岸遙遙相望，移居西岸的人總是需要經過漫長而令人灰心的等待，才能收到遠從東岸家鄉捎來的消息和信件。直到一件包裹於1860年4月3日抵達聖約瑟，等待交由快馬郵遞寄送後，情況才得以改善（該包裹遲了兩小時才到漢尼拔，接著由「密蘇里號」〔Missouri〕蒸汽機車頭牽引僅有一節的特殊列車，以當時締造記錄的速度提供服務）。

快馬郵遞的設立者是威廉・羅素（William H. Russell），他登廣告徵聘騎士時，條件寫到「年輕、精瘦、強壯、不超過18歲的男士，孤兒尤佳」。馬克・吐溫於1861年搭乘馱騾郵遞快車自聖約瑟出發，他形容：「那是一連串狂暴而急速的奔馳，而且直到我們抵達下一站的簡陋收信處和馬廄之前，整整16-19公里，勁頭一刻未減。」羅素的騎士意欲擁有更快的速度，期望自聖約瑟火車終點站收取信件後，能在十天之內完成整趟旅程，期間需行經堪薩斯州（Kansas）、內布拉斯加州（Nebraska）、科羅

孤兒尤佳

在沒有鐵路的年代，威廉・羅素的快馬郵遞從聖約瑟火車終點站將郵件送往加州，所需時間僅約十天。

郵寄向西

密蘇里線自東部將郵件運往聖約瑟，也就是快馬郵遞騎士接手的地點。

火車與渡輪
鐵路彌補了海運郵遞路線的缺口。「國泰號」（S.S. Cathay）是往返英國和澳洲之間的郵船。

拉多州（Colorado）、懷俄明州（Wyoming）、猶他州（Utah），以及內華達州（Nevada），最後再將這些密封於馬鞍袋（mochila）或皮革郵袋內的信件，安全地送予位在加州沙加緬度（Sacramento）的驛站長。

快馬郵遞僅營運到1861年底，但已足以成為傳奇。而漢尼拔至聖約瑟的郵遞服務並沒有因既有成就而自滿，1862年，威廉・戴維斯（William A. Davis）著手測試郵政車廂，此車廂讓郵局員工在乘車往返聖約瑟和漢尼拔時，可以直接在車廂裡分類郵件。它為郵政業務開闢了新天地，直到因南北戰爭爆發而暫時停擺。兩年後，在芝加哥和愛荷華州的克林頓（Clinton, Iowa）之間，開始提供正規的美國鐵路郵政業務（U.S. railway mail service）；類似的體制很快地出現在紐約州、華盛頓州和賓州。這時，馬克・吐溫再次登上郵遞列車：「我們以每小時48公里的速度急駛，（而且我們全都）贊同這是我們曾經歷過最快的速度了。」

邁向全球

在地球的另一端——澳洲新南威爾斯省——郵件從1855年就開始由雪梨—帕拉馬塔鐵路（Sydney to Parramatta Railway）負責運送，郵政公司總會隨車派一名武裝警衛。一如聖約瑟，澳洲也開始經營行動郵局（travelling post office, 始於1879年），其鐵路郵遞事業隨著新路線遍及全境而蒸蒸日上（1896年，鐵路公司自豪地說道：「郵政車廂令人極其滿意，它們附加在每日駛離雪梨的幹線列車上，年里程數高達1,448,407公里」）。

於英國，英格蘭律師協會（English Law Society）的會長之妻伊莉莎白・佛瑞爾（Elizabeth Frere）對當地缺乏鐵路郵遞服務而感到不滿。1838年，她急於發布女兒婚禮的消息，「蘇珊（Susan）穿著雪白絲緞禮服步入教堂，披著以鑽石髮叉固定的織花頭紗，頭髮還有兩枚橘花髮叉裝飾，她的頸上圍繞著金色項鍊，右手戴著手鍊。晚上傭人在洗衣房跳舞狂歡，一、兩位鄰居和幾個店家也有受邀。他們一直跳到半夜兩三點，不過我們十點即上床就寢，為當天劃下句點。」這段對劍橋（Cambridgeshire）鄉村生活的動人描述，是交由緩慢的郵遞馬車來運送。如同美國，英國當局也在同一年（1838年）立法規範郵政業務。然而，伊莉莎白・佛瑞爾必須多等兩年，才等到倫敦至劍橋的鐵路通過該村莊（以及其家族地產）。鐵路

> **在任何國家都難以讓鐵路運輸變得令人愉快，驛馬車顯然怡人得多。**
>
> 馬克・吐溫，《傻子旅行》（*The Innocents Abroad*, 1869）

為鄉村生活帶來極大的轉變，不過，至少她的信現在可以只花一半的時間就到達目的地。

英國郵政的首次郵寄服務是由利物浦與曼徹斯特鐵路所負責，七年後的1837年，郵局督察喬治·卡爾斯塔德（George Karstadt）提議設立全球首見的行動郵局。行動郵局是用四公噸的運馬專用貨車（horse box）改裝，行駛於伯明罕和利物浦之間的大合流鐵路，《倫敦新聞畫報》的評論家表示，這種做法讓郵局能在移動的同時一邊工作，藉此讓時間發揮雙倍效益。一年後，來自郵政總局遺失信件分局（Missing Letter branch）的約翰·拉姆塞（John Ramsey）讓一切更進一步加速。他發明了一項如惡魔般的聰明裝置，只要將該裝置裝設在車廂側邊，就能把軌道側線的郵袋掃進車裡，列車完全不需要停。法國和普魯士鐵路皆採用了拉姆塞的「隨放即抓」發明，這個發明也在英國持續沿用超過130年。

往返印度的郵件運送業務在執行上極為艱難，《倫敦新聞畫報》在1844年特別提出報導。這些郵件實際上就是關係到東方所有部會的信件，它們會在孟買被放進鐵盒，

印度郵遞

✦

在遍及歐洲大陸的鐵路還沒出現以前，成箱的郵件皆是先於印度裝上蒸汽船，越過紅海和地中海，再以馱馬背運，穿過埃及和法國，最後抵達英格蘭。然而，由於英國方面需要盡速從殖民地接獲報告，因此，重要消息的簡報一旦抵達法國馬賽（Marseille）就必須倉促送往英格蘭，就如同《倫敦新聞畫報》的形容：「與時間和浪潮的競賽真正地開始了。」該份簡報經由電報發至巴黎，並利用驛馬奔送至布洛涅（Boulogne），接著極速穿越英吉利海峽，船上會立著一面警告三角旗，用以通知福克斯通（Folkestone）的站長備妥前往倫敦的列車待命。

通往印度的列車

這張海報說明在倫敦和孟買之間採行義大利郵政列車的優點。其前往義大利的布林底希（Brindisi）只需兩天時間。

並以焊接的方式密封（用蠟封會融化）。接著，總共三、四十個的鐵盒會被運往蘇伊士（當時運河尚未興建），再以貨車橫跨大陸運往開羅，然後到亞力山卓（Alexandria），再穿過地中海進入法國，最後終於抵達英格蘭。難怪英國當局會不斷徵求用來運送印度郵件的跨國鐵路系統。

　　大西部鐵路公司瞭解到郵政業務可能帶來收益，他們於1855年開始在帕丁頓、倫敦和布里斯托（還有後來的朋占斯）之間，營運專送郵件的列車。1907年，馬克・吐溫參訪英格蘭，當時的郵袋裝滿了新型態的郵件：風景明信片。郵政總局終於同意提供卡片郵寄的服務，寫在美麗風景背後的「希望你在身旁」也宛如洪水般大量湧入。

夜間郵遞

　　夜間郵車載著風景明信片、情書和銀行匯票，急駛穿過鄉間，展現後鐵路時代的精神。託早期一部紀錄片之福，英國西岸郵政（British West Coast Postal）成為最具代表性的夜間郵車。沿著車廂階梯的排燈照亮列車，讓它在倫敦和蘇格蘭之間，像發狂的螢火蟲般穿越夜空，多達40名郵局員工焦頭爛額地為年總量共5億封的信件分類。它駛向北方，英國詩人奧登（W. H. Auden）形容：「通過邊境，帶著支票和郵政匯票。」奧登（他剛好是伊莉莎白・佛瑞爾口中之新婚夫妻的遠房親戚）與英國作曲家班傑

夜間郵務列車
雖然透過鐵路提供郵件運送服務的做法已經遠遠超過一世紀，但是許多國家的列車郵遞服務都在20世紀末駛向終點。

明・布瑞頓（Benjamin Britten）是同時代的人，他們倆一直個別享受其藝術生涯，不過在1936年，他們有了非比尋常的合作，進而促成一部經典的紀錄片：《夜郵》（*The Night Mail*）。這部電影共有兩位導演：巴索・萊特（Basil Wright）和哈利・瓦特（Harry Watt），而瓦特大部分的靈感來自於俄國導演維克多・都靈（Viktor Turin）的電影《土耳其斯布》（*Turksib*, 1929），該電影講述興建土耳其斯坦—西伯利亞鐵路（Turkestan-Siberian Railroad）的故事（而美國蒸汽機車頭聲勢浩大地行駛在軌道上的模樣，也反過來撼動著都靈）。

儘管郵遞列車帶來浪漫情懷，鐵路郵政仍在20世紀後半持續沒落。1977年6月，在紐約和華盛頓特區之間行駛的郵政車走完最後旅程。於英國，皇家郵政（Royal Mail）在2003年停止利用鐵路運送郵件，而位於澳洲新威爾斯的行動郵局早在1984年就已經走入歷史，因為澳洲郵政（Australian Post）將這個工作移交與一整隊的貨車。對鐵路來說，失去郵政業務損失重大，這同時也是道路和航空運輸業的漂亮勝利。

地底世界

✦

2011年，一群非法的都市探險家將照片發表到網路上，那是關於一場不尋常的非法入侵：位於倫敦市地底下的郵政鐵路。照片中空盪盪的隧道宛如被遺棄的墓穴，貫穿倫敦地底超過11公里。據悉，多數郵政鐵路隧道皆位於21.3公尺深的地方。無人駕駛的列車從1927就開始在這座城市底下運送郵件，直到2003年系統退役為止。這條鐵路背後的概念來自於芝加哥的地下貨運鐵路，該貨運鐵路的服役期間是1906到1959年。

大都會鐵路
Metropolitan Railway

區域：英格蘭

類型：客運、貨運

長度：6公里

◆ 社會
◆ 商業
◆ 政治
◆ 工程
◆ 軍事

19 世紀中期，都市人口的成長迫使當局重新評估其都會政策。說服人民遠離群眾，並利用地下開放式列車移動的想法，在一開始根本是無稽之談。

動彈不得的群眾

在1800年代中期的家庭雜誌中，總會出現一些奇怪的創意，例如溜滑路（sloping road）：行人在穿上輪式溜冰鞋後，只要站在溜滑路頂端，就能不費吹灰之力地直達坡底；商店前方到了晚上就會升起的人行道，用以阻擋盜竊者；以及兩端呈楔形的機車頭：楔形能減小迎面撞擊的力道，進而降低風阻，列車也就能以更輕鬆且更快速的步調前進（早期對流線型的提案其實並沒有當時聽起來的那麼荒謬）。另一個詭異的構想，即是在繁忙的城市底下挖掘隧道，讓火車通過。

然而，到了1850年代，任何可能解決都會區道路壅塞問題的方案，倫敦當局都願意評估。因為，其位於主幹線的車站每天需消化25萬名旅客，更有4,000輛馬車巴士和出租馬車從車站趕往倫敦郡的金融中心倫敦市。自由黨（Liberal Party）律師查爾斯·皮爾森（Charles Pearson）認為：「我們的巷弄和街道塞滿動彈不得的人。」他也說道：「對擁有良好工作的

挺進倫敦地底

地面車站的成功為首都帶來前所未有的壅塞問題。當時的解決方案是興建地下鐵路。

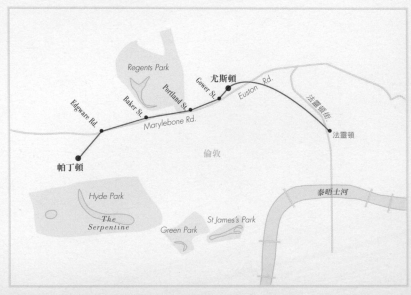

男士，他們的家庭（也可以）和其雇主一樣，住在離……工作場所幾英里的郊區，只要他們可以獲得鐵路能夠提供的便利性。」他說得很有道理，光是路上的馬，就已經帶來可怕數量的糞便與蠅蟲孳生（《泰晤士報》於1895年預測，不出五十年，倫敦市就會被馬糞淹沒）。

面積大幅超過紐約的倫敦，居民人數超過英格蘭其他地區，如今它生病了。結核病每年造成1~2萬人喪生；天花、白喉、百日咳和斑疹傷寒皆是當地好發的疾病，而1832年爆發的霍亂更奪走18,000人的性命──伍德黑德隧道的愛德恩‧查兌克猜測，它的成因是「煤氣有害健康」，不過此一推斷並不正確。

皮爾森提出的解決方案，是建立一座巨大的倫敦中央車站，並且藉由隧道來與周邊車站連結。由於當局禁止再增加任何都市內的車站，所以皮爾森改而申請連通倫敦市和北方各車站的鐵路隧道，做為他計畫的第一步。這條鐵路將在比沙普路（Bishops Road）、帕丁頓和法靈頓街（Farringdon Street）之間運行，並穿過倫敦北部的兩個主要車站：尤斯頓站和國王十字站（King's Cross）；同時它也被命名為「大都會鐵路」。

土木工人於1860年開始動工，鏟起舖著大卵石的街道，並挖鑿縱深且支撐完善的壕溝──採用「明挖覆蓋法」（cut and cover method）。多數早期的鐵路工程師皆是採用明挖覆蓋法，先挖鑿極深的壕溝，然後在壕溝底部舖設鐵路軌道，接著於鐵道上方砌起隧道，最後再重新舖設上方的鐵路。

於較時髦的地區，大都會鐵路傾盡全力地改善當地的建築樣貌，而在「動彈不得的群眾」中，窮人遭到驅逐，他們簡陋的住所也被拆毀。

軟墊車廂

1862年5月，當時的財政大臣威廉‧格萊斯頓和其妻子在內等大人物，皆為了參與大都會鐵路的首航而齊聚一堂，他們紛紛登上其中一節開放式車廂，格萊斯頓頂著大禮帽，他的妻子則戴著綁帶帽。年事已高的巴麥尊

大都會路線
「明挖覆蓋法」是用於建造地下鐵路的方法，此方法已經在建造鐵路隧道時經過測試。

乾淨的空氣
位於尼斯登（Neasden）的C級蒸汽機車頭，攝於1890年左右。蒸汽機車頭終於把地位拱手讓給電力機車頭，打造空氣乾淨的地下鐵道。

動爵（Viscount Palmerston）拒絕參與這趟旅程，他聲稱自己需要盡可能地拉長待在地面上的時間。車廂內的油燈搖曳閃爍，列車採用的是燃煤動力機車頭，並設有冷凝器以減少蒸汽產生，這是一趟彷彿駛向冥府的旅行。然而，大眾給予其熱烈支持，在1863年，已經有超過3萬人搭乘此地下列車。大都會鐵路首年營運的客運量就達到900萬人次。顯然：地下鐵路即是未來發展的方向。

在搭配軟墊座椅的封閉式車廂（又稱「軟墊車廂」〔padded cell〕）推出後，旅行環境逐漸有所改善。此時，《科學人》（*Scientific American*）雜誌的紐約編輯艾爾弗雷德・比奇（Alfred Beach），早已悄悄地興建其私人地下鐵路，列車以空氣壓力為動力，於下百老匯（Lower Broadway）的穆雷街（Murray Street）和沃倫街（Warren Street）之間載客。

在倫敦，鐵路隧道挖掘者在1870年左右獲得了一項新工具，一部2.1公尺的「潛盾機」（shield），於挖鑿泰晤士河下方的隧道時即是使用它，用以建造靠纜繩牽引的鐵路。相較於容易造成崩裂的明挖覆蓋法，這是長足的進步。它讓挖掘工能在深深的地底下鑽出一條「管道」（tube）。1886年，它鑽出第一條深層管道，那是在倫敦市中心與南倫敦鐵路（City and South London Railway）上的鐵路隧道，總長5.6公里，該鐵路在倫敦市和

小心月台間隙

儘管早期的地下鐵路簡陋又佈滿濃煙，大眾依然十分捧場。此圖繪於1863年。

斯托克韋爾（Stockwell）之間共有六個車站。當新研發的電氣機車頭誕生之後，蒸汽列車很快地消失在世界上。不久之後，倫敦中部鐵路（Central London Railway）通車，其價格親民的「兩便士隧道」（Twopenny Tube）擁有空氣相對較乾淨的地下環境。

地下鐵路駛向全球

其他城市經過等待與觀察，也開始著手建造他們的管狀隧道。布達佩斯（Budapest）於1896年開通長3公里的法蘭士約瑟夫電氣地下鐵路（Franz Josef Electric Underground）。蘇格蘭的格拉斯哥（Glasgow）接著在1897年啟用一條環狀路線，透過纜繩與固定式蒸汽機來帶動。這條時速24公里的列車持續提供服務直到1930年代為止。波士頓於1898年擁有了美國第一條大眾地鐵路線，同年，維也納的城市鐵路（Stadtbahn）也開始通車。此外，其中一個全球最具代表性的地下鐵系統也開始動工了——巴黎地鐵（Paris Métro）。

巴黎地鐵的名稱源於倫敦的大都會鐵路，但背後的設計者是法國工程師費爾傑斯·比耶維涅（Fulgence Bienvenüe）。比耶維涅被譽為「巴黎地鐵之父」，他曾在一次工程意外中失去一隻手臂。比耶維涅的路線總長10公里，連接巴士底廣場（Place de le Bastille）、羅浮宮（Louvre）、協和廣場（Place de la Concorde）以及凱旋門（Arc de Triomphe），並在巴黎舉辦夏季奧林匹克運動會（首次有

哈利·貝克

✦

1930年代，任職於倫敦運輸標誌局（London Transport Signal Office）的工程製圖師哈利·貝克（Harry Beck），也是每天從芬奇利（Finchley）上車的地鐵通勤者之一。他利用閒暇時間設計地鐵路線圖，該地鐵圖於1933年1月發行，當時，眾多營運地下鐵系統的私人公司合併成倫敦運輸公司（有人認為貝克的地鐵圖是以電路圖為基礎）。貝克的隨身地鐵圖清楚明瞭，甫推出就大獲成功。它的風格成為指標，全球有許多大眾運輸系統也採用他的設計。

這是一位畫家對匈牙利布達佩斯地下鐵的印象，該地下鐵擁有全球第四久遠的歷史，由皇帝法蘭茲・約瑟夫一世（Emperor Franz Joseph）於1896年主持開幕儀式。

女性選手參賽）和世界博覽會的1900年7月通車。巴黎人深深為新藝術派（Art Nouveau）的新鮮風貌著迷，因而委託建築師艾克特・吉瑪赫（Hector Guimard）創作一系列新藝術派的地鐵入口。這些入口多數在日後遭摧毀，吉瑪赫也於1942年在被世人遺忘的情況下，過世於紐約。

1930年代，莫斯科居民對他們的地鐵系統也有類似的宏偉計畫，該系統稱為「卡岡諾維奇都會地鐵」（Metropoliten im. L.M. Kaganovicha），是以設計者拉扎爾・卡岡諾維奇（Lazar Kaganovicha）的姓氏命名，當地人成功將共產黨的標準與裝飾藝術（Art Deco）結合（他們向英國工程師尋求建議，而最後討論出的結果帶來共同利益：艾色克斯郡〔Essex〕的間士丘站〔Gants Hill station〕據說與俄羅斯的地鐵站非常相似）。

如今，柏林人可以從波茨坦廣場（Potsdamer Platz）搭乘地鐵（U-Bahn，1900年代初期通車），拉著車上的吊環站著前往動物園；紐約客可以從時報廣場（Time Square）搭地鐵至布魯克林區（Brooklyn）；而費城人也可以搭乘他們總長7公里的地鐵。漢堡（Hamburg）啟用了一條局部位於地下的鐵路，布宜諾斯艾利斯同樣也是。到了1950年代，馬德里（Madrid）、巴塞隆納、雪梨、東京、大阪、名古屋、芝加哥、克利夫蘭（Cleveland）、斯德哥爾摩、多倫多（Toronto）、羅馬、列寧格勒（Leningrad, 即聖彼得堡）、里斯本，以及以色列的海法（Haifa），皆擁有地鐵系統。

在威廉和凱瑟琳・格萊斯頓夫婦初次搭乘地下鐵路的150年後，汽車和貨車所造成的壅塞和空氣污染問題，促使約1億5500萬人每天使用地鐵。東京地鐵屬於東京首都圈捷運系統的一部分，它是全世界最繁忙的地鐵，首爾則緊追在後。首爾的每個月台都擁有自動安全門，另有智慧票卡系統（smart-payment ticket system），以及配備數位電視和電暖座椅的車廂，堪稱全球最出色的地鐵。

跳軌自殺

✦

地鐵系統證實是全世界最安全的大眾運輸系統，比地面上的鐵路還要安全。其最嚴重的傷亡發生在二次大戰對倫敦的空襲。1940年，一枚炸彈投向巴爾漢姆大道（Balham High Road），猛烈的爆炸造成輸水和污水管路破裂，躲在地鐵車站的68位民眾不幸溺斃。1943年，於貝夫諾格林（Bethnal Green）有173人在一場空襲中遭壓斃在樓梯間。這些年來，多數發生於地下鐵的死亡事故皆是自殺造成，稱為「跳軌自殺」（one under或jumper）。

新藝術派

許多由艾克特・吉瑪赫設計的巴黎地鐵入口遭到拆毀。

1869

中央太平洋鐵路
Central Pacific Railroad

區域：美國

類型：客運、貨運

長度：1,749公里

◆ 社會
◆ 商業
◆ **政治**
◆ 工程
◆ 軍事

越過州境

連結東西部的橫貫鐵路打開美國市場，助長美國成為全世界最富有的國家。

美國第一條橫貫鐵路雖然不是全球最早的跨洲鐵路，卻徹底改革了美國經濟，讓充滿浪漫情懷的篷車隊（wagon train）終能一死了之、獲得解脫。這條鐵路讓蠻荒的美國舊西部（Wild West）得到開墾，同時也為全球跨洲鐵路立下榜樣。

被上帝遺棄的加州

1875年，倫敦《卡塞爾家庭雜誌》的記者準備登上太平洋鐵路（Pacific Railroad），打包行李時，他塞了一把六發式左輪手槍在乾淨衣物中，同時還有一把波伊刀（bowie knife），以及說明刀傷處理方法的操作指南。這位記者的姓名不詳，只知道頭文字為M.A.，他向讀者解釋道，他這麼做是因為他在動身前往這個距離共5,290公里的浩大來回之旅之前，曾請教在紐約的朋友。M.A.複述他朋友的其中一項警告：「你將前往加州，到時你

會發現，那是全宇宙最為上帝所遺棄的地方。」他的語氣充滿不祥的預感（也可能是為了營造故事的戲劇性而這麼說）。

在M.A.登上這條橫貫鐵路之前，它已經通車六年了。M.A.打從一開始就驚喜連連，他在撰稿中寫道：「我的鐵路之旅僅歷時七天，而所橫跨的距離，卻是整整一個廣闊大陸的寬度。」

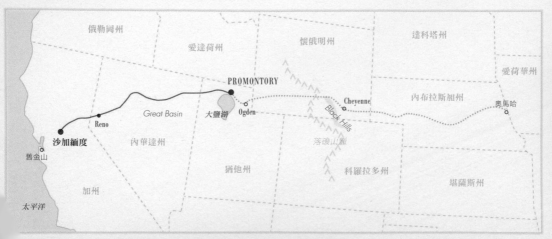

俄勒岡州　愛達荷州　懷俄明州　達科塔州

愛荷華州

PROMONTORY

Cheyenne　內布拉斯加州　奧馬哈

Great Basin　大鹽湖　Ogden　Black Hills

Reno

沙加緬度　內華達州　落磯山脈

舊金山

猶他州　科羅拉多州　堪薩斯州

加州

太平洋

預言漫畫
當兩條鐵路在猶他州會合時，美國原住民和野牛倉皇逃跑。

這段旅程之所以比英國僅四、五個小時的行程來得輕鬆，有部分是因為美國的設備（車廂）。美國火車的車廂附設臥舖及廁所，內有扶手椅、沙發、書籍、地毯以及裝飾品，它們減輕了旅程中的所有不便。而且他還發現，有位旅客的錢包夠深，竟能從紐約包下整節臥舖車廂，一路前往舊金山。

M.A. 還說，在英格蘭搭乘火車的過程本身就很恐怖；而在美國則是與眾不同的享受，雖然他花了點時間才習慣當地的社交禮節。在芝加哥下車的男士們，都全神貫注於商務計算，而且急於抵達目的地，他們去那裡純粹只為了做投機生意和賺錢，相較於他們，其他從當地上車的乘客彷彿另一種生物——「其他乘客比較沒有固定的類型」。

不過，每個人、所有人似乎一定會開始交談，而且變得非常善於交際，「一切都發生在15分鐘之內」，這點讓 M.A. 極為震驚，因為在英國火車上的乘客（當時和現在都一樣）只會保持冷淡而友善的態度。最多只會出現「那個位置有人坐嗎？」「沒有」的對話。在太平洋鐵路上，有了和藹至極的旅客同行，英國人的冷漠也開始消融。

對於最初繞過密西根湖（Lake Michigan）

完工！

◆

這條橫貫鐵路原本預計需花十年才能完工，最後卻僅花了四年。1869年5月10日，分別來自東西岸的兩條鐵路在猶他州的海角點（Promontory Point）會合。中央太平洋鐵路公司的李蘭·史丹佛（Leland Stanford）和聯合太平洋鐵路公司（Union Pacific Railroad）的湯瑪斯·杜蘭（Thomas Durant），各自敲入象徵性的最後一根釘（last spike），他們第一次似乎都沒敲中。當時有幅漫畫中，兩隻從不同機車頭延伸而出的手看起來正要擊掌（儘管這項習俗是在一個世紀後以才出現），而當地的野牛和原住民正落荒而逃。早在鐵路完工之前，鐵路沿線就已經架設好電信線路，而該線路所傳出的第一份電報，內容正是簡潔有力的：「完工」（Done）。

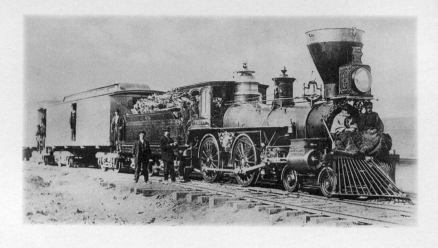

南岸，經過賓州、俄亥俄州、印地安納州（Indiana），無足輕重的1,609公里，M.A.選擇不多加描述。他認為相較於搭乘火車從英格蘭首都前往蘇格蘭高地，這段路在景色上不比倫敦到拉格比（Rugby）有趣。對他來說，真正的旅程從芝加哥才開始，「這座滿是玉米和牲口的商場，是東部與西部的交界。」與M.A.同車的某位旅客，將芝加哥的活力表現得一覽無遺：「他是一位真誠坦率的美國人，跟他在一起，你想保持安靜都不可能。」

在1871年10月，芝加哥曾發生一場毀滅性的大火，最近甫浴火重生。M.A.的情報提供者向他表示「在大火中失去所擁有的每一分錢……而現在，已經賺得原有財產的兩倍。」芝加哥擁有超過27公里的鐵路圍繞著城內的牲畜飼養場，而M.A.發現這些牲畜（21,000頭牛、75,000頭豬、22,000隻羊以及350匹馬）過得比英國的「窮人」還好。

上面指的其實是所謂的「愛爾蘭麻煩」（Irish Problem），愛爾蘭的馬鈴薯荒有時會被這麼稱呼。愛爾蘭馬鈴薯荒的消息早已傳遍美國，因此而產生的250萬移民中，有許多人都前往美國（有位名為邦亞德〔E. A. Bunyard〕的園藝作家對此評論道：「沒有人會只將馬鈴薯視為蔬菜，它更像是掌控命運的關鍵。」）。

廢棄的機車頭

✦

在1869年的五月天，相遇在海角點的史上著名蒸汽機車頭「No. 119」和「朱彼德號」（Jupiter），皆沒有被保留下來。載著湯瑪斯・杜蘭的No. 119，建造於紐澤西帕特孫（Paterson）的羅傑斯機車頭工廠（Rogers Locomotive Works）；而載著李蘭・史丹佛的朱彼德號則是建造於紐約的斯克內塔第機車頭工廠（Schenectady Locomotive Works），然後再以海運送至舊金山。（史丹佛原本預定搭乘的是「羚羊號」〔Antelope〕，但是該機車頭因遭到伐木砸中而損壞。）這兩部機車頭在1903年到1909年之間報廢。

有益於「野蠻人」

　　阿薩・惠特尼（Asa Whitney）是個居於紐約州紐洛歇爾（New Rochelle）的布商，1849年，他在筆記本中構思了一個跨洲鐵路計畫，名為「直通太平洋鐵路計畫」（A Project for a Railroad to the Pacific），當時他也曾注意到這個問題。

　　身為鐵路愛好者，惠特尼在參觀完英國的利物浦與曼徹斯特鐵路之後，他深信，在巴拿馬、尼加拉瓜和特萬特佩克（Tehuantepec）等地，透過運河或鐵路連結大西洋和太平洋，絕對能有所幫助。他像個推銷成藥的江湖郎中般宣揚這個觀念：「此鐵路將有益於你自己、你的國家……超過歐洲人口的窮人，以及未開化族群。文明的祝福和光明，以及基督教義，都還沒有在他們身上發光發熱；為了那些因食物不足而必須殺死子孫的中國人；為了刻意離家孤獨面對死亡的老弱病殘……也為了所有人類家庭。」

　　惠特尼彷彿為自己的鐵路著了魔，他自行探索可行路線，蹣跚地走在除了未開化的野蠻人、無人曾走過的地方。他甚至遠赴中國、日本、印度和玻里尼西亞（Polynesia），鑽研他視為有無限可能的交易機會。惠特尼從

佈門隘口

這條鐵路在1865年，於接近加州紐卡斯爾（Newcastle）的地方，炸出一條長244公尺的佈門隘口（Bloomer Cut）。

跨越山谷

1868年，中央太平洋鐵路上仍在施工中的棧橋。

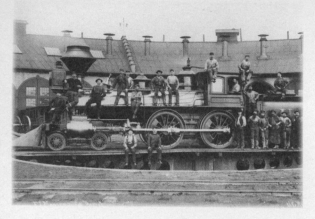

鹽湖城（Salt Lake City）

鐵路技師和蒸汽機車頭，於1885年攝於由摩門教徒所建造的猶他中央太平洋鐵路（Utah Central Pacific Railroad），它是在「橫貫鐵路」（Trans）通過後，首條興建於該州的鐵路。

地球的角度來看待整個情況：「我們在地球中央，共有長度超過3,219公里的無人荒野；和我們位於地球同一邊的歐洲，人民挨餓窮困，而地球的另一邊以及整個亞洲更是貧苦，所有人似乎都需要這項偉大工程的完成。」

橫貫鐵路的可能路線已在湯瑪斯・傑佛遜（Thomas Jefferson）執政時期經過探究，但是該路線除了需要結合鐵軌和河道之外，還需藉助貨車，光是船和鐵路的組合並無法令人滿意。惠特尼堅稱：「對利用鐵路或其他方法直接跨越美洲大陸，在我之前不曾有人提出成熟的計畫」，他估計從密西根湖到太平洋的距離是3,267公里。使用每碼64磅（29公斤）的重軌（heavy rail），並且採用不小於1,800公釐的軌距或路寬，他預估成本為每1.5公里2萬美元，另加上機械裝置和修理費用。不僅如此，他還寫到，整個工程能夠在不向國庫要一塊錢的前提下完工。然而，惠特尼的所有預測都是空談。

美國注定成為全球最富有的國家，全都要歸功於充足的可開發資源，使他們在經濟上能夠自給自足，然而，如同惠特尼所指出，富饒的東岸因沙漠、曠野和落磯山脈（Rocky Mountains）而與西岸隔絕，與加州、俄勒岡州和華盛頓州隔絕。

亞伯拉罕・林肯（Abraham Lincoln）從執政初期，就瞭解到這個國家面臨在經濟上分裂成東部和西部的危險，就好比南北戰爭差點造成美國分裂成兩個國家。如同惠特尼，林肯也深信鐵路能統合分裂，因此他進而於1862年推動國會通過〈太平洋鐵路法案〉（Pacific Railroad Bill）。

然而，南北戰爭（還有林肯遭邦聯支持者刺殺）讓美國又拖了七年之久，才完成其「昭昭天命」（manifest destiny）。那時大家都有同樣的想法，白人擁有絕對的權利去征服並控管整個西部。

> **我們十分感激鐵路的存在，就像感謝上天引導我們迅速走出黑暗，助我們避開如此之多的危險。**
>
> R・L・史蒂文森，《橫渡平原》（*Across the Plains*, 1892）

贈地發放

聯合全國的任務最終落到兩家公司身上：東岸的聯合太平洋鐵路公司，以及西岸的加州中央太平洋鐵路公司，政府提供他們協助，並且給予

大量贈地。這兩家鐵路公司得到的贈地呈棋盤式地分布在軌道其中一邊，總面積大於德州。其中，許多都是原住民的領地，而他們的權利被漠視。1872年，畫家約翰・蓋斯特（John Gast）創作了一幅美國原住民逃離列車的畫：《美國的進步》（*American Progress*），畫中，哥倫比亞（Columbia，美國和女性的象徵，直到她的地位被自由女神取代）身後引領著現代化的產物──犁、書、鐵路和電線，從明亮的東部大步跨向陰暗的西部。

　　M.A.可能也對這種狀況有所感觸，他確切地寫下：「偶然出現的印第安人，皮膚黯沉偏紅，半未開化、但又顯得高尚，冷眼看著我們從他面前經過。」他不禁自問：「那個高貴的未開化民族，是不是統治部落和率領輝煌征途的人呢？」

「四大天王」

　　M.A.讚美五金器具商、食品雜貨批發商以及布商所扮演的角色，「這些沙加緬度的居民，共同拼湊出連結東西岸的構想，他們的成就足以在英勇事蹟的歷史寫下重要的一頁，再怎麼引以為傲都不為過。」

昭昭天命

約翰・蓋斯特描繪飄逸似仙的哥倫比亞，在帶領鐵路穿越美國的同時，也驅離了原住民。

華人勞工

✦

詹姆斯‧史托布里奇被華人移民取了個「跛腳獨眼龍」的綽號（他在一次爆炸中失去一隻眼睛），他一開始極為抗拒招聘華人勞工。後來證實，華人實為勤奮的工作者，史托布里奇的態度也因此軟化。華人藉助新型的強力炸藥硝化甘油（nitroglycerine）炸穿山脈。約12,000名華人工人沿著由工程師泰德‧猶大（Theodore Judah）勘察的路線施工，該工程師是來自康乃狄克州（Connecticut）的牧師之子，在他因黃熱病過世之前，一直是此路線的總工程師。

上述「四大天王」分別是：李蘭‧史丹佛、柯利斯‧漢庭頓（Collis Huntington）、查爾斯‧克羅克（Charles Crocker）以及馬克‧霍普金斯（Mark Hopkins）。史丹佛是民選產生的加州州長（同時也是史丹佛大學〔Stanford University〕的創辦人），他是做為鐵路門面的政治人物；漢庭頓雖與大眾保持距離，但仍保有財務上的影響力；霍普金斯是不苟言笑的記帳人，他和其他三位一樣，都因為拿到政府資助而在舊金山蓋了一棟公寓；克羅克則是這條路線的建設統籌，他指派詹姆斯‧哈維‧史托布里奇（James Harvey Strobridge）來負責監督。

在此同時，位於東岸的聯合太平洋鐵路正駛向他們，該公司的勘測員後面跟著一大群負責挖土、整平、造橋的工人與鐵匠。在鐵路出現之後，諸如朱爾斯堡（Julesburg）和懷俄明州的夏安（Cheyenne）、拉勒密（Laramie）等小鎮紛紛湧現，而新拓居民在鐵路沿線進行的建設，幾乎成為日後跨洲鐵路的標準設施。

M.A.在西進旅途中訪問到一位來自奧馬哈的男士，他解釋道：「我們不是只會癡癡等待人口增加，我們的做法是訂下非常困難的計畫，然後一路奮力過關斬將，努力完成它。從奧馬哈到夫里斯科（Frisco）路段的美國橫貫鐵路，就是這樣完成的。然後，人們就像綿羊跟著繫鈴羊（繫著鈴鐺、領著羊群的結紮公羊）般隨之而來。」

聯合太平洋鐵路終於在猶他州的海角峰（Promontory Summit）與中

四大天王
查爾斯‧克羅克、馬克‧霍普金斯、柯利斯‧漢庭頓以及李蘭‧史丹佛，他們都是提出連結東西岸這個構想的背後策劃人。

央太平洋鐵路會合。用以慶祝此盛事的儀式經過精心策劃：1869年5月
10日，象徵性的「最後一根釘」，特別鍍上金，並由李蘭・史丹佛敲入軌
道。不過它很快地就被移除並換上一般的鋼釘。兩輛機車頭同時間行駛，
直到他們的排障器互相接觸。工人們爭先恐後地爬上車，並擺好姿勢讓攝
影師拍照（在日後的印刷品中，他們舉起致敬的酒瓶經常被消除，以免惹
怒禁酒運動的支持者）。

　　儘管1900年代早期的鐵路已不再經過海角峰，但是這無法磨滅美國
東西部經由鐵路相連的重大歷史含義。如同M.A.向其讀者的形容：跨洲
鐵路，亦常作「跨陸鐵路」（Overland Route），它為美國遠西區（Far West）
開闢山脈、溪谷和曠野，這些地方現在都能輕易地到達。他也語帶滿足地
承認：

　　「在我小小鐵路之旅的終點，我未
曾從桃花心木箱裡拿出那把左輪手槍，
（而且）舊金山的文明給我遠遠超過紐
約的印象：加州是全美最富足也最美好
的地方。」

查麥斯港鐵路
Port Chalmers Railway

區域：紐西蘭

類型：貨運

長度：12公里

◆ 社會
◆ 商業
◆ 政治
◆ 工程
◆ 軍事

正當美國設法發明利用鐵路運送冷凍肉品的方法時，一條短小的紐西蘭鐵路也努力為歷史做出貢獻，這都要感謝一位熱心鐵路支持者的幫助——尤勒斯・沃格爾（Julius Vogel）。

冷凍肉品交易

紐西蘭的總督在1873年啟用一條從丹尼丁（Dunedin）延伸至查麥斯港（Port Chalmers）的新鐵路，這項工作原本應該交由新的總理尤勒斯・沃格爾執行。沃格爾甚有遠見，他不論對鐵路或對婦女選舉權的支持，皆投注相當大的熱情。他近來向倫敦金融市場借貸大筆金額，用以資助全國鐵路網的建立，期望能夠藉此促進紐西蘭經濟。此舉奏效了。

九年後，一艘外觀奇特的快速帆船（clipper）停在查麥斯港裝貨。這艘船名為「丹尼丁號」（Dunedin），是以奧塔哥政區（Otago，紐西蘭的南島〔South Island〕）的首府命名（同時也是愛丁堡〔Edinburgh〕的蓋爾語〔Gaelic〕說法），它的帆之間有根煙囪，看起來像半蒸汽動力、半帆力的船型。不過，它的蒸汽動力其實是經營者為了讓冷凍櫃持續運作，藉此保持貨物的冷凍狀態直到抵達倫敦的動力來源。查麥斯港鐵路隨即派上用場。綿羊、羔羊和豬隻先在鐵路盡頭附近的托塔拉莊園（Totara Estate）宰殺，再以冰塊覆蓋，然後利用火車運往碼頭。這條鐵路同時也將野兔、野雞、火雞、小雞、奶油和2,200根羊舌運至碼頭。這些肉在以棉布包裝

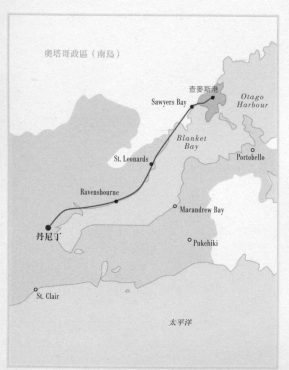

紐西蘭
通往南島丹尼丁附近海港的短小鐵路，在冷凍肉品交易上扮演歷史性的角色。

並運上船後，丹尼丁號即揚起風帆出發。當它在近一百天後於倫敦靠岸，來自紐西蘭的肉還是跟宰殺當天一樣新鮮。該經營者開始經手紐西蘭的國際冷凍肉品交易，並且因此賺進大把利潤（丹尼丁號和船員就沒這麼幸運了：這艘船於1890年沉沒，完全無跡可循）。

幾年前，古斯塔夫・富蘭克林・斯威夫特（Gustavus Franklin Swift）於美國設法實現以特殊冷凍車廂載運肉品的構想。斯威夫特是瞭解肉品的人，他父親原是肉販，他懂得如何趕牛，並且負責將肉牛趕往市集販賣。然而，運送家畜的生意利潤不夠：動物會在途中死亡或體重下降，雖然已經利用古老的技倆，在整個旅程都不供水予家畜，如此一來，牠們在抵達市集時才會喝得多，進而在市集日擁有漂亮的體重數字。

1870年代中期，斯威夫特搬到鐵路重鎮芝加哥，並任職於聯合屠宰場（Union Stock Yard）。芝加哥是重要的鐵路樞紐，連結北美大平原（Great Plains）及位於東部的市集，前者是飼養家畜的地方，後者則是家畜成為食物的地方。有份報紙記載：「『牲畜之都』與芝加哥之間有條27公里的鐵路，我們在1869年，共透過它運送了50萬頭牛和超過150萬頭豬至芝加哥。」斯威夫特將所有幹勁奉獻於車廂設計上，期望它們能讓肉在抵達東岸時，就如同從西岸運出時一樣鮮美。

他早期的實驗性有頂貨車，或稱為「冷凍貨車」（reefer），只有在冬天才能發揮應有的效能。後來的作品則是一開始沒有問題，但是一遇到火車轉彎，就會因為所有畜體同時滑到一側而造成火車出軌。由於專用車廂問題層出不窮的形象揮之不去，導致在他終於推出隔熱效果佳且平衡良好（冰塊置於肉上）的車廂時，沒有任何鐵路公司願意與之合作。斯威夫特於是將他們拋到一邊，轉而前往說服加拿大的大幹線鐵路，請他們經由密西根把肉品運進加拿大。之後，他成立自己的斯威夫特冷凍貨運公司（Swift Refrigerator Line），很快地，他的公司每週可以運送3,000具畜體的肉至波士頓。鐵路徹底改變了肉品事業。

包裝檢驗

✦

肉品、冷凍運輸與鐵路的結合，不僅顛覆紐西蘭、澳洲和美國等國家的農業市場，也對阿根廷和巴西等國造成同樣的影響。此新興事業並非一帆風順，作家厄普頓・辛克萊（Upton Sinclair）曾任職於肉品包裝廠，藉此為其在1906年出版的《屠場》（*The Jungle*）進行調查。任職期間，他對肉品腐壞和粗劣品質控管的指控，造成芝加哥消費者強烈反彈。這本書後來成為暢銷書，其中揭發的可疑事項促使政府針對肉品包裝產業制定法律，並定期進行檢驗。

加拿大太平洋鐵路
Canadian Pacific Railway

區域：加拿大

類型：客運、貨運

長度：3,219公里

◆ 社會
◆ 商業
◆ **政治**
◆ 工程
◆ 軍事

1871 年，不列顛哥倫比亞（British Columbia）在一個附帶條件下，同意加入加拿大：加拿大必須以鐵路將他們結合在一起。加拿大的第一條橫貫鐵路比預定時間早了六年完成，它不只平息了一場叛亂，還成功讓整個國家合而為一。

橫越大陸

　　加拿大西臨太平洋、北臨北冰洋（Arctic Ocean）、東臨大西洋，境內擁有部分落磯山脈、五大湖（Great Lakes），以及浩瀚的哈德遜灣（Hudson Bay），此海灣命名自一位英國探險家，他在1611年遭到一群反叛份子放逐，從此人間蒸發。這個世界第二大的國家在全球佔據了廣大的面積。

　　加拿大在未來成為一個包含十個省份的聯邦政府，並擁有三條橫貫鐵路，不過，於鐵路時代初期，這個地區仍在設法成為一個國家。於法國被迫將其北美殖民地割讓給英國後，加拿大在1867年〈英屬北美法〉（The British North American Act）的規範之下誕生。儘管該法令創建了整個加拿大自治領（Dominion of Canada），但是某些部分有所遺漏：加拿大政府於1870年，以30萬英鎊從哈德遜灣公司（Hudson Bay Company）「買下」的地方就是其中之一。維多利亞女王慈愛地將該地命名為不列顛哥倫比亞。

北美
加拿大太平洋鐵路以溫哥華（Vancouver）做為西部的終點站，它也是加拿大橫貫鐵路的第一個終點站。

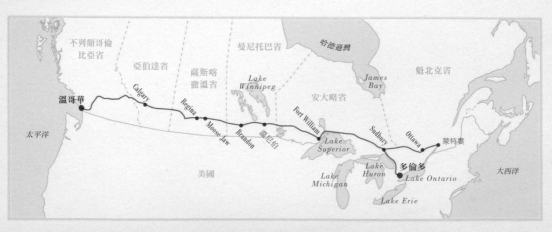

不列顛哥倫比亞在淘金熱過後，債台高築，他們也清楚地知道假如併入美國，讓美國的西岸一路從華盛頓州延伸到阿拉斯加會有多好，但是他們還是決定併入加拿大，條件是加拿大必須為其興建鐵路，使之得以和這個國家的其他地區相連結（彼此也有心照不宣的認知，瞭解債務將由母國代為處理）。

1871年7月，不列顛哥倫比亞成為加拿大聯邦的第六個省份。1885年，隨著最後一根釘被敲進伊格爾山隘（Eagle Pass）的兩條路線之間，連至母國的「加拿大太平洋鐵路」正式通車。伊格爾山隘位於落磯山脈臨近克雷拉契（Craigellachie）的地方。

加拿大的首位總理約翰·麥克唐納，承諾鐵路將串起整個國家，「讓我們不再需要受限於美國的束縛、工具、貨物，也可以擺脫所有為了讓我們的道路無用武之地，而執迷於美國鐵路的大小騙局。」被暱稱為老酋長（Old Chieftain）的麥克唐納（他也有個綽號叫「老明天」〔Old Tomorrow〕，暗示他嗜酒成性），他想從加拿大對美國以小搏大的形象獲得政治資本。然而，這條鐵路不論對建造者或麥克唐納都不甚順遂。加拿大太平洋鐵路是條連結北美東岸英國殖民地的跨殖民地鐵路，它於1876年完工，但是，在1874年開始建造時，麥克唐納和他的政府皆因

雪崩的風險
軌道上搭建著防雪廊（snow shed），以保護可能在嚴冬受雪崩威脅的加拿大太平洋鐵路列車。

涉及大量政治獻金的財務騙局而被迫下台。而鐵路建造者則是在安大略省（Ontario）北部面臨長1,609公里的亂石荒原，不僅如此，還有溫尼伯（Winnipeg）外的另外1,609公里荒蕪草原，以及棘手的落磯山脈，全都等著他們來克服。

約翰・麥克唐納重新回到政治舞台，他於1881年1月堅稱，這世界第一長的鐵路「將充滿活力地、接連不斷地、有系統且成功地興建與運作下去，直到加拿大成為一個出色的自治領。」他的承諾尤其仰賴兩個人來實現：蘇格蘭佃農的孫子喬治・史蒂芬（George Stephen），以及可靠度遠遠勝出的美國人威廉・范・霍恩（William Cornelius Van Horne），他被請來讓逐漸衰落的營運狀況起死回生。

史蒂芬在移民至蒙特婁（Montreal）後，成立了一家公司，他和事業夥伴聯手翻轉了明尼蘇達（Minnesota）一條奄奄一息的鐵路，並在獲利的情況下售出。現在，他再次和事業夥伴（包含來自哈德遜灣公司的唐納・史密斯，以及來自美國的鐵路建造商詹姆斯・希爾〔James J. Hill〕，他是名擴張主義者〔expansionist〕）一同合作，成立加拿大太平洋公司（Canadian Pacific Company），轉而致力於橫貫鐵路的工程。

有兩名勘測員負責評估這條長達3,129公里的鐵路：史丹佛・佛萊明（Sandford Fleming, 請見第132頁左欄）和羅傑

天然氣

◆

1883年，氣溫驟降至-55℃，《卡加利先鋒報》（*Calgary Herald*）指出一項不尋常的發現：「在朗之萬（Langevin, 即美迪辛哈〔Medicine Hat〕西方的第四支線），發生了一個相當奇異的現象。挖井工人在挖鑿至340公尺時，仍未發現水，卻有某種氣體噴出管道，假如點燃該氣體的話，所產生的火焰應該足以照亮整個周圍區域。這些工人仍試圖繼續挖掘，以尋找水源，不過，由於安全上的疑慮，當晚他們放棄開挖。」加拿大太平洋鐵路的工程師在挖掘供應蒸汽機車頭使用的水源時，意外發現天然氣。

斯少校（Major A.B. Rogers）在走過途中的森林、河流、厚苔沼（muskeg）和高山後，他們瞭解到，假如要維持鐵路平坦，就必須為每座山谷搭建橋梁。

數以千計遠從歐洲前來的鐵道工投入此鐵路的興建工程，冬天裡，他們在-40℃的氣溫下工作；夏天則深受成群黑蠅和蚊子的侵擾，這些昆蟲帶來疾病和傳染病。共9,000名華人也成為這些鐵道工的一員，他們被取了個綽號叫「coolie」（小工），它衍生自印度文用以形容受雇人士的名詞，儘管他們所受的待遇與奴隸僅有一線之隔。他們的工資低下，同時被分派至最危險的路段，經常需要負責處理炸藥，而且，假如受傷了也拿不到補償。倘若他們死於工作，家人也只會從其他工人同伴中聽到這個消息。當這條鐵路完工時，甚至還出現更嚴重的不公平待遇：政府食言而肥，拒絕讓他們的家人一同移民至加拿大（2006年，政府終於正式向亞裔加拿大人感謝他們為橫貫鐵路做出的貢獻）。

制伏革命

隨著厚苔沼吞噬鐵路工人的浮式基礎（有些地方必須採用長12公尺

> **在這個偉大的工程完成以前，我們的自治領只不過是地理上的表述而已。**
> 約翰・麥克唐納，加拿大首任總理

層層架高的木材
蒸汽機車頭通過位於不列顛哥倫比亞山溪（Mountain Creek）的鐵路橋。這座橋於1885年建造完成，共使用超過4,719立方公尺的木材。

的枕木來分散重量），鐵路不但榨乾了政府的津貼，也用
盡唐納・史密斯和喬治・史蒂芬的好運。直到薩斯喀徹
溫省（Saskatchewan）一次令人措手不及的事件後，政府
才願意投入金融援助。路易・瑞爾（Louis Riel）是曼尼托
巴省（Manitoba）創建者的反抗運動領袖，在被流放後，
再次回到加拿大，並率領當地原住民梅蒂人（Métis）起義
反抗。由於政府急於鎮壓此次叛亂，所以他們聽從范・
霍恩的建議，決定藉助鐵路的幫忙。來自加拿大太平洋公
司的范・霍恩搶在反抗軍之前倉促鋪設臨時軌道，進而
協助這場革命得以平息。心存感激的政府這才籌措資金
來完成鐵路興建，瑞爾則在1885年，於鐵路完工後的第
九天被處以絞刑，儘管他曾請求寬赦。

　　此時，加拿大太平洋公司的金庫幾近淨空，他們開
始透過火車業務重新填滿，並且拓展業務至蒸汽船、明
輪式遊輪、飯店和天然氣（請見第130頁左欄）。接著，
他們更將觸角延伸到屠宰場、航空公司、巴士及林業，並
於加拿大第一條橫貫鐵路通車的一世紀後，成為全加拿大第二大企業。

　　加拿大太平洋公司開始著手於安頓加拿大西部，他們的海外仲介銷售
完整的加拿大太平洋套餐，其中不僅包含便宜的土地，也提供交通票券，
供移民乘坐他們自家輪船和火車上的特殊拓殖者車廂（colonists' car，請見

修繕業務
1904年，加拿大太平洋鐵
路公司於蒙特婁的安格斯
（Angus）開設一座鐵路機
廠。該機廠也經營運輸工具
的修繕業務。

發展成熟

加拿大的三條橫貫鐵路為國家注入心血。1901~1921年間，幾近200萬人從英國移民至此。

（第135頁右欄）。有些人會越過第二道邊境前往美國，不過，美國橫貫鐵路在1890年延伸至舊金山，並且完成西部的安頓作業，從此不再對加拿大開放移民。因此，就如同加拿大太平洋公司的廣告台詞，加拿大的西部成了「最棒的西部最後淨土（last best west）」。

總理約翰‧麥克唐納贈予加拿大太平洋公司豐厚的土地和金錢，以幫助當地的移民活動，尤其是肥沃月彎（fertile crescent）地形的大草原，介於亞伯達省艾德蒙吞市（Edmonton, Alberta）、薩斯喀徹溫省里賈納市（Regina）和曼尼托巴省溫尼伯市之間。加拿大太平洋公司在移民交易上表現出色，因而說服威廉‧麥肯錫和唐納‧曼（Donald Mann）買下土地和鐵路路線，用以打造第二條橫貫鐵路。加拿大北部鐵路公司（Canadian Northern Railway）計劃讓鐵路從不列顛哥倫比亞的溫哥華島（Vancouver Island）延伸至新斯科細亞省（Nova Scotia）的布雷頓角島（Cape Breton Island）。他們買下五大湖上的蒸汽船，併吞數條較小的鐵路，並且興建蒙特婁的皇家隧道（Royal Tunnel），以及一條穿過不列顛哥倫比亞地獄門（Hells Gate）的路線（這項工程導致嚴重的環境災害，某次爆炸造成山崩，不僅堵住夫拉則河〔Fraser River〕的部分河道，也阻擋了自古以來的鮭魚洄游路線）。1915年1月，這條鐵路敲下最後一根釘。此時，第三條橫貫鐵路也加入戰局：大幹線鐵路（Grand Trunk Railway）。

1867年，大幹線鐵路已經構築超過2,055公里的軌道，主要是沿著東

海岸線舖設。當時，它是全世界最大的鐵路，其橫貫路線將延伸至西岸的新城鎮：位於溫哥華北方的魯伯特王子港（Prince Rupert）。它奮力克服總總常見的阻礙，例如嚴冬、厚苔沼等，有時，勘測員走進荒漠就再也沒有出現，而聖羅倫斯河（St. Lawrence River）上的魁北克大橋（Quebec Bridge）建設接連失敗（請見第180-181頁），同樣是難解之苦。終於，它得以於1914年通車。

資金流入

這條橫貫鐵路的資金來自於倫敦投資者，背後的驅動力是查爾斯・梅爾維爾・海斯（Charles Melville Hays）。海斯從17歲就開始接觸鐵路，並且負責建造其家鄉密蘇里州聖路易市與俄克拉荷馬州土爾沙市（Tulsa, Oklahoma）之間的鐵路。在他年近50歲時，以穩健的腳步逐一克服障礙，打造出加拿大的第三條橫貫鐵路。海斯在鐵路通車前就過世了，1912年，他從倫敦出差返國時搭上「鐵達尼號」（R.M.S. Titanic），而那艘船撞上冰山沉沒。他在幫助女性登上救生船後溺斃（另一位死於鐵達尼號的鐵路高層人員是賓夕法尼亞鐵路的約翰・賽耶〔John Thayer〕，他的妻兒則幸運獲救）。

上述三條橫貫鐵路皆將移民帶入「大草原省份」，諸如曼尼托巴省、薩斯喀徹溫省和亞伯達省等。在這些地方，農人會被賜予160英畝的土地，只要他們能證明自己符合資格：支付10美元報名費，以及確實動工建設，還得居住在該土地上至少三年。那些在山楊林區（aspen parkland）開闢出自己家園的農人吃了不少苦頭，不過，一切都隨著1890年代的小麥價

格上漲和種子、機械獲得改善而開始好轉。

　　海斯的大幹線鐵路拒絕政府曾給予加拿大太平洋鐵路的施捨，儘管如此，它卻透過每隔16-24公里建立一座新城鎮來賺取資金。每一座新城鎮都與上一座雷同，座落在標準的網狀街道上。各城鎮的命名皆是由鐵路公司高層負責，命名方式十分隨興。

　　大幹線鐵路公司還推出了「草原崗哨」（prairie sentinel），它是一種高聳且裝有升降機的穀物筒倉（grain silos, 以奧利弗・埃文斯的設計為依據），用以取代綿延於鐵路旁的穀倉，因為舊式穀倉不論裝填或清空都極其費時（穀物事業促使史蒂芬和范・霍恩成立森林之湖碾磨公司〔Lake of the Woods Milling Company〕，以及其知名的五玫瑰〔Five Roses〕品牌）。

　　1901-1921年間，光從英國前來建造鐵路的移民就達200萬人。英國工人優先於不受歡迎的亞洲人，諷刺的是，率先協助鐵路興建的正是亞洲人。加拿大特別對來自中國和日本的移民徵收人頭稅，而且另有繁文縟節來阻止印度移民直接進入。

　　1921年，加拿大將鐵路收為國有，移民作業也差不多結束了。託鐵路的福，加拿大終於發展成熟。

拓殖者車廂

✦

加拿大橫貫鐵路上出現過許多特殊列車，移靈列車也是其中之一，用以運送甫於1891年過世的總理約翰・麥克唐納，以及1915年過世的加拿大太平洋鐵路總裁威廉・范・霍恩。英國國王喬治六世（George VI）則曾於1939年搭乘巨大的「皇家哈德遜號」（Royal Hudson）。相較於它們，拓殖者車廂顯得簡單得多。拓殖者車廂是從之前的頭等車廂改裝而成，配備除了有油性木地板、能折疊成床舖的橫木椅之外，車廂兩端各有一間廁所，以應付車廂內72人的需求。另外，還備有一個小型爐灶，供加熱和烹煮使用。儘管只有基本配備，但是許多人皆在其中覓得結婚對象和一輩子的友情。

「最棒的西部最後淨土」
舖設穿越曠野的軌道。鐵路使得內陸地區開放移民，許多鐵路建造者也決定在此新地區定居。

耶路撒冷─雅法鐵路
Jerusalem to Jaffa Railway

區域：以色列

類型：軍用、客運、貨運

長度：87公里

◆ 社會
◆ 商業
◆ 政治
◆ 工程
◆ 軍事

雅法（Jaffa）通往耶路撒冷（Jerusalem）的鐵路興建於全球最熱門的景點之一，它沒有屈服於政治考量，卻輸給了汽車。然而，一世紀之後，它成為中東鐵路新時代的象徵。

朝聖路線

耶路撒冷是全球最古老的城市之一，它直到軌道運輸誕生近一世紀後才進入鐵路時代。儘管如此，他們還是起步得很慢。第一條路線於1892年延伸至雅法的舊港口，它也是中東的第一座火車站。耶路撒冷對猶太教徒、伊斯蘭教徒和基督教徒都很重要，這條路線應當可以受惠於朝聖的人潮，然而，這座火車站卻於1948年關閉，此路線也遭到廢棄。

英國金融家摩西斯・蒙地費爾（Moses Montefiore）持續不斷地宣導建造耶路撒冷鐵路的想法。他在1827年首次前往聖地（Holy Land）後，除了認為自己應當過更正統的生活（從此以後，他旅行時都會隨身跟著一名符合猶太教規的私人專屬屠夫）之外，也認為應設法說服英國首相巴麥尊勳爵下令興建耶路撒冷到雅法的路線。統治耶路撒冷的鄂圖曼（Ottoman）政權始終不願表態支持，在某個英國勘測團隊估計興建成本將是每公里4,000英鎊之後，更是如此。

蒙地費爾並未放棄。他於1857年請鐵路工程師重新評估該路線，然而，他的企畫書仍舊無法獲得支持，而其他來自美國、法國、德國工程師的類似提案同樣全軍覆沒。終於，1885年，耶路撒冷的聰明猶太拉比

撒馬利亞

地中海

雅法

Beit Dajan
Lod
Ramla
Gibeon

約旦河

耶路撒冷

猶地亞

死海

猶大山脈

聖地
英國銀行家摩西斯・蒙地費爾，大力推廣從雅法通往耶路撒冷的鐵路路線。

（rabbi）之子約瑟夫・納馮（Joseph Navon），成功說服鄂圖曼當局同意建造鐵路。納馮迅速將其獲得的許可送至巴黎，並以100萬法郎的價格售予柏納德・科拉斯（Bernard Collas）和科拉斯的雅法鄂圖曼鐵路公司（Société du Chemin de Fer Ottoman de Jaffa et Prolongement）。

　　有了猶太人的宣導、土耳其人的核可，再加上法國人的資助，這條路線成了一項合作企畫。

在開始動工後，有所貢獻的國家名單更是越來越長：來自瑞士和奧地利的土木工人、狡猾的英國煤礦商，以及比利時的軌道建造商（雖然有傳言指出，斐迪南・德雷賽布銷售的是遠從巴拿馬鐵路留下來的舊庫存）。賓州的鮑德溫機車頭製造廠販售他們的機車頭，法國則是提供其他一切所需，甚至包含六座居斯塔夫・艾菲爾（Gustave Eiffel）的鐵橋（他當時已經完成世界知名的巴黎鐵塔）。當裝飾著法國國旗和美國國旗的首班列車駛進耶路撒冷時，共有1萬人齊聚歡慶。

> **那可憐的雅法 — 耶路撒冷小鐵路。**
> 西奧多・赫茨爾（Theodore Herzl），猶太領袖

　　不過，1892年9月的通車儀式僅僅只是短暫的成功。該列車需三個小時才能走完全程，速度幾乎跟傳統馬車一樣慢，而且，儘管貨運量增加，也有幾個村落沿著軌道安頓下來，但是觀光人數仍十分稀少。有位乘客寫道，他可以在行進中步下慢悠悠的火車，為他的植物收藏採集花朵，然後再走上車，完全不會來不及跟上。

　　第一次世界大戰，土耳其和德國等組成的同盟國（Central Powers）拆除這條路線的一部分，藉此保護其不受協約國（Allied Powers）位於沿岸的船隻砲擊。所拆除的軌道被挪去另一條新路線，用以連接漢志鐵路（Hejaz Railway）介於大馬士革（Damascus）和麥地那（Medina）之間的路段（稱為「阿拉伯的勞倫斯」的T・E・勞倫斯〔T. E. Lawrence〕，和其阿拉伯游擊隊不斷破壞漢志鐵路）。在軍隊撤退時，他們炸毀了所有橋梁。英國後來修復這條路線，但是在以色列鐵路（Israel Railways）的管理之下，它仍不斷衰落，直至最終關閉。

　　原本，這就是故事的結局，幸虧有了高速鐵路（high-speed railway）的出現和交通壅塞問題。2001年，由於鐵路乘客數量幾乎在十年內成長三倍，以色列開始為高速鐵路進行一項旗艦計畫。雅法至耶路撒冷的路線也因此重獲新生。

高速進展

◆

21世紀，包含以色列在內的許多國家皆開始策劃新的高速鐵路。現代鐵路建造商必須對付環境保育問題，而在雅法至耶路撒冷的路線上，施工團隊還必須將對益拉河（Yitla Stream）所造成的環境影響降至最低，這是在《聖經》內具有重要意義的地方。此外，在中東情勢益發緊張的同時，部分評論家推測，以色列的高速鐵路若能連結紅海和地中海，說不定能與蘇伊士運河匹敵。

高地鐵路
Highland Railway

區域：蘇格蘭

類型：貨運、客運

長度：386公里

◆ 社會
◆ **商業**
◆ 政治
◆ 工程
◆ 軍事

19 世紀的評論家曾警告，鐵路會掏空鄉間，並且從此改變傳統都市的市場。他們說得沒錯，不過，這些改變最後為都市和鄉間的人們都帶來好處。

混亂與不幸

「（鐵路）將為社會帶來不自然的刺激，摧毀人與人之間的既有關係，推翻所有商業規範，顛覆大都市的市場，榨乾鄉間所有的資源，並且造成危及性命的各種混亂與不幸。」1835年，知名週日報《約翰牛》（*John Bull*）的編輯在完成抨擊鐵路的文章當下，旁人可以聽到威士忌酒瓶用力撞擊桌面的聲音。他當時無從得知，他的蘇格蘭威士忌和他最喜歡的芥末牛肉餐之後會如此受惠於鐵路時代，更不會知道，原本需耗時四十三小時的愛丁堡之旅，很快地就會因鐵路而縮短至不到十一小時。

蘇格蘭的驕傲
在鐵路延伸至蘇格蘭高地（Highlands）後，蘇格蘭人和蘇格蘭釀酒廠迅速為當地產品開發出利潤更高的新市場。

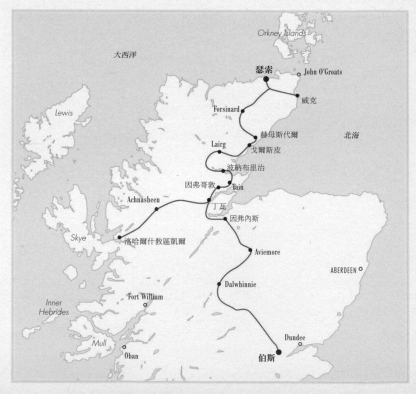

在該編輯針對鐵路的恐嚇言論中，沒提到的是當時社會的病態。工業革命和鐵路就像磁鐵行經鐵屑般，將鄉下的居民一路帶往城市，但是，他們在城市裡的飲食起居，大多無法得到妥善的照料，以至於到了1913年，軍方深為他們在都市徵募的新兵健康和身材感到氣餒，他們經常體重過輕、營養不良，或是因為罹患結核病或佝僂病（ricket）而不適任。然而，要不是19世紀的鐵路，他們的健康狀況可能更加糟糕。

鐵路運輸服務將新鮮食物運進大都會區。相較於《約翰牛》編輯過的生活和幫編輯拿取鉛印打樣（galley proof）、手指沾滿墨水的印刷工所過的生活，宛如天壤之別。不過，到了1800年代中期，他們餐盤中的所有食物幾乎都是來自於鐵路，沒有什麼不同。鐵路將賺得的錢回饋予各郡；它們改變了鄉間的面貌，各地區開始開發更有銷路的當地特產。這些改變隨著鐵路傳遍全世界，好比肯特郡（Kent）成了著名的「英格蘭花園」（England Garden），巴西因咖啡而聞名世界，古巴的雪茄深受歡迎，而阿根廷的牛肉聲名遠播。

高地鐵路供應新鮮的牛肉和魚肉。因弗內斯與那恩鐵路（Inverness and Nairn Railway）於1855年11月通車，一開始是由因弗內斯的居民來贊助。它很快地延伸到南部的伯斯（Perth）（也連結至全國各地的主要路線），以及北部的丁瓦（Dingwall）、因弗哥敦（Invergordon）、波納布里治（Bonar Bridge）、戈爾斯皮（Golspie）、赫母斯代爾（Helmsdale）、威克（Wick）和瑟索（Thurso），還有位於蘇格蘭西部沿海的洛哈爾什教區凱爾（Kyle of Lochalsh）。到了1898年，整個高地鐵路網建構完成（加上過去四十年間興建的支線，總軌道長度剛好超過386公里）。觀光事業促使客流量增加，特別是在「光榮十二日」（Glorious Twelfth）期間。這段期間，浮誇的編輯可能跟著上流社會人士一同在蘇格蘭沼地獵殺松雞，不過，讓高地鐵路獲利最豐的還是其貨運服務。

蘇格蘭釀酒廠打從最初就很支持這條路線。1895年，座落在羅斯郡

高地之路
跨越克羅登沼澤（Culloden Moor）的高架橋長度位居蘇格蘭之最，它就位在克羅登戰役（Battle of Culloden）的東方，並且跨越因弗內斯（Inverness）外的那恩河（River Nairn）。

難道有人真會認為，體面優雅的人會願意在鐵路上倉促急駛而過？
《約翰牛》週日報編輯，1835

（Ross）的巴布萊爾釀酒廠（Balblair Distillery）搬遷至鐵路旁，格蘭菲迪（Glenfiddich）和格蘭傑（Glenmorangie）等知名釀酒廠，也因為鐵路促進市場不斷擴張而變得更加知名。肉品交易同樣因鐵路而有了不一樣的面貌，產於高地的牛肉迅速運往首都。就連芥末罐裡裝的東西也是來自鐵路。1823年，諾福克郡的磨坊業主耶利米・科曼（Jeremiah Colman）開始將磨碎的芥末籽混和成膏狀，並設立公司，藉此與法國第戎（Dijon）的芥末大廠相競爭。約在三十年後，他將公司搬遷至諾福克鐵路（Norfolk Railway）旁，那是擁有自家工廠專用支線的地點（該鐵路當時是東部各郡鐵路的一部分），他的事業隨之平步青雲。科曼特色十足的黃色粉末運送至世界各地，讓遠在孟買和雪梨的大英帝國建設者，都能擁有爽暢的味覺享受。（科曼的努力促使其他食品製造商跟進，例如理察和喬治・凱伯利兄弟將其巧克力工廠設在伯明罕的史特區利車站〔Stirchley Station〕旁，亨利・泰德〔Henry Tate〕和亞伯拉罕・萊爾〔Abraham Lyle〕的糖廠則設在倫敦西銀城站〔West Silvertown〕，1923年，費城的醃漬食品製造商亨利・亨氏〔Henry Heinz〕，也將工廠設在倫敦的威爾斯登站〔Willesden〕。）

都市市場

不論牛肉或威士忌，都不是一般東倫敦家庭負擔得起的，即使有工作的人也需要仰賴當舖維生。1900年代早期，軍人之女凱娣・蒂姆（Katy Deem）回想到：「當舖業者最瞭解他人的境況。一大包衣服只能換得0.5克朗（crown）……然後你必須在週末設法賺得0.5克朗才能將它們全部贖回。」像凱娣這樣的小孩，健康狀況因牛奶而獲得改善。然而，1860年代爆發一場牛瘟（rinderpest），造成倫敦市的乳牛大量死亡，其中許多都是窮人偷偷養在牛棚，用以自給牛奶的牛隻。

牛奶開始透過火車流進城市裡。在卡馬森郡（Carmarthenshire）、朋布洛克郡（Pembrokeshire）、德文郡、康瓦耳郡和柴郡（Cheshire）等鄉下地

非此不可
足智多謀的耶利米・科曼將其工廠搬遷至諾福克鐵路旁。

方的乳牛場，開始根據乳業列車（milk train）的路線來規劃經營模式，就連之前的鐵路人士也開始參與。1833年，來自威爾斯邊境的小伙子愛德華‧馬修斯（Edward Matthews），離鄉背景前往美國，並在芝加哥和紐約之間的鐵路駕駛蒸汽列車，在回到英國後，他再次於加地夫（Cardiff）和士魯斯柏立之間的路線擔任火車司機。當他因為鐵路事故而受傷後，他帶著賠償金，以14英鎊12先令6便士的價格買下一頭乳牛，並且利用手推車將牛奶運送予街坊鄰居。

邁入20世紀之際，高地鐵路從新興都市市場獲利不少。維多利亞時代中期，星期五的鮮魚晚餐源自於天主教禁食肉類的傳統習俗，不過，在被稱為「銀色愛人」（silver darling）的鯡魚成桶運往南方後，這樣的晚餐已經成了日常主食，即使是窮困的家庭也負擔得起。1903年，威克─利布斯特輕便鐵路（Wick and Lybster Light Railway）通車，用以加速魚貨運送。透過鐵路車廂運送的數量實在太大，滴落的魚油潤滑軌道，因而造成煞車與抓地力上的問題。

高地鐵路並非唯一的供貨途徑。1880年代，位於林肯郡，由曼徹斯特、雪非耳與林肯郡鐵路公司（Manchester, Sheffield and Lincolnshire Railway）接管的格林斯必碼頭火

牛乳特快列車

✦

鐵路網有助於威爾斯人在倫敦經營的乳品店，這些家族企業於倫敦裝瓶與販賣，牛奶則生產自西威爾斯家鄉的酪農場，通常都有家族關係。在農場的乳牛擠出牛奶後，牛奶會被放進攪乳器（churn）中，再以推車送至最近的大西部鐵路車站，接著，在仍裝盛在攪乳器內的狀態下，運送至倫敦和威爾斯人開設的乳品店。商人喬治‧巴勒姆（George Barham）的抱負不僅於此，他在倫敦創立「快捷」乳品公司，他的牛奶會透過大西部鐵路和南方鐵路（Southern Railway）的特快車運送至自己位於南倫敦的裝瓶廠。

集乳車
商人喬治‧巴勒姆利用特快列車，將產自南部與西部鄉間的牛奶運至倫敦市場。

肯特森林
秋季列車從倫敦帶來成群的啤酒花採集員（hop picker）。每天抵達霍斯蒙登（Horsmonden）的列車多至26班，每班客運量可達350位乘客。

車站（Grimsby Docks railway station）經手約全國四分之一的魚量。蒸汽拖網漁船（steam trawler）和蒸汽機車頭的貪婪組合最終難以維持。就如同捕鯨船過度捕殺的後果，此交易重挫北海的魚類資源，不過，那是發生在名為「炸魚薯條」（fish and chip）的餐點興起之後。1860年代，最早的炸魚薯條店在於英格蘭北部開張，但是在此之前，對許多沿海居民來說，由炸魚和馬鈴薯組成的餐點早已稀鬆平常。由於鐵路運來魚和馬鈴薯（1920年總運送量約220萬公噸，主要是來自米德蘭和林肯郡），傳統的炸魚薯條才真正誕生。

全國化的啤酒

波特啤酒（porter）是不論貧富都負擔得起的享受。波特啤酒的名字，來自於搬運啤酒桶的魁梧工人（porter），它是一種濃烈的深色麥芽啤酒，內含大量啤酒花成分，藉此拉長保存期限，同時也能與較淡的麥芽啤酒混合，以調配出不同風味。波特啤酒也被稱為「完整」（entire），它是最早工業化的啤酒之一，而且能夠透過鐵路運送至遠地。

1800年代後期，地方性啤酒廠在數量上仍佔優勢（許多酒吧皆自行釀造啤酒，此特色在20世紀後期再次回歸），不過，許多啤酒開始「全國化」——於某一地點釀造，然後透過鐵路發送至各個銷路。柏頓特連（Burton

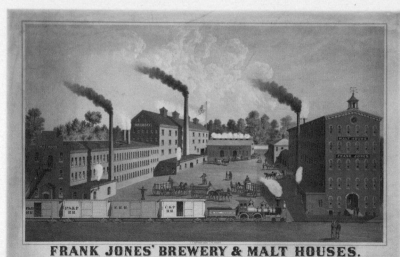

釀酒騷亂
啤酒生意在鐵路時代勃興，鐵路成為大酒商主宰國內外市場的一大助力，也造成許多小酒廠被併吞的情形。

FRANK JONES' BREWERY & MALT HOUSES.
PORTSMOUTH N.H
DEPOT 82 & 84 WASHINGTON ST. BOSTON.

on Trent）是英國的啤酒之都，私有鐵路蔓延在巴斯（Bass）和阿瑟健力士公司（Arthur Guinness & Son Co.）等大型啤酒廠之間，用以將他們的啤酒運送到主要鐵路路線。這些鐵路不只運送啤酒和啤酒花，也負責將啤酒花採集員運往啤酒花種植園。到了1800年代後期，英格蘭的啤酒花種植地廣達283平方公里（7萬英畝），圍繞著肯特郡的啤酒花「花園」（garden），以及的赫里福郡（Herefordshire）與伍斯特郡的「啤酒花場」（hopyard）。每年秋天，特別列車就會帶著啤酒花採集員家庭，從較貧困的都市區域——東倫敦、威爾斯煤礦谷和伯明罕——前來採收作物。

　　將啤酒運往蘇格蘭高地的需求並不高，除了在兩次世界大戰期間，需要將啤酒運予駐守在蘇格蘭的軍隊。高地鐵路在兩次大戰中都扮演相當重要的角色。於第一次世界大戰時，英國海軍艦隊駐守在奧克尼群島（Orkney Islands）旁的斯卡帕夫羅（Scapa Flow）水域上，人員、軍需品和軍糧皆從全國各地運來。高地鐵路嚴重過度使用，而且在兩次戰爭中，能進行維修的機會有限，到了1963年，許多支線早已關閉，高地鐵路本身也將因為比欽勳爵（Lord Beeching）的建議而從地圖上消失。最後，整個鐵路網回歸到1898年的原始狀態。在此同時，牛奶、牛肉和威士忌的運送基本上都已改由道路運輸來處理。

鄉間車站

✦

農人亞瑟・貝拉米（Arthur Bellamy）回憶到，在1950年代，生活的一切都繞著村內車站旋轉——福利站（Fawley）。「我們每天有六列客運列車。所有東西都是透過火車運送，我們的進貨、牛、羊、豬、乾草、麥稈、甜菜和我們的食物，還有礦泉水、蛋糕和礦渣，全部都是。」福利站，以及介於羅斯威（Ross-on-Wye）和赫里福之間的路線，皆在1960年代廢止，當時，鐵路局主席理察・比欽（Richard Beeching）大刀闊斧地指揮開鍘多達兩千座的車站。五十年後，隨著旅客人數增加，鄉村環境也因此被大量出現的汽車和貨車所毀壞，許多居民皆對損失之前的鐵路而感到痛惜不已。

1902

瓦爾泰利納鐵路
Valtellina Railway

區域：義大利

類型：客運

長度：106公里

◆ 社會
◆ 商業
◆ 政治
◆ 工程
◆ 軍事

經過兩世紀的演進之後，軌道車輛幾乎使用過各種方式來推進，包含人力、獸力、風帆力，以及蒸汽動力。不過，20世紀令人振奮的最新動力來源是電力。

電激急馳

　　一群在1840年代闖進蘇格蘭鐵路車庫的夜賊，對錢箱並沒有興趣。這群蒸汽時代的鐵路人，正在尋找羅伯特・大衛森（Robert Davidson）建造的電力機車頭「伽伐尼號」（Galvani）。在找到這部機車頭後，他們將之重擊成碎片。這輛機車頭取名伽伐尼號以向路易吉・伽伐尼（Luigi Galvini）致敬，伽伐尼是出生於波隆納（Bologna）的物理學家，他娶了大學教授的女兒為妻，這點助他取得在波隆納大學（Bologna University）的職位，也因此有機會在1770年代發現生物電（bioelectricity），以及電脈衝對神經系統的驚人影響，尤其是他在解剖青蛙時觀察到的蛙腿抽搐現象。

　　就如同美國弗蒙特州（Vermont）的鐵匠湯瑪斯・戴文波特（Thomas Davenport）在1835年為其電動機（electric motor）取得專利，來自亞伯丁（Aberdeen）的發明家大衛森也以富創意的方式應用伽伐尼的電學觀念，並套用在一輛電池動力的四輪機車頭上。他於愛丁堡往格拉斯哥的

倫巴迪（Lombardy）
列車車頭最終必然會改採用電力推進。在匈牙利工程師卡爾曼・坎多（Kálmán Kandó）的協助之下，電力機車頭成功在這條義大利北部的鐵路上實現。

地圖標示：琉森湖、瑞士、奧地利、萊茵河、聖摩里茨、阿爾卑斯山脈、瓦爾泰利納、提拉諾、Lago Maggiore、義大利

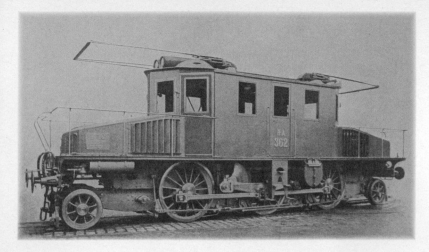

路線上測試該機車頭，速度不算快，僅6.4公里。然而，即使抱持盧岱特主義（Luddite）的鐵路人士因害怕而予以破壞，伽伐尼號對蒸氣列車技術並沒有造成太大威脅。1879年，柏林博覽會（Berlin Exhibition）的會場設在萊特車站（Lehrter Station）旁，真正的威脅此時降臨在會場中的一條小鐵路上。當蒸汽客運列車從宏偉的萊特車站轟隆隆地駛向漢諾威（Hannover），德國家庭正盛裝打扮，參觀著靠電力驅動的列車。身著制服的駕駛坐在車頭前方，彷彿賽馬騎師跨坐在駿馬上，而他下方的銅牌寫著：「西門子和霍斯克柏林」（Siemens and Halske Berlin）。

　　維爾納·馮·西門子（Werner von Siemens）於1840年代成立公司，他因推出長途電信線路而獲得卓著的信譽，此電信線路經常沿著鐵路軌道鋪設。短時間內，他又在英格蘭薩里郡（Surrey）的哥達明（Godalming）推出電氣街燈，而其電力曳引機（electric tractor）的成功，更讓他在1881年推出柏林第一條電氣化的路面電車路線。兩年後，來自布來頓的工程師馬格努斯·沃爾克（Magnus Volk），推出自己的電力列車（請見第147頁右欄），又過了一個月，奧地利人也開始在維也納附近的莫德陵（Mödling）搭乘路面電車和電力列車。

> 我的青少年時期可以追溯到遙遠的黑暗時代，因為在我出生的時代，燈芯黯淡的火光、牛油蠟燭或壁爐內唯一的火焰，即是一般所指的室內照明。
>
> 約瑟夫·斯旺（Joseph Swan），專利白熾燈發明人，《電工》（*The Electrician*, 1893）

　　瑞士煤礦產量不足，但是擁有富足的水力電能（hydroelectricity），他們時時關注著上述發展。在全國一致同意下，瑞士將全國鐵路網國有化，1904年，他們在澤巴赫（Seebach）和韋廷根（Wettingen）之間的路段測試一部外觀複雜的電力機車頭「伊娃號」（Eva）。1913年，伯恩—勒奇山—辛普倫鐵路（Bern–Lötschberg–Simplon railway）通車，在穿過阿爾卑斯山脈的鐵路中，它是最為壯觀的電氣化鐵路，1919年進而將全國鐵路網電氣

先鋒威力
1896年，巨大的巴爾的摩與俄亥俄電力機車頭，準備從皇家山車站（Mount Royal Station）啟程前往知名的皇家藍色列車路線（Royal Blue Line）。

化。他們於1950年代廢棄頭等艙車廂，並於1980年代推出「定型化時刻表」（Taktfahrplan），用以規範列車始發時間。

電力列車曾遇到一些偶發性問題：2005年的一次停電讓整個系統停擺，造成1,500列列車和20萬名乘客短暫受困。回溯到1890年代的美國，佈滿濃煙和蒸汽的霍華街隧道（Howard Street tunnel）實在對巴爾的摩與俄亥俄鐵路造成太多問題，因此他們決定訂購一些電力機車頭，這些機車頭比其最大的競爭對手重九倍（牽引力也大九倍）。對主要路線來說，那是非常卓著的進展，紐約中央鐵路（New York Central Railroad）在1902年也跟隨其腳步。當時，另一家與電力列車息息相關的工程公司——位於匈牙利布達佩斯的岡茨公司（Ganz）——也在義大利的鐵路網中找到相關業務。

岡茨公司的工程師卡爾曼·坎多很早就領悟到，電力列車如欲發揮高效能，就必須從公共電網獲取電力，而非試圖靠自行發電來供應所有需求。他是在早期就擁有此認知的工程師之一。1902年，西門子電力列車於柏林萬博會載客的幾年後，坎多正在倫巴迪享受瓦爾泰利納谷（Valtellina Valley）的山中空氣，那是個接近瑞士邊界、位於義大利北部的地方，他剛裝設了世界最早的高壓電幹線鐵路。

義大利鐵路曾經歷過一段命運多舛的歲月。他們在19世紀最初的鐵路競賽中吃了不少苦頭，才得以跟上歐洲其他國家的腳步。義大利第一條鐵路介於那不勒斯和波提奇（Portici）之間，機車頭是向羅伯特·史蒂文生購買，僅用於連接兩西西里王國國王斐迪南二世（Ferdinand II）的住所

阿爾卑斯巨石
2011年，行駛於貝爾尼納鐵路（Bernina Railway）的當地電力列車，穿越雪原，從聖摩里茨（St. Moritz）前往提拉諾（Tirano）。

及其距離8.5公里的兵營。直到義大利四分五裂的王國在1861年統一後，才開始將甫超過1,609公里的新軌道，新增至現有的2,148公里。基於對鐵路統一國家的感激，義大利給予私人企業豐厚的津貼，以鼓勵他們興建更多鐵路。鐵路很快地遍布整個國家：1863年的那不勒斯至羅馬、1864年的佛羅倫斯（Florence）至米蘭（Milan）、1866年的羅馬至佛羅倫斯，以及1867

年從維洛納（Verona）延伸至伽伐尼的家鄉波隆納，再通往奧地利因斯布魯克（Innsbruck）的鐵路。其施工標準不是最好，承包商變得渴盼拿到津貼，而非將心思花在軌道施工上。為了解決此問題，政府將所有鐵路合併至三家公司，分別為上義大利鐵路公司（Upper Italy Railway）、羅馬鐵路公司（Rome Railway）和卡拉布里亞—西西里鐵路公司（Calabria to Sicily Railway）。後來又增加了一家南方鐵路公司（Strade Ferrate Meridionali），並任命其在亞得里亞海（Adriatic Sea）沿岸開通新路線，以及在1860年代，興建波隆納至版圖的鞋跟部位雷契（Lecce）的鐵路。在瓦爾泰利納鐵路通車的三年後，這些舊公司（其中有兩家因財務問題而被取代）皆由國家接管，成為義大利國家鐵路公司（Ferrovie dello Stato）。瓦爾泰利納鐵路在成功營運三十年後謝幕，然而，義大利對於電力列車的愛戀仍未澆熄。

　　岡茨公司和西門子霍斯克皆持續進行電力列車的研發。1903年，西門子霍斯克公司的電聯車（EMU, electric multiple unit）沿著德國馬林費爾德（Marienfelde）—佐森（Zossen）的路線呼嘯而過，時速達211公里——該公司也在1905年於柏林推出一輛早期的電動汽車。1937年，義大利國家鐵路公司發表新的ETR電聯車（Elettrotreno），前端有流線型造型的ETR 200，像隻符合空氣動力學的蟋蟀，在波隆納和米蘭之間的蓬泰努雷（Pontenure）—皮亞辰札（Piacenza）一路奔出時速203公里的紀錄。

沃爾克的電力列車

✦

1883年8月3日，位於英格蘭布來頓的沃爾克電氣鐵路（Volk's Electricity Railway）正式通車，在全球仍在營運的電氣鐵路中歷史最為悠久。它的研發者是布來頓股份公司（Brighton Corporation）的工程師馬格努斯・沃爾克。沃爾克也設計了一座發電站，用以為軌道上的列車提供動力。他的布來頓列車受到大眾歡迎。在通車五週後，一條採用水力發電的電氣化鐵路，也開始運行於北愛爾蘭波特魯士（Portrush）的巨人堤（Giant's Causeway）上。

大家都在傳說該列車的駕駛就是貝尼托・墨索里尼（Benito Mussolini）本人，然而，就像說他讓義大利的列車準時一樣，這都不是真的。不過，墨索里尼的確有把這個義大利的驕傲送至紐約世界博覽會（World Exposition）參展，讓它和賓州的巨型實驗性車頭「大引擎號」（The Big Engine）一起沐浴在聚光燈下。ETR電聯車的發展因戰爭而停擺，並遭到同盟國的轟炸摧毀。那場戰爭也奪走了ETR電聯車內部設計師朱塞佩・帕加諾（Giuseppe Pagano）的性命。他離開墨索里尼的法西斯政權並加入反抗運動，結果於1945年在德國集中營受到凌虐並處死。戰後，這列曾讓義大利擁有歐洲最快的時髦電聯車，繼續為全國服務直到1990年代。

開羅—開普敦鐵路
Cape to Cairo Railway

區域：非洲
類型：客運、貨運、軍用
長度：2,641公里

◆ 社會
◆ 商業
◆ 政治
◆ 工程
◆ 軍事

假如塞西爾‧羅德斯（Cecil Rhodes）能完成建設非洲幹線鐵路（African Trunk Line）的夢想，那就會是全世界最長的鐵路。只可惜，他的計畫沒有成功的運。

首場比賽

約翰‧羅斯金是維多利亞時代最具影響力的思想家之一，他對鐵路沒有好感，它們的速度令他不悅，他曾表示：「愚人總是想縮短空間和時間，有智慧的人會希望兩者皆能拉長。」他很快地前往支持詩人朋友威廉‧華茲華斯，一同反對在他最愛的湖區興建鐵路的計畫。

然而，羅斯金在牛津大學（Oxford University）的就職演說，卻啟發了非洲最具抱負的鐵路建造商塞西爾‧羅德斯。那場演說的主題是「大英帝國的職責」，他警告大學生，假如英國不想沒落，「它必須盡快找到殖民地，越遠越好…… 設法攻佔每一片土地富饒的荒野，並且…… 教導它的殖民地居民…… 他們的首要目標就是增強英格蘭的勢力。」

塞西爾‧羅德斯出生於1853年，是赫特福郡（Hertfordshire）的牧師之子，從小體弱多病。他在非洲的太陽下成長茁壯，並於1870年抵達德爾班（Durban, 位於現在的南非），任職於他哥哥的棉花田，該公司倒閉

羅德斯巨人
《潘趣》雜誌曾於1892年刊載了一幅塞西爾‧羅德斯的畫像，畫中，他用電信線路將開普敦和開羅連接起來，這條電線即將沿著他提議的2,641公里鐵路舖設。

後，他前往開普省（Cape Province）北部慶伯利的鑽石場工作。他開始收購小公司和礦場，漸漸地累積足夠的礦產投資，讓他得以設立戴比爾斯礦業公司（De Beers Mining Company），這家公司一度掌控了全球90%的鑽石市場。

羅德斯心懷跨非洲鐵路的遠大計畫，他的想法和羅斯金如出一轍。他是這麼形容的：「假如有上帝，我想祂會希望我盡可能地用代表英國的紅色塗滿非洲地圖。」他的跨非洲鐵路夢想總長9,173公里，從南方的開普敦（Cape Town）開始，筆直通過現在的南非、波札那（Botswana）、辛巴威（Zimbabwe）、尚比亞（Zambia）、坦尚尼亞（Tanzania）、烏干達、蘇丹，然後進入埃及，最後抵達阿拉伯世界的首府開羅。當時英國對那些地區大多抱有極大興趣，不過，德國、葡萄牙和法

羅德斯的鐵路
塞西爾・羅德斯夢想能有一
條縱貫非洲的鐵路,然而,
命運使得他的遠大抱負注定
失敗。這張地圖標示的是該
鐵路的南端路線。

國同樣忙於攻佔非洲上的土地。於征戰非洲土地的過程中,這些彼此抵觸
的殖民之爭,最終導致羅德斯的鐵路計畫宣告失敗。

1904年4月,羅德斯的第一輛開普敦至開羅列車駛達維多利亞瀑布
(Victoria Falls)。這趟旅程若是以牛車代步,需要六個月才能完成,而現
在只需幾天即可。然而,開普敦前往開羅的嘗試,差不多已經劃下句點
了。

非洲幹線鐵路

對羅德斯來說,非洲是最後的優良殖民地。非洲擁有數量可觀的礦
產,而鐵路可以將其運進歐洲人的口袋,非洲人則可以在過程中受聘為僱
工。羅德斯在遺囑中寫到:「我堅定地認為我們是全世界最優越的種族,
我們佔據世界越多地方,對全人類就越好。」他的遺囑在鐵路於1906年抵
達著名的維多利亞瀑布之前就已經公布,因為,他於1902年過世,訃聞中
讚揚著他在政治上的貢獻(他當時是開普省的總督)和重大事蹟,並宣布
羅德西亞(Rhodesia)以他命名。然而,如同《曼徹斯特衛報》(*Manchester
Guardian*)所言:「羅德斯最大的任務,一個他沒來得及完成的任務,就是
開羅─開普敦鐵路。」

羅德斯請查爾斯・麥特卡夫(Charles Metcalfe)勘察慶伯利至夫里堡

（Vryburg）的路線，這是開羅 — 開普敦鐵路的第一步。麥特卡夫是羅德斯在牛津時的舊識，當時正在南非工作。而一家名為開普政府鐵路公司（Cape Government Railway）的國營事業，先是在1874年接管僅有92公里的私人路線，又於1885年在慶伯利鑽石場至開普敦之間興建一條長1,041公里的鐵路（他們也在開普省另建造2,000公里的鐵路）。

　　對於把上述鐵路延伸至夫里堡的工程，羅德斯和麥特卡夫視之為構築「非洲幹線鐵路」的開始。（「開羅 — 開普敦」〔Cape to Cairo〕一詞其實來自於倫敦報紙《每日電訊報》〔*Daily Telegraph*〕的一名編輯）。麥特卡夫的雄心壯志與羅德斯如出一轍，他曾表示：「鐵軌的路線……最終必定得連結開普敦和開羅，帶著文明穿越非洲的黑暗地帶。」在完成夫里堡路段之後，羅德斯將延伸至梅富根的155公里鐵路發包給喬治・鮑林（George Pauling）負責。

漸入末路

　　就如同麥特卡夫和羅德斯，鮑林也是非洲的新住民，20歲的鮑林是位了不起的人物，喜愛香檳和美食佳餚。他於1877年和兄弟一起來到非洲，1881年就已經在東開普省（Eastern Cape）完成一條105公里的亞夫勒德港鐵路（Port Alfred Railway）。當時，他手上有從伍斯特至西波福（Beaufort West）、長61公尺的隧道問題待處理（也有人請他思考介於英格蘭和法國之間的海底隧道可行性），而且鐵路工作邀約不斷。接下來的18年，他為開羅 — 開普敦鐵路建造了幾近2,500公里的路段，中途行經現代的波札那、辛巴威、尚比亞，最後在剛果（Congo）的伊利薩白維（Elisabethville，今呂本巴希〔Lubumbashi〕）進入尾聲。

　　在夫里堡至梅富根的路段建造完成後，鮑林開始著手對付下一個阻礙──延伸至布拉瓦約的鐵路。在這段鐵路出現以前，杜・塞德貝爾（Doel Zeederberg）開先河的馬車服務，是前往布拉瓦約的最快方法。塞德貝爾是南

維多利亞瀑布

✦

在開羅 — 開普敦鐵路通車至維多利亞瀑布之後，開普敦鐵路公司（Cape Town Railways）開始宣傳穿過「最黑暗非洲」的豪華列車之旅，他們說服旅客別再管無聊的德國巴登─巴登（Baden-Baden），而是改為搭乘「帝國列車」（Imperial Mail）、「尚比西號」（Zambezi）或「非洲特快車」（African Express）前往維多利亞瀑布。在這裡，尚比西河（Zambezi River）從斷崖傾瀉而下，在底部形成映照著彩虹的水霧。夜間，說不定還能從維多利亞瀑布飯店（Victoria Falls Hotel）陽台聽見野生動物的吼叫聲；到了白天，映入眼簾的長頸鹿與目標堅定的象群，更是為整趟旅程注入一份興奮震顫。

非人，他在開普敦列車抵達的兩小時後，從梅富根的軌道終點發車進入荒野。他採用美國製的驛馬車，一次最多載12名乘客，這些乘客必須支付每1.5公里9便士至1先令的昂貴票價，讓一群駄驟死命吃力地拖著他們前往布拉瓦約（使用斑馬的嘗試已宣告失敗），期間需要承受五到六天痛苦至極的旅程。總旅行時間取決於馬車翻覆次數，以及反叛民族馬塔貝勒人（Matabele）的政治情勢。

喬治・鮑林乘著馬車前往布拉瓦約時，一共花了九天時間，他在入夜後才移動，途中經過多個馬塔貝勒人的據點。他事後說明：「我們看得到他們在山頭上點燃的火，不過，儘管眼前景象教人擔憂，他們並沒做出任何阻止我們的舉動。」數千隻死亡或瀕死牛隻所發出的惡臭，令那趟旅程變得更加難以忍受。那些牛剛經歷了一場牛瘟浩劫，而這場牛瘟疫情不只壓垮了當地經濟，也讓從梅富根運送人員和設備至布拉瓦約的成本急遽飆升，來自歐洲的住民比以往更需要鐵路，而鮑林就是負責建造的人。

羅德斯把盡快完成鐵路的重責大任交付在鮑林身上，於1897年11月，介於法蘭西斯鎮（Francistown）和布拉瓦約之間的最後一個路段終於完成。塞德貝爾驛馬車放棄他們的生意，而開普政府鐵路公司則開始宣傳從開普敦前往布拉瓦約康莊大道的鐵路之旅。（布拉瓦約的街道拓寬

塞西爾・羅德斯

這是刊載於《浮華世界》
（Vanity Fair）雜誌的卡通畫
像，畫的是戴比爾斯鑽石公
司的創立者塞西爾・羅德
斯。羅德斯十分支持英國在
非洲的殖民統治。

工程是由羅德斯自己的不列顛南非公司〔British South Africa Company〕所完成，用以讓包含九匹駄騾的獸力列車能在街道上轉彎。）總行程僅需五天半。

基奇納的鐵路

此時，於非洲北部，基奇納動爵（Lord Kitchener）正準備利用他起點為開羅的鐵路為戰死的查理‧戈登將軍（General Charles Gordon）報仇，並且收復喀土穆。在英國於1881年佔領埃及之後，戈登和其部隊就已經拿下蘇丹的首都喀土穆。於1884年，他們遭到穆罕默德‧艾哈邁德‧馬赫迪（Mahdi Muhammad Ahmad）率領的軍隊攻擊與宰殺。四年後，基奇納長達927公里的鐵路延伸至昂杜曼（Omdurman），再加上新型馬克沁機槍（Maxim machine gun）的幫助，他成功殲滅馬赫迪的後繼者阿布杜勒‧阿塔西（Abdullah al-Taashi）及其戰士。

非洲大陸上的第一條鐵路，是羅伯特‧史蒂文生於1856年建造，起迄點分別是亞力山卓與開羅。如今，1896年，基奇納以喀土穆為目的地，往南建造他的蘇丹軍用鐵路（Sudan Military Railway），而且意外地並非採用窄軌距。基奇納在開始施工的前幾週曾與羅德斯會面，羅德斯說服他使用與鮑林開羅—開普敦鐵路相同的軌距。他還向羅德斯「借」了許多機車頭——更確切地說，是基奇納的加拿大工程師艾德華‧吉魯阿爾（Edouard Girouard）借用的，就在基奇納在溫度高達攝氏40度的撒哈拉沙漠（Sahara）奮戰時。基奇納離開蘇丹後，這條鐵路仍繼續往南興建，直達距離1,965公里以外的科斯提（Kosti）。

在此同時，鮑林持續將鐵路往北延伸至維多利亞瀑布，但進度在波耳戰爭和羅德斯過世後變得不甚穩定。橫跨瀑布的維多利亞瀑布大橋（Victoria Falls Bridge）於1905年完工，並且在聽說它可能崩塌後，吸引了大量遊客。這座橋的製造商是來自英國的達靈頓克里夫蘭

共通軌距

在與塞西爾‧羅德斯會面後，基奇納動爵決定在建造往喀土穆的蘇丹軍用鐵路時，採用相同於開普敦鐵路的軌距。

公司（Cleveland's of Darlington），該公司同樣是非洲
鐵路競賽中的受惠者。除了需做些調整以因應高溫
及高溫所造成的鋼架膨脹現象之外，維多利亞瀑布
大橋在現場重新組裝，並於愚人節啟用。

　　鮑林繼續往非州中部推進（這段路線原先是
由蘇格蘭的採礦工程師羅伯特・威廉斯〔Robert
Williams〕資助，他在喀坦加〔Katanga〕發現了珍
貴的銅礦礦床）。到了1906年，在建立小鎮路沙
卡（Lusaka）之後，鮑林已經距離開普敦3,218公里
之遙。他獨自努力延伸開羅—開普敦鐵路，但是最終停在剛果的布卡馬
（Bukama）。

危險橫渡
蒸汽列車緩慢地穿越沙希河
（Shashu River）上的淺灘，位於
波札那和辛巴威邊境，鄰近法
蘭西斯鎮（Francistown）。

　　在非洲地圖上劃出一條直線的開羅—開普敦鐵路，儘管最終兩端未
能相接，仍是一項令人讚嘆的成就（羅德斯或許從沒認為它們需要相接，
而是認為未來可以透過蒸汽船和
渡輪來補完整條路線）。正如羅德
斯的預測，這條鐵路也孕育出大量
的新興路線，例如386公里的馬塔
迪—金夏沙鐵路（Matadi–Kinshasa
Railway），以及穿過安哥拉（Angola）
的本吉拉鐵路（Benguela Railway），
後者於1932年曾做為威廉斯運出煤
礦的工具。

　　開羅—開普敦鐵路是首條未
能完成的跨洲鐵路。計畫之所以會
失敗，有部分是因為殖民者之間的
利益衝突：東非的德國、安哥拉和
莫三比克的葡萄牙，以及北非的法
國。在德國於第一次世界大戰戰敗
後，英國獲得完成此路線所需的領
土，然而卻缺乏政治意願。雖然有
擬訂一些恢復非洲縱貫鐵路的計
畫，但是開羅—開普敦鐵路完工的
夢想已然破滅。

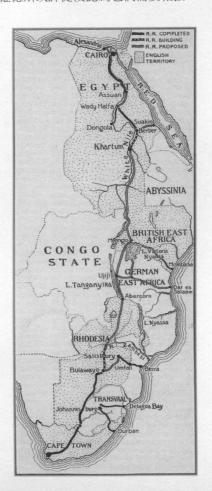

未實現的夢想
塞西爾・羅德斯縱貫非洲的鐵
路計畫，終於在1900年代早
期宣告失敗。

京張鐵路
Jingzhang Railway

區域：中國

類型：客運、貨運

長度：195公里

◆ 社會
◆ 商業
◆ **政治**
◆ 工程
◆ 軍事

21 世紀，中國鐵路的載客量和載貨量全球居冠。然而，當第一條中國鐵路於1876年通車時，卻引發了抵制鐵路的暴動。

全中國製的鐵路

2009年1月，農曆春節一場不合時宜的大雪，將10萬名旅客困在廣州的主幹線車站。必須動員軍隊和後備軍人來清理軌道，才能夠確保中國南部省份的列車運行無礙。

在農曆春節旅行絕非易事。長達一週的國定假日代表多達20億趟的鐵路之旅即將展開，其中的旅客可能是開始放假的學生，也可能是其他準備返鄉與家人共度年度相聚時光的人（2009年中國總人口數尚不及15億）。即使已經增開列車班次，並且於城市廣場中加設售票處，仍舊無法紓緩新年鐵路交通的緊張狀態。

2010年，一項新建設——高速列車——的確輕減了旅途上的負擔，旅客可以透過黃牛取得平價車票。此全球最快的鐵路列車平均時速達320公里，全長980公里，將武漢開往廣州原本10.5小時的行程，快刀斬去7.5小時。

它甚至打破了法國TGV（請見第212頁）的紀錄。中國高鐵列車是以

京張鐵路
詹天佑（第一排右三）以超前進度兩年的速度完成京張鐵路，因而讓他獲得「鐵路之父」的稱號。

西門子和川崎重工（Kawasaki）的技術為基礎，徹頭徹尾皆是由中國製造，儘管發生於溫州的一次高速追撞事故中斷了它的發展，但是它仍是全國的驕傲與重大成就。

官方明言記載的故事從一位名義上的「鐵路之父」開始，他是詹天佑，一位中國工程師。他於1909年建造京張鐵路，這條鐵路的起迄點分別是北京和張家口（原名喀拉干），全由中國所打造。它是傑出的工程之作，儘管為了穿越北京北部近萬里長城的山區，詹天佑必須建造特殊的之字形軌道（switchback），但是整個工程仍在超前進度兩年的情況下完成。

詹天佑的鐵路成使他備受敬重，過世後葬於青龍橋車站旁，張家口車站外也立有他的紀念雕像。

有趣的是，相較於其他廣東孩童，詹天佑所受的影響和教育更貼近一般美國青少年。在他12歲的時候，清朝官員將其送往美國留學。他進入耶魯大學（Yale University）就讀，並在1881年被緊急召回中國之前（清政府突然改變其對出國留學利弊的看法），成功拿到鐵路工程師學位。清政府無視於他的能力，將他發派至海軍，不過，在偶然機會下，他認識了一位名為克勞德・金達（Claude Kinder）的鐵路工程師。金達的背景甚至比詹天佑更奇妙。

現役最老的鐵路

金達是英格蘭人，父親是日本帝國造幣局（Imperial Japanese Mint）局長。金達曾在俄羅斯的聖彼得堡學習鐵路工程，並於1873年受指派為日本帝國鐵道（Imperial Japanese Railways）董事。當他被迫離開時，他選擇前往上海。

上海在未來成為中國最大的城市，人口更是位居世界第一，而這個城市也是中國第一條鐵路的誕生地（請見第156頁左欄）。在金達抵達上海時，當地商人仍在為失去鐵路而騷動不已，在那之前，他們的機車頭「勝利號」（Victory）剛走完它最後一趟旅程。該鐵路的鐵軌被拆除，並丟進福爾摩沙（現在的台灣）海灘的鏽鐵堆裡（對於電線的使用，當時也出現

中國
京張鐵路原稱為北京 — 喀拉干鐵路，它是京包鐵路的第一段，並於1923年延伸至包頭。

中國的第一條鐵路介於上海與吳淞之間，於1876年開始通車，並在某次撞倒行人的意外後，於1877年關閉。它是商人為了避免行經吳淞口的攔門沙（sandbar）所興建，此攔門沙擋在前往上海港口的河道上，生意人認為那對貿易買賣是無法忍受的障礙。然而，保守的清朝官員則視之為上天賜予的天然屏障，能夠防止外敵入侵。清政府也不支持興建鐵路的想法，因此關於建造吳淞鐵路的構思，多是暗中進行。在這條8公里的路線於1876年6月通車後，其蒸汽機車頭每天牽引六班列車，車廂節節塞滿乘客。然而，撞人事故導致地方暴動，清政府也決定在「天朝號」完成最後任務後，關閉該路線。

類似的地方性抵制，因為他們認為那會破壞風水）。

金達繼續前進，他連絡到廣東商人唐廷樞，對方在其位於唐山、近開平的開平礦務局中安插了一個職位給金達。金達一面小心提防中國對鐵路無從商量的反對立場，一面暗中建造機車頭「中國火箭號」（Rocket of China, 首輛在中國建造的機車頭），並於1881年讓它運行在天津開往唐山煤礦場的鐵路上，總長10公里。

最初這條鐵路在呈報予清廷時，僅說明它是「有軌礦車」，不過，它在建造後大獲成功，不僅成為中國第二大的主要鐵路，還在多次改名後（如京奉鐵路、京哈鐵路等），成為歷史最久遠的現役鐵路。

繼續擴張

詹天佑在與金達合作興建鐵路後大喜，接著又成功為慈禧太后完成一條私人鐵路。權力至高無上的慈禧太后原本是皇帝納進來的妾，隨後，巧妙地掌控清朝近五十年之久，當時，她希望能有前往祖墳參拜的交通工具。有了慈禧太后的支持，詹天佑開始建造北京往張家口的路線。

在慈禧太后於1908年駕崩後，接踵而至的是清朝政權的瓦解，以及加速其滅亡的1911年辛亥革命，鐵路成了中國國民黨覬覦的東西。革命領袖之一的孫中山是位鐵路愛好者，在革命之後，他被賦予規劃全國鐵路網的責任。在毛澤東的紅軍於1949年摧毀舊國民黨的規範時，中國才只有約27,359公里的鐵路，其中有近一半位在東北九省。毛澤東對鐵路的熱情與反動分子孫中山不相上下，只不過他的原因出自於政治考量，更勝於經濟考量。

如同1800年代的美國，中國在1949年以非凡的速度擴展其鐵路網。在十年內，就建了19,000公里的新鐵路，更有6,437公里已現代化。其中，西南方長965公里的成昆鐵路，需要超過400座隧道——部分隧道甚至在堅石中

秘密交易

克勞德·金達利用廢棄材料建造中國火箭號，並且用它來搬運產自開平的煤礦。

盤旋而下，以配合坡度，以及超過650座橋和超過2,000名工人的性命。成昆鐵路於1958年動工，並在1970年完工，歷時整整十二年。

　　到了1964年，從襄陽通往戰時臨時首都重慶的鐵路工程開始進行，總長916公里；途中需要716座橋和400座隧道，最後於1979年完工，當時，鐵路貨運的需求達到顛峰，總計為1949年的十六倍。

　　中國第一部柴油機車頭「東風號」於1959年問世，預告蒸汽機車頭漫長的最後旅程：中國於2005年建造全球最後一批蒸汽機車頭，當時至少有一條主要幹線仍採用蒸汽機車頭。

　　除了高速鐵路外，中國鐵路歷史還有另一重要篇章：青藏鐵路。這條全長1,956公里的路線，最早出現在孫中山於1917年的提議中，後來，在工程師找出穿越永凍土（permafrost）的方法後，它於1984年自西寧延伸至格爾木，再於2006年抵達拉薩。穿越唐古拉山口讓這條路線成為全球海拔最高的鐵路；唐古拉站也破了全世界最高車站的紀錄。這條路線上的列車皆有一位醫師待命，並且配備氧氣以供乘客使用。

只有中國人自己創辦和管理鐵路，才會對中國人有利。
總督李鴻章，1863

　　從詹天佑於1909年建造全中國製的京張鐵路以來，中國鐵路網已有長足的發展。

東風號
中國首部柴油動力機車頭出現於1950年代。

大中央車站
Grand Central Terminal

區域：美國

類型：客運

長度：53公里

◆ 社會
◆ 商業
◆ 政治
◆ 工程
◆ 軍事

在謝爾蓋·拉赫曼尼諾夫（Sergei Rachmaninoff）充滿鄉愁的第二鋼琴協奏曲旋律中，一位男士在英格蘭北部煙霧迷漫的車站內向女性友人道別。諾爾·寇威爾（Noel Coward）的《相見恨晚》（*Brief Encounter*）讓發生在車站的浪漫愛戀展現出不一樣的面貌——不過，沒有車站比得上紐約大中央車站的雄偉。

荒野中的桌子

有許多可望奪得「史上最著名車站」稱號的競爭者，例如位於巴頓山（Bardon Hill）車站的阿士比路飯店（Ashby Road Hotel），曾在1832年接待英格蘭列斯特與斯旺廷頓鐵路（Leicester and Swannington Railway）的第一批旅客；或是歐洲最繁忙的巴黎北站，1940年，它的月台擠滿了前來佔領巴黎的德國軍隊。還有孟買的維多利亞車站，其融合了英國建築的華麗風格與當地色彩；米蘭車站（Milan Station），對墨索里尼的法西斯追隨者來說，這裡是不朽的紀念聖殿；或是倫敦的聖潘克拉斯站（St. Pancras），它是維多利亞哥德式的建築，完全符合19世紀法國詩人泰奧菲爾·戈蒂耶（Théophile Gautier）對車站的定義：「新人類的教堂」。

紐約

大中央車站佔據42街、48街、萊辛頓大道（Lexington Avenue）和麥迪遜大道（Madison Avenue）圍繞的土地上，它曾於1871年啟用，但很快就進入重建階段。

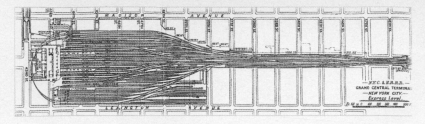

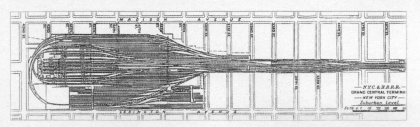

大中央車站平面圖

駛入大中央車站的軌道共分為兩個樓層，分別供市郊鐵路和特快車鐵路使用。

鐵路車站是充滿開心重逢與揪心告別的場所。英國詩人湯瑪斯・哈代（Thomas Hardy, 1840-1925）將腦海中浮現的車站場景，寫在他的著作《候車室》（*In a Waiting Room*, 1901）中：

士兵與妻子，面容憔悴，似乎深受打擊地僵著身體

在他們的閒話家常中，我領悟到他們心想這次即是永別

大衛・連（David Lean）於1945年推出的電影《相見恨晚》，劇情全屬虛構，然而離別前刻，時間隨著車站時鐘一分一秒地消逝，戀人之間情感益發濃烈的畫面，讓戲院裡的觀眾深受感動。在這部電影上映之後，許多電影愛好者前往該場景拍攝的車站朝聖——位於倫敦米德蘭與蘇格蘭鐵路（London, Midland and Scottish Railway）的坎福斯車站（Carnforth Station）——以重溫艾力克（屈佛・霍華〔Trevor Howard〕飾）轉身離去，獨留羅拉（絲麗雅・強生〔Celia Johnson〕飾）一人的那一幕。這部電影造成一場群眾運動，不僅挽救車站本身，也挽救了車站內的時鐘（請見第160頁左欄）。

> 對鄉間別墅來說，或許沒有交通工具比鐵路列車更重要，因為那是鄉村與城市的生活、便利性和日用品之間的最後連結。
>
> 默文・奧戈爾曼（Meryvn O'Gorman），《鄉村家庭雜誌》（*Country Home Magazine*），1908

坎福斯車站於1846年啟用，當時，美國橫貫鐵路的早期車站經常只是軌道邊的簡陋小站。有位記者說明，抵達車站時，只會看到一間長型的木造矮房，以及擺在泥土上的桌椅，還有停在附近的馬車，等待載客或運送貨物。雖然很陽春，但該記者也描述到，他很享受落磯山脈的鐵路大餐，「食材有野牛、麋鹿、松雞、野鳥、羚羊、火雞，以及其他小鹿，所在路段可以看見防雪圈和防雪籬，暗示著當地冬季會有嚴酷的暴風雪」。他還補充道：「有時候，我們一群人會事先發電報至之後的某一站，然後在我們抵達時，就會在荒野之中看到為我們準備的椅子，及滿桌佳餚。」

從受困、飢餓且感到無聊的旅客身上，鐵路公司開始察覺到商機，因此，他們允許餐廳和書報攤在車站內開店。英格蘭的大西部鐵路想利用斯文敦車站（Swindon Station）提供的餐飲來行銷，卻愚蠢地簽下一紙99年的租約，規定每個行經的班次都需停下來休息。最後導致他們必須耗費鉅資解約才得以全身而退。斯文敦車站內做為服務人員的「年輕少女」，讓《司爐與撥火棒》（*Stokers and Pokers*, 1849）的作者弗朗西斯·賀德（Francis Head）印象深刻，但從火車湧入沃爾弗頓車站（Wolverton Station）的飢餓人潮，就不這麼讓他滿意。「無頭蒼蠅般的大量旅客同時脫離列車束縛，全數衝進餐飲室⋯⋯ 他們的速度絕對和其飢餓程度成正比。」不過，這應該算是好事，因為旅客每年消耗的班百利餅（Banbury cake）和杯子蛋糕總數約19萬枚，另伴隨著大量咖啡、蘇打水、茶、檸檬汁、薑汁汽水，以及數量驚人的3,000瓶琴酒、蘭姆酒和白蘭地。

忙碌的車站

查爾斯·狄更斯（他有個倒楣的經驗：他乘坐的火車發生追撞意外）在1856年，對彼得波羅車站的服務不甚滿意：「在餐飲室的女士⋯⋯ 給了我一杯茶，態度就好像我是一頭鬣狗，而她是對我厭惡至極的殘忍獵場看守人。」安東尼·特洛勒普（Anthony Trollope）是另一位維多利亞時代的作家，他在著作《真愛的代價》（*He Knew He Was Right*, 1869）中，不斷提及英格蘭三明治：「我們經常從報紙上看到，英格蘭因為大大小小的事情而感到蒙羞⋯⋯ 不過，真正讓英格蘭丟臉的是鐵路三明治，那蒼白的東西從外表看起來還好，但是裡頭實在極其粗劣、貧乏又黯淡。」

根據美國人愛德華·多西（Edward Dorsey）所言，在英國火車站中，令人覺得難受的並非三明治，而是招牌。「英格蘭的車站幾乎都有大量的廣告，實在很難在上百則廣告中看到車站標誌，不論是皮爾斯香皂（Pears Soap）、羅恩威士忌（Lorne Whiskey）或牛頭牌

芥末（Colman's Mustard）等等的招牌，全都同樣醒目地包圍著車站的名字。」多西曾從倫敦搭乘火車，前往183公里外的格洛斯特：「在我搭乘的車廂中，絲毫無從得知目的地是哪裡。」多西在《英格蘭與美國鐵路比較》（*English and American Railroads Compared*, 1887）中，對於鐵路和車站都有深入的探討，他對兩者皆十分吹毛求疵。關於行李控管，他指出：「我們擁有多路線通用的核對系統，但英格蘭連核對行李的觀念都沒有。（所有行李）放在一節行李車廂中，沒有任何用以辨別所有者的標示，誰先說是自己的，就可以輕易取得。」（他的確也承認：「很少聽到有行李遺失的情況發生。這點顯示出英格蘭人的正直。」）

　　紐約大中央車站誕生於1871年，也就是多西撰書的十六年前。在佈滿鐵路機廠、啤酒廠、屠宰場和簡陋木屋的都市蔓延（city sprawl）內，大中央車站就座落於其中。紐約已歷經過紐約與哈林區鐵路（New York and Harlem Railroad）於1831年的建造過程，其馬棚和辦公室位在第四大道、26街和17街上。（巴納姆〔P. T. Barnum〕後來買下此車站和機廠，並改建為首座麥迪遜廣場花園〔Madison Square Garden〕）。後來建造的鐵路更使壅塞情況加劇：1840年代的紐約與紐哈芬鐵路（New York and New Haven Railroad）以及哈德遜鐵路（Hudson Railway）。整座城市的污染情況極為嚴重，政府遂而禁止蒸汽列車通過擁擠的街道。紐約需要一座新的火車總站。

　　外號被稱作「海軍准將」（Commodore，因為他喜歡這個稱呼）的康內留斯·范德比爾特（Cornelius Vanderbilt），在年輕時就已經是個成功的紐約渡船商人，現在則是家財萬貫的航運業者，他於1864年買下哈德遜河鐵路（Hudson River Railroad），並將紐約中央鐵路納為資產，也在史拜

大中央車站
此紐約火車總站無愧於其浮誇的名字，它後來成了全球最大的火車站。

頓戴沃爾（Spuyten Duyvil）和莫特黑文（Mott Haven）之間打造鐵路（這讓哈德遜河鐵路的列車得以抵達位於東城〔East Side〕的總站）。他也盡可能地收購介於42街、48街、萊辛頓大道和麥迪遜大道之間的房地產，並於1871年啟用他的大中央車站。當時的大中央車站是個雜亂無章的機構，共經手三條路線（紐約中央鐵路、哈德遜河鐵路及紐約與哈林區鐵路），每條路線都有自己的售票處和行李區。

1898年，大中央車站重建完工，火車棚改以玻璃與鋼骨結構亮相，欲媲美巴黎的艾菲爾鐵塔和倫敦的水晶宮，外觀則採古典設計，頂部更有一排1.5公噸的鑄鐵鷹像，用以象徵美國的力量、威嚴與恆久。然而它們未能在最後一次重建中倖存下來。當時一場雙列車死亡追撞意外，發生在濃煙密布的3.2公里公園大道隧道（Park Avenue tunnel）內，迫使紐約中央鐵路進行鐵路電氣化，大中央車站也因而必須再次重建。

儘管（也可能是因為）在選擇承包商方面，摻了些許圖利家族的醜聞，1913年2月舉辦的啟用儀式，仍然吸引多達15萬名民眾前來觀禮，他們在驚嘆之中仰望著名布雜藝術風（Beaux-Arts）的門面，以及閃閃發光的大廳（以金箔和電光源打造而成的星空穹廬，是法國藝術家保羅・埃勒〔Paul Helleu〕的作品，他描繪的是法國星空而非美國──而且左右相反，原因只有他自己瞭解）。大中央車站的啟用也吸引了眾多開發者，他們買下「空權」（air rights），並利用鋼鐵、玻璃和水泥豎立起一座座的高塔來改變天際，例如54層樓的林肯大廈（Lincoln building）、56層樓的章寧大廈（Chanin building），以及77層樓的克萊斯勒大樓（Chrysler building）。大中央車站設有藝廊、藝術學校、專為播放新聞影片的電影院和鐵路博物館，到了1947年，其運輸設施更足以應付6,500萬人次，是美國總人口的四成。當有人提出拆除大中央車站的計畫時（於1960年代，紐約的舊賓州車站曾因抗議行動而遭拆除），知名大人物紛紛跳出來抵制，賈桂琳・甘迺迪・歐納西斯（Jacqueline

請出示車票

印刷業者因為鐵路而賺進不少財富。雖然英國的北英國鐵路公司（North British Rail Company）經營自己的印刷店，不過，大部分的鐵路公司皆是與印刷廠配合。印刷廠會生產號碼連續的車票，並由車站售票處於售出時標上日期。當持票者完成搭乘後，出口閘門會回收車票，並送予鐵路辦公人員，供其加以分類。他們的統計不僅提供有用的行銷資訊，同時也讓假票無所遁形。

Kennedy Onassis）也是其中之一。

蘇格蘭飛人號

　　大中央車站服務過不少當代的偉大列車，例如「21世紀號」（Twentieth Century），以及「百老匯特急號」（Broadway Limited）。然而，從歷史轉折點來看，英格蘭約克郡的唐卡斯特站（Doncaster Station）才真正見證了可謂全球最有名的兩列車：「蘇格蘭飛人號」（Flying Scotsman）和「馬拉德號」（Mallard, 請見第215頁）。唐卡斯特站隸屬於大北方鐵路公司，該路線是用於將煤礦從巴恩斯利（Barnsley）的煤礦層運至倫敦，幾乎一個小時一班。

史特令單動輪蒸汽機車頭
這些機車頭擁有巨大的動輪，建造於唐卡斯特站的大車廠。

　　唐卡斯特站於1849年啟用，其鐵路機廠「The Plant」（大車廠）則於1853年開張。該城市的人口因此增加3,000人，而鐵路公司在推出一系列知名蒸汽機車頭之前，還興建了幾所學校，並且資助一間新教堂。1870年代，他們推出「史特令單動輪式」（Stirling Single）車頭，此系列的特徵包含巨大的車輪，能以平均時速76公里牽引二十六節客運車廂。接著，蘇格蘭飛人號在1923年現身於唐卡斯特。五年後的1928年，它帶著首列直達列車從倫敦前往愛丁堡，僅花了八小時。在被封存之前，它曾巡迴至美國和澳洲（在澳洲行進了679公里，是當時距離最遠的直達蒸汽列車）。後來，由於大眾集資與鐵路企業家李察‧布蘭遜（Richard Branson）的捐贈，蘇格蘭飛人號得以保存下來。

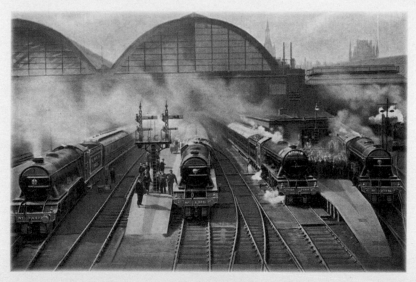

鋼鐵公路
塞西爾‧艾倫（Cecil Allen）令人回味的作品，照片中國王十字車站的列車分別是蘇格蘭飛人號（左三），以及「里茲特快車」（Leeds Express）和「蘇格蘭特快車」（Scotch Express）。

西伯利亞鐵路
Trans-Siberian Railway

◆ 社會
◆ 商業
◆ **政治**
◆ 工程
◆ 軍事

俄 羅斯的西伯利亞鐵路是全世界最長的鐵路。它不僅橫跨整個歐亞大陸，更從帝國政權跨越至革命年代。

法貝熱驚喜

1917年4月，一位司爐在美國製的293號蒸汽機車頭上，那是一部4-6-0 Class Hk-1機車頭，他頂著假髮，帶著偽造的身分證明文件前往聖彼得堡。那輛機車頭的暱稱是「大輪卡納利」（Big Wheel Kaanari），坐在機車頭踏板上的，就是發起俄國革命的其中一員弗拉基米爾‧列寧（Vladimir Lenin）。從芬蘭潛進俄羅斯後，他丟掉偽裝，銅管樂隊和興高采烈的群眾齊聲歡迎。那是在聖彼得堡的芬蘭車站（Finlyandski Station），群眾個個都是配帶槍械、高舉紅旗的布爾什維克人（Bolshevik）。在此同時，他的同胞列夫‧托洛斯基（Leon Trotsky）正要登上裝甲列車，準備於蘇聯紅軍（Red Army）中召集革命戰力。托洛斯基後來在他的回憶錄《我的生平》（*My Life*）中寫道：「鐵路將前線與基地連結在一起，就地解決緊要問題，並且提供教育、支援、獎勵，以及懲處。」

列寧的機車頭最後於1957年獻給最高領導人尼基塔‧赫魯雪夫（Nikita Khrushchev），並停放在芬蘭車站的玻璃室裡，而他站在裝甲列車

俄國革命

西伯利亞鐵路是全球最長的鐵路，同時也是極難建造的路線。

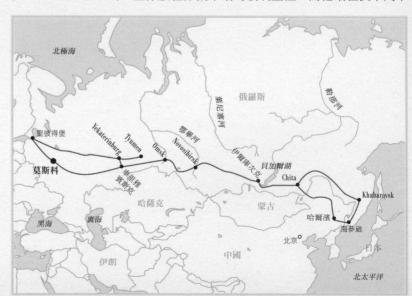

砲塔上的雕像，則佇立在外頭的列寧廣場（Lenin Square）上。1917年，鐵路和俄國革命是合作無間的搭檔。

列寧很快就頒布一項法令，該法令終結沙皇尼古拉二世（Tsar Nicholas II）一家的命運。尼古拉二世是俄羅斯最後一位皇帝，1918年7月，整個家族連同傭人與侍從都在葉卡捷琳堡（Yekaterinburg）遭到處決，那是位於西伯利亞鐵路上的重要都市車站，這一切發生在世界最長鐵路完工後的第二年。西伯利亞鐵路始於莫斯科，終到遠東地區的海參崴（Vladivostok），尼古拉二世的父親沙皇亞歷山大三世（Alexander III）在1891年同意興建，隨後尼古拉就被任命為該建設委員會的主席。同年5月，尼古拉甚至參加了海參崴的動工儀式。他在完成拓展視野的環球之旅後，特意順道拜訪當天的典禮。

1900年，俄羅斯的珠寶商彼得・法貝熱（Peter Fabergé）為沙皇特製了一顆西伯利亞鐵路的法貝熱彩蛋（Fabergé egg）。這顆金銀相間的彩蛋打開之後，利用銀雕刻而成的西伯利亞鐵路地圖乍現眼前。法貝熱還多設計了一個驚喜：西伯利亞列車微型複製品的發條裝置，精巧的列車拖著五節車廂，並有一把金鑰匙，用來為此裝置上發條。沙皇也受邀至1900年的巴黎世界博覽會（Paris World Fair），欣賞展示於會場的「西伯利亞鐵路活動畫景」（Trans-Siberian Panorama），該展覽中的展示品還包括艾菲爾鐵塔（1889年完工）和魯道夫・狄塞爾（Rudolf Diesel）的新發動機。展示於英國約克鐵路博物館（York Railway Museum）的日本新幹線（請見第202頁），能讓乘客登上車，並觀看播放沿途風景的電影，而巴黎世界博覽會的活動畫景也是一樣，訪客只要坐在臥舖車廂內，即可一面享用服務生送上的魚子醬和羅宋湯，一面欣賞窗外不斷掠過的西伯利亞風景。於1904年的美國密蘇里州聖路易市，這幅活動畫景

黃金列車

✦

1920年代，蘇聯以黃金買下瑞典努畢斯霍姆公司（NOHAB, Nydqvist & Holm AB）出品的機車頭。這些金條的來源成謎，但在1919年的俄國革命期間，一輛列車滿載來自喀山（Kazan）帝國黃金儲備的黃金，由列寧的敵方透過西伯利亞鐵路運往東方。儘管有捷克士兵守備，這些大而笨重的貨物仍有部分遺失，歷史學家至今仍試圖瞭解到底發生了什麼事。雖然有一套說法是列寧的布爾什維克軍團被授予了部分金條，不過，運載金條的列車其實曾在貝加爾湖（Lake Baikal）遇到山崩，導致貨物落入湖中，有調查員聲稱在湖裡找到其中一節車廂的殘骸。

獻給沙皇的禮物

西伯利亞鐵路的法貝熱彩蛋內含一個列車微型複製品的發條裝置。

再次於當地舉辦的路易斯安納購地博覽會（Louisiana Purchase Exhibition）
中展出。事實上，這時西伯利亞鐵路尚未建造完成。

費力的工程

西伯利亞鐵路是一項極其浩大的工程，涵蓋的距離等於英國倫敦
直達南非開普敦。鐵軌和鐵路車輛必須先繞過幾近半個地球才能運抵海
參崴，之後才得以開始動工。次年7月，在西伯利亞的河川尚未結冰之
前，枕木和鐵路車輛藉由海運送至烏拉爾山脈（Urals）的車里雅賓斯克
（Chelyabinsk），也就是西伯利亞鐵路西端的建造起點，距離
海參崴達7,242公里。

西伯利亞是俄羅斯的蠻荒地帶，哥薩克民族（Cossacks）
於16世紀入侵，征服當地的原住民韃靼人（Tartars）。到了
20世紀，儘管環境不甚友善，這裡也成了俄羅斯流亡者的
家鄉。西伯利亞面積800萬平方公里，大於美國和歐洲全境的加總。整條
西伯利亞鐵路必須越過三條大河，分別是鄂畢河（River Ob）、葉尼塞河
（River Yenisei）和勒那河（River Lena），還需穿過世上最深的內陸水域貝加
爾湖。在抵達貝加爾湖之前得先建造八座橋，每座皆超過305公尺（其中
一座幾近914公尺）。

在冬季湖水結冰時，鐵路會鋪設在冰上，工程師會謹慎地在春季湖
面融化之前將軌道拿起。待水面再次能夠通行，就會委任船頭有破冰功
能的英國製渡輪，運送列車往返湖的兩頭。後來，他們在繞著貝加爾湖
的峭壁上鑿出一條路線，渡輪也就無需再提供服務（其中的「安加拉號」
〔Angara〕後來改至伊爾庫次克〔Irkutsk〕服役）。

（身為革命委員會主席）在革命最
激烈的那幾年，我的生活變得與
火車的命運密不可分。
列夫・托洛斯基，《我的生平》，1930

西伯利亞鐵路的興建工程極其艱鉅，而其東部與中國和日本的領土爭端，更是讓情況變得越加棘手。其中一段路線隨著中國東方鐵路（Chinese Eastern Railway）通過滿洲地區。1898~1903年間，原本佔領滿洲南部的日本被迫交出滿洲領土，俄羅斯隨即接管，並為了西伯利亞鐵路投資大量資金至港口城市大連及其鄰鎮旅順。在緊接著發生的日俄戰爭期間，俄羅斯試圖將軍隊與軍需品運進戰場，並運出空列車及受傷士兵，當時僅是單線鐵路的西伯利亞鐵路造成很大的調度問題。該困境不只造成俄羅斯戰敗，還丟了大連與其南滿洲鐵道（South Manchuria Railway）。這場20世紀的第一場重大衝突震撼西方，他們沒想到俄羅斯強權竟會敗給一個微不足道的日本。

1916年，除了繞著貝加爾湖的路段外，西伯利亞鐵路在勞工、囚犯和俄軍攜手之下完工。它讓俄羅斯鐵路網成長至最終大小的約二分之一。就像此鐵路在距離上的幾個驚人數字，它所使用的機車頭也非常巨大。雖然俄國革命暫時耽擱了兩百輛美國製「德加寶型」（Decapod）機車頭的進口（其中一輛建於1886年的鮑德溫德加寶〔Baldwin Decapod〕，據說是當時最大的機車頭），但是蘇聯很快就開始於聖彼得堡自行打造，其機型經常以美國的設計為基礎。其中一部建於1934年的巨獸，是史上最長的非關節式（non-articulated）蒸汽機車頭，但是因為它實在太大，甚至必須要降低軌道的轉彎半徑，所以不得不報廢。

直到1991年為止，西伯利亞鐵路的蒸汽列車大隊終於退休，柴油動力列車一肩扛下此重擔。當時，鮑利斯・葉爾辛（Boris Yeltsin）奪得大權，蘇聯隨之解體。那一年，西伯利亞鐵路已存在七十五年，而俄羅斯的鐵路網則是全球第二大，每年運載350萬名乘客。

華氏輪式

◆

列寧過世後，是由俄羅斯製的「U-127號」列車運往墓地，而他當初抵達芬蘭車站時，乘坐的則是4-6-0 Class Hk-1列車。以連接號隔開的數字分別代表導輪（leading wheel）、動輪（driving wheel）和從輪（trailing wheel），這種形容蒸汽機車頭的方式於1900年初登場，它是出自於一位紐約鐵路人士弗瑞德・華特（Fred Whyte）的口中。而火車的車型（class）則泛指採用相同設計的所有機車頭。其中一定要提到的是「約瑟夫史達林型」（Joseph Stalin Class）。而單一機車頭同樣也會予以命名，譬如以秘密警察首長命名的「費利克斯・E・捷爾任斯基號」（Felix E. Dzerzhinsky）。

紅色之星
多數蘇聯的蒸汽機車頭都於1980年代逐步淘汰，美國製的「俄羅斯德加寶」就是其中之一。

協約國鐵路補給路線
Allied Railway Supply Lines

區域：法國、比利時
類型：貨運、客運
長度：638公里

◆ 社會
◆ 商業
◆ 政治
◆ 工程
◆ 軍事

征服之軌
德國軍隊在1917年，鋪設鐵路橫跨鄰近伊珀（Ypres）的沼澤地。

歐洲於1914年爆發戰爭的最初，鐵路有了前所未有的使用方式。各大世界強國深陷史上最具破壞性的戰爭之一，所幸有法國農人設計的鐵路，以及美國在1917年的即時介入，這場戰爭的情勢終於得以扭轉。

西方戰線的窄軌

1914年夏季，第一次世界大戰的前夕，英國詩人愛德華·湯瑪斯（Edward Thomas）搭火車前往格洛斯特郡（Gloucestershire），與他的迪莫克詩人幫（Dymock poets）友人團聚，其中包括魯伯特·布魯克（Rupert Brooke）、艾莉娜·法瓊（Eleanor Farjeon，聖詩〈破曉晨光〉〔Morning has Broken〕的作者），以及來自美國的羅伯特·佛洛斯特（Robert Frost）。佛洛斯特向湯瑪斯提議逃離戰爭並前往美國，但是湯瑪斯遲遲未能作決定。

列車暫時停靠在格洛斯特郡的小村莊。在戰爭即發爆發前的寧靜之中，畫眉的啼聲劃過天際，湯瑪斯寫下了新作品的第一行：「是的，我記得艾德斯綽普（Adlestrop）。」他的詩成了緬懷英格蘭鄉間的悵然回憶，尤其撩動籠罩在壕溝戰（trench warfare）慘況之中的男男女女的情緒。

協約國（英國、法國、俄國、日本、塞爾維亞、義大利、葡萄牙和羅馬尼亞）和同盟國（德國、奧匈帝國〔Austria–Hungary〕、鄂圖曼土耳其帝國〔Ottoman Turkey〕和保加利亞）的大戰中，德國計畫利用鐵路率先發動攻擊。1870年普法戰爭期間，陸軍元帥赫爾穆特·馮·毛奇（Field Marshall Helmuth von Moltke）就曾運用鐵路在多條前線同時發動攻擊，他是早期的鐵路提倡者。正當湯瑪斯前往格洛斯特郡時，現為德國軍隊參謀長的毛奇姪子，也正動員他的軍隊，準備搭乘預定好的列車，經由比利時前往法國。一

歐洲衝突

第一次世界大戰中，補給線因鐵路而延長至未曾想像過的長度。1917年，用於提供予前線的軍需品是在格拉斯哥生產的。

且擊敗法國，該軍隊就會再次藉由列車前往東方戰線，迎戰俄羅斯。

　　這就是史里芬計畫（Schlieffen Plan），命名自其發起人阿佛列‧馮‧史里芬伯爵（Count Alfred von Schlieffen）。該計畫全仰賴德國傲視群雄的鐵路威力，然而，同盟國低估了法國的鐵路網，也低估了法國軍隊和英國遠征軍（British Expeditionary Force）的作戰精神。1914年9月的馬恩河戰役（Battle of the Marne）阻止德國西進（於該戰役中，1萬名後備軍人隨著自巴黎徵用而來的600輛計程車抵達戰場，讓士氣大增）。據說，毛奇曾告知他的領袖威廉二世皇帝：「我們大勢已去。」

　　雙方皆開始挖掘蜿蜒的壕溝，由北到南超過756公里。德國上將埃里希‧魯登道夫（Erich Ludendorff）在其戰後回憶錄中寫道：「若要繼續戰鬥下去，當務之急就是要解決運輸方面的難題。這些難題關係到動力機車頭、貨車廂、參謀人員，而且與煤礦供應息息相關。我們原是為短暫的戰爭做準備，然而……後來，我們卻必須重新調整，以符合長期抗戰所需。」

　　貨車、火車、馬和輕便鐵路負責提供補給予壕溝。遠在蒸汽動力來臨之前，輕便鐵路，即窄軌鐵路就已經為礦工和採石工所使用。1875年，法國農人保羅‧德高威勒（Paul Decauville）的田地因連日大雨而泥濘不堪，

打造軌道
1917年，坦克車載著大捆用於填補壕溝的木頭，這些坦克車將藉由鐵路運送至康布雷戰役（Battle of Cambrai）的戰場。

沮喪之餘，他建造了一段簡陋的鐵路，用以運送從汙泥中採收的甜菜。正當他開始推銷自己的德高威勒軌道時，軍隊買下其存貨，並使用在馬達加斯加（Madagascar）和摩洛哥（Morocco）的戰役。

同盟國一開始處於優勢。他們預想到可能發生在歐洲的戰事，因而儲備大量德國奧倫斯坦科佩爾公司（Orenstein & Koppel）製造的輕便鐵軌和鐵路車輛（諷刺的是，第二次世界大戰時，於納粹德國實施「亞利安化」期間，奧倫斯坦家族的股份遭政府強奪）。不過，英國卻遠遠落後，他們的將領仍主張使用農場的馬匹和貨車，即使它們正被西方戰線（Western Front）的泥血吞噬。

輕便鐵路網的起點和補給站，建於距離前線16公里的後方。它們從主要鐵路路線取得所需，這些主要路線原本由法國控管，結果造成困惑與混亂。譬如，英國的步兵大隊會在英國登上兩列時速達40公里的列車至港口，但是當他們抵達法國，卻被送上又長又慢的火車，時速至多只能達到19公里。協約國的鐵路補給路線在軍方接管之後得到改善，到了1917年，已有7萬名英國鐵路人士於這些補給路線上工作（有時失去生命）。

在這場戰爭中，共1000萬大軍戰死，多數是死於砲擊。就如同這首諷刺歌曲的形容：

「昨晚轟炸，前一晚也炸，

即使我們從今以後不會再被轟炸，今晚還是會被轟炸吧！」

然而，戰爭的前幾年，協約國使用了錯誤的砲彈。

最後的電文

✦

1917年，加拿大新斯科細亞省的哈利法克斯（Halifax）區域整個全毀，當時，法國貨船「白朗峰號」（S.S. Mont Blanc）滿載炸藥，不慎於哈利法克斯的港灣追撞挪威的「伊莫號」（S.S. Imo）。受損的白朗峰號在爆炸前漂向陸地，最後造成約兩千人死亡。要不是當時在鐵路工作的文斯·科爾曼（Vince Coleman），死亡人數可能更高。在科爾曼離開車站時，即聽說貨船就快爆炸，於是他馬上回到工作崗位，發了一封電報，警告正從新布藍茲維（New Brunswick）駛來的客運列車：「港灣上有軍火船著火，正漂向6號碼頭，而且即將爆炸。我想，這應該是我最後的電文。再會了，孩子們。」這段電文的確成了他的遺言，而列車即時停住。

軍工廠工人

　　1915年5月的某個早晨，英國《每日郵報》（*Daily Mail*）向讀者揭露基奇納勳爵造成軍方急需高爆彈（high-explosive shell）的消息，基奇納勳爵同時也是「你的國家需要你」（Your Country Needs You）募兵海報上的面孔。軍方承認，基奇納勳爵誤訂了其他種類的砲彈。不過，基奇納完全無需面對大眾對他的批評：1916年，他在前往俄羅斯參加一場外交會議時，他的船「漢普郡號」（H.M.S. Hampshire）誤觸德軍放置在奧克尼群島的水雷，因而沉沒，基奇納也隨之溺斃。

　　大衛・勞合・喬治（David Lloyd George）是感情如火一般的威爾斯政治家，也是日後的戰時首相，他當時受任為軍需大臣（Minister of Munitions），並接獲找尋正確砲彈的任務。他不僅善盡鐵路之用，也善加運用至今從未採用過的女性軍工廠工人。

　　勞合・喬治十分信任戰時的女性工作者。在倫敦，發生一場為爭取女性投票權的示威大遊行，遊行隊伍高舉的旗幟上寫有：「善用女性的腦力與精力」（Mobilise Brains and Energy of Women），勞合・喬治對該場遊行提供了金錢援助；另外，對於大格拉斯哥（Clydeside）地區的船工工

危險工作

軍工廠女工的綽號是「金絲雀女孩」（Canary girls），因為暴露在高爆彈粉末之中，染黃了她們的皮膚和頭髮。這些女工在「大砲彈醜聞」（Great Shell Scandal）之後日夜超時工作。

會，以及該工會對「稀釋」（dilution）根深柢固的反對——「稀釋」意指訓練無技術或技術不佳的工作者（通常是指女性）學會原本是由工會會員負責的工作——勞合・喬治也透過交涉來解決；不僅如此，在成功說服他們之後，他還在鐵路沿線或鄰近鐵路的地方新建一整排的軍工廠。最後建造完成的就是蘇格蘭彈藥灌裝廠（Scottish Filling Factory），後來改名為「喬治城」，藉此向勞合・喬治致敬。

軍工廠內設有福利社、公共廁所和急救中心，這些設施成了戰後產業基準。女性工作者在勞合・喬治的堅持下，獲得還不錯的工資，她們仰賴鐵路做為交通工具。來自東倫敦的卡洛琳・芮妮絲（Caroline Rennies），解釋她們如何從倫敦大橋站（London Bridge Station）搭乘全開放式的「亞當列車」（Adam train），前往倫敦外的德普特福德（Deptford），並至軍工廠上班。「我們常戲稱它是在上帝創造亞當時建造的，（因為）每次下雨，雨水就會跑進來。」

遲早有一天，鐵路的重要性會勝過槍械。
埃里希・魯登道夫將軍，《戰爭來臨時》（*The Coming of War*, 1934）

裝填彈藥的女性被稱為「金絲雀女孩」，因為大量接觸高爆彈粉末，讓她們的皮膚和髮絲染上黃疸般的黃色。「到了晚上，我們帶著薑黃色的頭髮和鮮黃色的臉龐步下亞當列車。」返家的列車上擠滿士兵，車站服務員總會偷偷地把她們帶進頭等車廂的隔間。「他們知道我們是軍工廠的工人，他們經常在打開車廂時說：『來吧女孩，進去這裡。』」當其他乘客對她們態度越冷淡，她們就越想戲弄對方。「假如我們身旁坐著一位軍官，

爭取投票權
賓州紐卡斯爾的伯利恆鋼鐵公司（Bethlehem Steel Company），有6名軍工廠女工挺身而出，要求總統伍德羅・威爾遜（Woodrow Wilson）支持〈婦女選舉權法案〉（Suffrage Bill）通過。

剛好我們又很疲累，我們就會把頭枕在（他）肩上。」

膽大無畏，她們不懼怕死亡。「火車上的老兄常會說你（做彈藥填充）最多只剩兩年生命。」卡洛琳回憶道：「我們會大聲反駁：『我們不介意為國家犧牲！』」

無可避免地，的確有許多人因此丟掉性命。1918年，超過130名女性被埋葬在萬人塚，她們全因六號彈藥灌裝廠（Filling Factory No. 6）的爆炸意外而喪生，該灌裝廠設在鄰近鐵路的諾丁罕（Nottingham）的丘威爾（Chilwell）。此次事件，使得丘威爾可能是英國在戰時最嚴重的意外發生地，而丘威爾的金絲雀女孩在意外發生的隔天就重返崗位，為協約國最後一次挺進填充彈藥。

跨大西洋郵輪「盧西塔尼亞號」（Lusitania）被德軍魚雷擊沉，再加上美國在1917年發現德國暗中向墨西哥提出交換條件，只要墨西哥向美國宣戰，德國就會提供軍事協助，美國遂而於同年加入戰局。美國以海運運送大量的鐵路設備、來自鮑德溫製造廠的蒸汽機車頭，以及其餘物品，用以將砲彈運至西方戰線。當德國終於吞下敗仗，停戰協定的簽訂適得其所地在其中一節車廂進行（請見右欄）。這場戰爭實為雙方的資源戰，而協約國的資源能夠多於德國，都要歸功於軍工廠的女工（她們的努力換來1928年的女性投票權，只要超過21歲的英國女性皆可投票）。

回到1914年，詩人愛德華・湯瑪斯決定婉拒逃往美國的邀約。他選擇加入特種部隊「藝術家的來福槍」（Artists' Rifles），最後於1917年的阿拉斯戰役（Battle of Arras）中，遭受砲擊身亡。他的友人魯伯特・布魯克，在1915年就已經死於加利波利（Gallipoli）附近，他在詩作〈士兵〉（The Soldier）中寫道：

若我當亡，請這樣想起我：
在異鄉的某個角落
永遠都有英格蘭。

停戰車廂（Wagon de l'Armistice）

◆

佐治・納吉麥克的其中一節臥舖車廂在停止提供商業服務後，轉而在戰時做為協約國總司令福煦元帥（Marshal Foch）的辦公場所。德國投降後，這節臥舖車廂被運往巴黎外，並停靠在貢皮厄內森林（Forest of Compiègne）的鐵路側線，1918年11月11日簽訂的停戰協議就是在此車廂上完成。德國領袖阿道夫・希特勒（Adolf Hitler）將此做法視為羞辱，因此當法國在二戰向德國投降時，他堅持停戰協定要在同一地點、同一車廂內簽署。後來，就在同盟國顯然即將戰勝時，德國武裝親衛隊（S.S.）前往將「停戰車廂」摧毀。

卡谷力—奧古斯塔港鐵路
Kalgoorlie to Port Augusta Railway

貨運是早期鐵路背後的驅動力，然而，在澳洲內地，雜貨慢車（Slow Mixed）運載一切家庭所需，從新鮮肉品、蔬菜到極其重要的水，應有盡有。

雜貨慢車

鐵路最初的角色是運送貨物而非乘客，但已有些延伸的載客效益逐步發酵。表演者費尼爾司·巴納姆（Phineas Barnum）於1870年代運用賓夕法尼亞鐵路讓他的馬戲團巡迴全美。俄羅斯正教會（Orthodox Church）在西伯利亞鐵路上，用牛車改裝的行動教會來佈道，直到蘇聯政府宣布該宗教不合法為止。而許多歐洲傳教士也開始從設有祭壇的翻新貨運車廂上吸收非洲新教友。「雜貨慢車」No. 5205的目標則是進行各式各樣的活動，但並不包括居住在跨澳大利亞鐵路（Trans-Australian Railway）沿線的鐵路工人。

雜貨慢車的綽號是「茶糖列車」（Tea and Sugar），它在西澳大利亞州（Western Australia）的卡谷力（Kalgoorlie）和南澳大利亞州的奧古斯塔港（Port Augusta）之間，運行幾近八十年。它擁有自己的肉販（列車上唯一非鐵路相關人員的人）、新鮮蔬果及其他食物，堪稱必需品的茶和糖也在其中。列車上另有行動保健診所，1950年代有時還會出現行動戲院，用以娛樂345名軌道維護人員，以及其住在鐵路沿線共十一個站的家人。最重要的是，車上還備有水罐車（water tanker）以供每個家庭裝滿他們的貯水池。一如於其他行經跨澳大利亞鐵路的列車，雜貨慢車也載運自己的用水，因為途中的陸地上沒有水源。

在澳洲內陸發現金礦後，這條鐵路於1897年自伯斯延伸到卡谷力。而促使鐵路穿過納拉伯平原（Nullarbor Plain）的沙漠，並延伸到奧古斯塔港的推動力，則是在1901年。當時澳洲的西澳大利亞、北領

◆ 社會
◆ 商業
◆ 政治
◆ 工程
◆ 軍事

聯邦關係
興建跨澳大利亞鐵路的推動力，是為了讓西澳大利亞與新南威爾斯能有較緊密的連結。

地（Northern Territory）、南澳大利亞、昆士蘭（Queensland）、新南威爾斯和維多利亞這六個殖民地，組成澳洲聯邦（Commonwealth of Australia）。就如同加拿大政府用興建加拿大橫貫鐵路的承諾，讓不列顛哥倫比亞投入他的懷抱，西澳大利亞也為了擁有連結至奧古斯塔港和雪梨的鐵路，而願意臣服。

印度太平洋號
跨澳大利亞鐵路的軌距調整完畢後，定期班車就能往返伯斯和雪梨之間，這條路線包含一段世界最長的筆直軌道。

納拉伯（nullarbor, null意指「無」，arbor意指「樹」）是興建鐵路時的一大障礙，它是世上最大的完整石灰岩及龐大的原住民領地。1841年，牧師之子愛德華・艾爾（Edward Eyre）與原住民嚮導懷利（Wylie）徒步走過2,000公里，穿越整個平原。二十年後，另一位牧師之子陸軍上校彼得・沃伯頓（Peter Warburton）帶著一群駱駝穿越該地，他事後表示：「在納拉伯之中，生物難以生存，即使將它們煮熟後也無法食用。」1896年，膽識過人的自行車手亞瑟・理查森（Arthur Richardson）騎車穿越納拉伯。1900年代，終於輪到鐵路人士開始為跨澳大利亞鐵路勘察路線，在他們測得的數據中，還包含史上最長的筆直軌道：478公里。這條橫貫鐵路共花了五年建造。由於鐵路兩端連接的軌道是不同軌距，所以跨澳大利亞鐵路擁有自己的列車，例如雜貨慢車。

從伯斯連往卡谷力的「威士蘭號」（The Westland）列車於1938年通車，提供過夜載客服務，車上配有水袋，並掛在車廂圍欄以使之冷卻，另外，還有大量用於車上爐灶的木柴。1969年，軌道的軌距終於調整完畢，「印度太平洋號」（Indian Pacific）於是開始提供最早的伯斯往返雪梨直達服務。印度太平洋號是一列閃亮的不鏽鋼客運列車，車上最多僅能容納144名乘客（這是將乘客分為三批用餐的餐車最多能容納的人數）。儘管跨澳大利亞鐵路成為全球必去的火車之旅，它仍持續扮演好連通東西部的重要貨運路線。

當我們剛到這裡時，我向妻子說，我聽說過關於這裡的一切，但這是我第一次親眼目睹。
跨澳大利亞鐵路工人，1954

大汗號

✦

澳洲的南北縱貫鐵路，始於奧古斯塔港，並經由艾利斯泉（Alice Springs）抵達達爾文（Darwin）。這條鐵路花了超過125年才完成。這條奧古斯塔港─政府赤桉鐵路（The Port Augusta to Government Gums Railway），更常被稱為「阿富汗快車」（Afghan Express）或簡稱「大汗號」（The Ghan），它於1891年延伸至烏德納達塔（Oodnadatta）。在接下來的22年，前往艾利斯泉的旅程皆必須藉助駱駝完成，就連該路線在1929年延伸至艾利斯（Alice）後，情況還是一樣。總長2,979公里的路線，直到75年後才全數連接在一起。

1932

雪梨城市鐵路
Sydney City Railway

區域：澳洲
類型：客運
長度：4.9公里

◆社會
◆商業
◆政治
◆**工程**
◆軍事

有很長一段時間，雪梨港灣大橋（Sydney Harbour Bridge）一直是全球最寬的長跨距橋梁（long-span bridge），它是專為雪梨地下鐵系統所建，做為其路線的一部分。隨著鐵路時代的進展，巨大的橋梁在其他各大洲如雨後春筍般湧現，只有在偶爾發生橋梁崩塌意外時才會躍上新聞版面。

牛角理論

除了過橋恐懼症患者（gephyrophobics）之外，每個人都喜歡渡橋，我們想擁抱海濱不一樣的景致，也想滿足地凝視腳下深不可測的水面。偉大的橋梁即是美的展現：佛羅倫斯的老橋（Ponte Vecchio）和法國阿維紐（Avignon）的嘉德水道橋（Pont du Gard），皆是出自義大利人之手的鉅作；布拉格的查理大橋（Charles Bridge）、紐約莊嚴的布魯克林大橋（Brooklyn Bridge），還有葡萄牙里斯本太加斯河（Tagus River）上眩目多變的薩拉查鐵路大橋（Salazar Railway Bridge），薩拉查鐵路大橋在葡萄牙專制政權瓦解後，隨即改名4月25日大橋（Ponte 25 de Abril）。不少靈思泉湧的偉大工程師心中，都有個造橋魂。

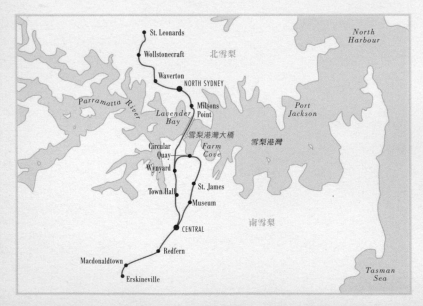

新南威爾斯
澳洲極具代表性的雪梨港灣大橋，綽號衣架（Coathanger），它是連接北岸和雪梨商業中心區的重要鐵路區段。

尚一羅道夫・佩羅內（Jean-Rodolphe
Perronet）創立了史上第一間工程學院巴黎路橋學
院（École des Ponts et Chaussées）。他有個理論：
細長而彎曲的支架能夠支撐極大重量（牛角理論
〔les cornes de la vache〕），並應用在位於巴黎塞納
河畔的訥伊橋（Pont de Neuilly）上，該座橋共使
用了1,771塊的磚頭和石頭。鐵路時代之初，造
橋工程師有了不可思議的新材料能夠把玩：鐵。
史上第一座鑄鐵橋位於英格蘭士羅普郡的柯爾

鑄鐵
世界第一座鐵橋位於士羅普郡
的艾恩布里治（Ironbridge），正
如山繆・史邁爾斯所言，鐵是
「文明社會的主推動力」。

布魯克得爾，建造於1770年代。「此一奇特的金屬，不僅是每項製造業的
靈魂，也很可能是文明社會的主推動力。」這是山繆・史邁爾斯在其著作
《發明與工業的重要人物》（*Men of Invention and Industry,* 1884）中對鐵的
形容。鐵礦的確是文明社會的主推動力，最大的優點就是抗壓強度。美
國獨立宣言簽署人之一的湯瑪斯・潘恩（Thomas Paine），早已探索過鍛
鐵橋與鑄鐵橋的構想，賓州費頁特郡（Fayette County）的法官詹姆斯・芬
尼（James Finney）也是如此，1800年，他將鐵使用在跨過雅各溪（Jacob's
Creek）的堅固懸索橋上，並在1808年取得其構想的專利。

　　然而，史上首條鐵路橋在1725年就已經建造完成，它橫跨英格蘭
小村莊內的考西溪（Causey Burn），那裡也是大地主道森（Dawson）的土
地。當地擁有礦產的企業集團聘請石匠拉爾夫・伍德（Ralph Wood）為溪
谷造橋，他因此建造了磚造的道森橋（Dawson's Bridge，後來稱為坦菲爾

考西拱橋
史上首條鐵路橋位於英國達
蘭郡，用以服務當地的礦業。
據說，身為建造者的石匠在
這座橋啟用當天，跳橋自殺身
亡。

橋梁崩塌

漢尼拔─聖約瑟鐵路（請見第106頁）上的普拉特橋（Platte Bridge）在1861年9月崩毀，造成橋上的聖約瑟夜車掉入河中。100名乘客中有17名喪生，受傷人數更多。此次意外是因邦聯戰士的破壞行動所致，他們在橋梁較低的部分縱火，削弱其結構強度。1977年，澳洲發生和平時期最嚴重的一次意外。有一列通勤列車因出軌而撞進路橋支柱，路橋於是崩塌在列車上，造成87人喪生，超過200人受傷。這起事故的起因歸咎於軌道維護不當。

德拱橋〔Tanfield Arch〕或考西拱橋〔Causey Arch〕），道森橋無意間破了世界紀錄，成為世界最長的單跨橋（single-span bridge）——直到1980年代，坦菲爾德鐵路（Tanfield Railway）仍帶著蒸汽列車橫越這座橋，成為當時全球最古老的鐵路橋。伍德顯然對自己的建設太沒有自信，他在啟用當天就從橋上的矮牆一躍而下，結束自己的生命。

在英國鐵路激增期間，1845年算是其中的停滯期。數據顯示，自從利物浦與曼徹斯特鐵路通車以來，英國的橋梁數量已是當時兩倍。至今，大多數的橋仍屹立不搖，但絕對不是全部。鐵路列車的麻煩在於列車會對橋梁施加短暫但沉重的動載重（moving load），因而有可能晃動橋梁至崩塌：塞繆爾·布朗（Samuel Brown）在提斯河（Tees River）上替斯托克頓與達靈頓鐵路建造的一條懸索橋，就是因此在數個月內崩毀。

美國早期的鐵路橋是用木材層層搭建而成，那樣的結構無法讓每個人信服，亞伯拉罕·林肯不禁評論道：「除了支竿和穀稈，什麼都沒有。」半信半疑的馬克·吐溫也說：「很難完全相信它們……實在無從得知這些支架能做什麼。」不過，身為19世紀幹勁十足的國家，美國還是繼續打造了許多具指標性的大橋。其中最受到矚目的就是約翰·羅布林（John Roebling）的尼加拉瀑布（Niagara Falls）鐵路橋，該座橋採雙層結構，上層供鐵路行駛，下層則讓馬車使用。此懸索橋於1855年3月啟用，交通量龐大且綿延不絕，終於在1897年因損耗過度而不堪使用，最後由其他橋梁取而代之。1883年的紐約布魯克林大橋則是羅布林最大的成就（他沒能活著享受這段風光：一艘靠岸中的渡輪碾碎他的腳，他因而死於破傷風）。直到1900年代，鐵公路兩用的布魯克林大橋一直是世界上最長的懸索橋。

尼加拉瀑布
1855年，跨越尼加拉瀑布的橋是全球首見的懸索式鐵路橋。上圖是從加拿大這端看過去的模樣。

另一座破紀錄的大橋是由詹姆斯‧伊茲（James Eads）所建。伊茲來自於密蘇里州的聖路易市，無師自通的他在南北戰爭期間，為聯邦打造數艘「裝甲艦」（ironclad）。由於曾從事河床殘骸打撈工作而攢了點錢，所以他對密西西比河頗為熟悉，當他獲得聖路易首條跨密西西比河鐵路橋的興建合約時，他建造了前所未有、全球跨距最長的橋。他也透過十四輛機車頭進行重量測試，以確保其可用性。

騎兵闖入
雪梨港灣大橋的建造工程始於1923年，1932年的開幕儀式因為一件出其不意的抗議行動而受到影響。

雪梨港灣大橋

在幾近六十年後，雪梨港灣大橋的設計師甚至更加小心謹慎，他們同時讓超過九十輛機車頭行駛於鐵路橋上，以進行載重測試。雪梨港灣大橋綽號「衣架」，原由十分顯而易見，當時，它是全球最大、最寬，而且無疑是最有名的鐵路用鐵製拱橋。這座橋啟用的1932年那天，一名身著制服、反對政府政策的騎兵，出其不意地騎馬衝進會場，並持劍劃破開幕彩帶。雪梨港灣大橋的目的是連接北岸和雪梨商業中心區，以及連結至雪梨的城市鐵路。城市鐵路的建造者為約翰‧布拉德菲爾德（John Bradfield），興建工程始於1926年，不過是在30年後才完工。雪梨港灣大橋上的車用線道多過於鐵路軌道，顯示出汽車更加光明的未來（1961年，這座橋的兩條路面電車軌道和路面電車一起走入歷史，並以貨車和汽車專用線道取而代之）。

布拉德菲爾德的橋
約翰‧布拉德菲爾德是雪梨港灣大橋的設計者之一，他相信雪梨的經濟會因連接其南北部的鐵路而蒸蒸日上。

雷夫‧弗里曼（Ralph Freeman）是雪梨港灣大橋背後的英國工程師之一，他曾於1905年負責維多利亞瀑布大橋的工程（請見第149頁）。弗里曼跟隨著約翰‧雷尼和無師自通的湯瑪斯‧泰爾福德等造橋者的腳步，這兩個人在鐵路來臨時，都是興建路橋的工程師，雷尼曾任職於蒸汽機製造商博爾頓瓦特公司，泰爾福德則在1826年負責美奈吊橋（Pont Grog y Borth）的興建工程，用以讓郵遞馬車渡過北威爾斯的美奈海峽（Menai Strait）抵達愛爾蘭的渡口。假如泰爾福德接獲的委託能晚個十年，他很可能也

是鐵路橋的建造者之一。跨美奈海峽鐵路橋的建造重擔最後落在羅伯特‧史蒂文生身上，他和伊桑巴德‧金德姆‧布魯內爾與約瑟夫‧洛克堪稱1800年代的鐵路造橋三巨頭。史蒂文生在旅行至北威爾斯並擬出不列顛大橋（Britannia Bridge）的創新設計圖後，必須利用等比例模型來進行86公噸的重量測試，好讓詆毀他的人相信那樣的橋真的能安全地承載郵政列車。1850年，史蒂文生親自敲下不列顛大橋的（200萬根中的）最後一根釘，火車持續運行其上長達120年之久，直到1970年的一場大火迫使這座橋進行重建為止。

約瑟夫‧洛克的聲名因史蒂文生和布魯內爾而相形失色（然而他其實是許多重要路線的幕後功臣，巴黎—阿弗赫鐵路也是其中之一）。布魯內爾是驚人的造橋者，他的大西部鐵路向西橫貫英格蘭，深入亞芬（Avon）和薩莫塞特（Somerset）的丘陵，以及德文郡和康瓦耳郡的深谷，同時，他還為西康瓦耳鐵路（West Cornwall Railway）設計了八座高架橋，更在普利茅斯與楚洛（Truro）之間，為康瓦耳鐵路（Cornwall Railway）打造了三十四座高架橋和橫跨泰馬河（Tamar River）的鐵路橋，這座鐵路橋於1859年開通，並以維多利亞女王的夫君艾伯特王子命名。四個月後，因中風而生命垂危的布魯內爾，即是利用此座橋來運送。

如泰馬河鐵路橋般屹立不搖的橋，對歷史造成的衝擊總是小於崩塌的那些。沒有什麼橋能比加拿大聖羅倫斯河上的魁北克大橋更倒楣了，該座橋位於大幹線橫貫鐵路上（請見第134頁），1907年8月，其中央部

布魯內爾的橋
於大西部鐵路途中，極具革命性的皇家艾伯特橋（Royal Albert Bridge）橫跨泰馬河之上，並於1859年開通。完工後不久，它就被用來運送生命垂危的布魯內爾。

分的549公尺懸臂式區段已有部分建造完成，現場工程師發現有些支承盤（supporting plate）變形，因而將情況通報給經驗豐富的設計師西奧多·庫柏（Theodore Cooper, 他在詹姆斯·伊茲建造聖路易的鐵路橋時即擔任總工程師），庫柏馬上下令停工。然而，他的指示並未被轉達予工作團隊，而橋也在85名工人同時施作時突然崩塌，僅11人生還。1916年9月，就在魁北克大橋即將完工時，災難再次降臨。其中央部分在吊掛至定位時不慎落入聖羅倫斯河，導致11名工人喪生。一年後，他們才終於成功搭起這座跨聖羅倫斯河的鐵路橋。

英國最臭名遠播的鐵路災難發生在蘇格蘭的泰橋（Tay Bridge）。當時泰橋是全球最長的橋，建造者湯瑪斯·包治（Thomas Bouch）也在維多利亞女王於1879年穿越它後，受封為爵士。假如維多利亞女王改搭同年12月一個暴風雨夜的郵政列車，大英帝國的歷史可能就此改寫。根據當時的鐵路信號員所言，他看到守車（guard van）上的紅燈在轉暗後熄滅，那是那列郵政列車的最後身影。泰橋的中央區段崩毀，整輛列車於是載著75名乘客衝進泰河，無人生還。不過，該列車的機車頭爾後經過修復並重新開始服役。在往後的調查中發現，當時已被摘除爵位的包治在設計之初犯了簡單的計算錯誤，後來的造橋者皆以此為誡。

約瑟夫·莫尼爾

✦

混凝土鐵路橋的建造者，都要感謝法國園丁約瑟夫·莫尼爾（Joseph Monier）讓他們擁有這樣建築材料。莫尼爾不滿於傳統黏土容器易碎的天性，因此嘗試結合濕混凝土的可塑性與鐵的強固性，並為此想法申請專利：鋼筋混凝土遂而誕生。他將這個構想拿到1867年的巴黎世博會（Paris Exhibition，其他參展作品還包括比利時的牛車，以及格蘭特機車頭製造廠〔Grant Locomotives〕的機車頭「美國號」〔America〕，該工廠位於紐澤西州的帕特孫〔Paterson〕），後來也在法國沙澤勒（Chazelet）為某位客戶建造混凝土橋。

柏林—漢堡鐵路
Berlin to Hamburg Railway

區域：德國

類型：客運、貨運

長度：286公里

◆ 社會
◆ **商業**
◆ 政治
◆ **工程**
◆ 軍事

蒸 汽列車稱霸鐵路超過整整一世紀，不過，如今它終於遇到敵手——魯道夫·狄塞爾博士的發明，以及於1930年代登場的「漢堡飛人號」（Flying Hamburger）。

柴油電力列車上場

1934年，聯合太平洋鐵路推出可能改變全美鐵路旅行生態的列車：「M-1000」。M-1000的前端狀似《星際大戰》的黑武士（Darth Vader），並且擁有流線型的尾端。同年2月，所有93.5公噸的M-1000一同出動，行駛於聯合太平洋鐵路的軌道上，進行橫跨東西岸的展示活動。此型號的列車爾後重新命名為「沙利納之城」（City of Salina），計劃將行駛於密蘇里州的堪薩斯城（Kansas City）和堪薩斯州的沙利納（Salina）之間，用以運載郵件及略多於100名的乘客，車廂擁有空調設備，它也有望成為最早的柴電特快車。

只可惜，它的柴油引擎尚未準備妥當，競爭對手「先鋒者微風號」（Pioneer Zephyr）搶先一步成為美國最早的柴電列車。聯合太平洋鐵路公司首輛可運作的柴電機車頭，讓列車以135公里的平均時速，行駛於懷俄

德國柴油鐵路
1930年代，柏林—漢堡鐵路利用柴油動力的漢堡飛人號，提供世界最快的定期客運服務，因而登上頭條。

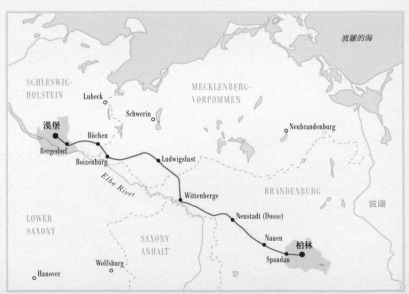

明州的夏安和內布拉斯加州的奧馬哈之間，總長817公里。後繼型號「波特蘭之城」（City of Portland），則是行進於芝加哥和俄勒岡州的波特蘭（Portland）之間，總長3,652公里，使得原本五十八小時的行程足足減去十八小時。它激發了大眾對特快列車的鐵路運輸需求，且當時正逢美國與汽車產業間的戀情萌芽，旅遊習性也因而受到影響。聯合太平洋鐵路公司後來又陸續推出十一節車廂與十七節車廂的流線型列車，例如「洛杉磯之城」（City of Los Angeles）和「舊金山之城」（City of San Francisco）。

The Pioneer Zephyr—Daddy of 'em All
FIRST DIESEL STREAMLINE TRAIN IN AMERICA
1934—TENTH ANNIVERSARY—1944

銀色閃電
不鏽鋼製的先鋒者微風號行駛於丹佛（Denver）和芝加哥之間，並以時速124公里創下朝發夕至的紀錄。

　　擁有流線型車身的先鋒者微風號讓M-1000黯然失色，它行駛於堪薩斯城和內布拉斯加州的林肯市（Lincoln）之間。這兩個城市間最快的列車原本是以蒸汽動力的「獨裁者號」（Autocrat），平均時速59公里，對1930年代來說，算是很不錯的表現。行程總長1,624公里，旅行時間略少於二十八小時，然而，1931年5月26日，當不鏽鋼製的先鋒者微風號柴電列車以125公里的平均時速急駛而過，旅行時間立刻縮短至十三小時。它當時正在前往芝加哥的世紀進步博覽會（Century of Progress），那是再適合不過的目的地。先鋒者微風號之所以能吸引大眾注意，有部分是因為鐵路公司在列車啟用時於沿線安排高度集中的公關活動。他們指派鐵路員工負責平交道路口，並派駐童子軍負責各個站點，藉此完成朝發夕至（dawn-to-dusk）的創舉。

　　先鋒者微風號等柴電列車的建造成本高昂，但投資成本可以被相對較低的營運成本（相較於需要大量煤炭的蒸汽機車頭）抵銷，而且乘客不僅能享受空調車廂、收音機訊號、可調式椅背，還有一節具有展望室的景觀車廂，以及自助餐車。最初的七十二座位列車（郵件和貨物佔用三分之一的空間）在累積1,609,300公里後退役，並展示於芝加哥的科學與工業

Bo Bo與Co Co

利用輪軸配置辨識蒸氣機車頭的傳統方法（見見第167頁），並不適用柴油或電力機車頭。傳統方法是用字母來表示其具有動力的主輪與不具動力的從輪軸數。如A代表一對動軸、B代表兩對、C代表三對、D代表四對。在柴油與電力機車頭上，由於車輪改以轉向架進行配置，因此分類法變得更複雜，它會加上字母o來表示，因而出現頗為可愛的標記，如機車頭配置雙轉向架、每個轉向架有兩對動輪稱為「Bo-Bo」，三對動輪則稱為「Co-Co」。

博物館（Museum of Science and Industry）。鋁合金車身的M-1000則在二次大戰時遭回收，用以製成飛機和軍需零件。

敏捷而迅速

1930年代，流線型設計橫掃美國和歐洲大陸，它一開始只是用以增進空氣動力效率的技術名詞，後來卻成為速度與能量的代名詞。流線型深受德國包浩斯風格和裝飾藝術的影響，並在1930年代出現在許多列車身上，先鋒者微風號、漢堡飛人號和英國的「漢米頓女爵號」（Duchess of Hamilton）皆包含在內，漢米頓女爵號後來在度假村經營者比利・巴特林（Billy Butlin）的幫助之下，才躲過報廢的命運。流線型其實並非全新創意，詹姆斯・科特（James Cott）在1895年就曾指出：「列車頭的前端應當呈楔形，有些類似船的形狀⋯⋯如此一來，就能減少列車行進所需的動力。」

聞名德國的魯道夫・狄塞爾博士最初發明的柴油引擎並沒有空調系統，假如命運稍微轉變，在一位英裔澳洲工程師於1890年取得類似引擎的專利之後，如今列車駕駛談論的可能就是艾克羅伊德—史塔特（Akroyd-Stuart）引擎，而不是狄塞爾引擎。然而，最後是由出生於法國的狄塞爾勝出，他在1892年取得專利，攢了百萬財富，最後在1913年離奇失蹤於遊輪「德勒斯登號」（S.S. Dresden）上，當時，那艘船正從安特衛普航向哈威治（Harwich）。

狄塞爾博士
發明史上最成功引擎之一的魯道夫・狄塞爾，最後在詭秘的情況下消失無蹤。

自從鐵路誕生以來，工程師不斷嘗試不同的動力來源。汽油和煤油太過容易爆炸，而艾克羅伊德—史塔特和狄塞爾的引擎只需便宜的原油即可運作。不過，它們並非徹底安全：狄塞爾很幸運地逃過一次測試機的爆炸。柴油引擎的缺點在於它必須先暖機後才能運作，在工程師協力解決這個問題後，此隆隆作響的引擎終於得以在1898年的慕尼黑公開展示。

十五年後，狄塞爾前往倫敦參加公司會議，他登上一艘夜間行駛的遊輪，並預約晨間叫醒服務。在

有朝一日，（植物油）的重要性可能媲美現今的石油和煤焦油產物。
魯道夫・狄塞爾

那之後，就沒人再看過他的身影。他摺疊好的大衣放在甲板上，而他的客艙未有入侵痕跡。後來，一艘荷蘭船隻的船員從海上撈到一具屍體，他們取下私人物品後將屍體扔回海裡，而那些物品最終由狄塞爾的兒子尤金（Eugen）證實為父親所有。

漢堡
漢堡飛人號在第二次世界大戰前，是全世界最快的客運服務。

狄塞爾是否因為金錢問題而自殺？是否遭人謀殺？各種陰謀論滿天飛，有人說他也許是被德國特工殺害（對德國和英國間日益增長的敵意，他可能握有有用情資），也可能是死於油商之手（他希望有朝一日能以植物油來運作他的機器，此舉可能會危及石化產業的利潤）。狄塞爾的死亡之謎始終未能解開，而柴油引擎也在全球持續發展。

加拿大國家鐵路公司（Canadian National Railways）於1925年打造了八輛柴電機車頭，並將其中一輛送上自蒙特婁前往溫哥華的橫貫全國之旅，當時的司機僅接獲一項指令：「就讓它跑就是了。」結果，其引擎持續運作六十七小時，跨越4,715公里路，絲毫沒有疲乏的現象。

七年後的1933年，德國在沒認知到其名稱可能在別處貽笑大方的情況下，推出柴油動力客車──漢堡飛人號。不過它的表現可讓競爭對手一點也笑不出來，漢堡飛人號共有兩節藍紫色與乳白色相間的車廂，各自擁有駕駛室，並以時速161公里行駛於柏林和漢堡之間，那是全球最快的定期鐵道客運服務。漢堡飛人號在二次大戰終止服務，並在戰後由法國接手，做為戰爭賠償。法國持續使用它直至1940年代末期。

上述漢堡和柏林之間的旅行速度，在接下來的65年持續保持領先，而柴油和電力動力不斷取代蒸汽機在鐵道的地位，美國的汽車製造商通用汽車（General Motors）開始大量生產柴電機車頭。它們是經標準化設計，並且專門設計為具有相互聯結的機制：輕的牽引重量時只需一輛，牽引量較重時則可達四輛機車頭重聯運轉。柴油引擎似乎必定成為未來的動力來源，然而這不是故事的結局：1985年，德國的德國鐵路公司（Deutsche Bahn）開始測試更新、更快的ICE高鐵列車（InterCityExpress，請見第217頁）。

未來的模樣
多用途的美國製柴電機車頭為各大洲提供動力，並加速蒸汽動力走入歷史。

布拉格—倫敦利物浦街車站
Prague to Liverpool Street Station, London

區域：捷克斯洛伐克、德
　　　國、荷蘭、英格蘭

類型：客運

長度：1,296公里

◆ 社會
◆ 商業
◆ 政治
◆ 工程
◆ 軍事

讓群體中易受傷害的成員遠離危險已行之有年，不過，在全球航空旅行開始以前，船運和鐵路是唯一能安全承載大量旅客的運輸工具。

鐵路之子

　　《鐵路之子》（*The Railway Children*）是薩里郡的社會主義者伊迪絲·尼斯比特（Edith Nesbit）於1905年推出的著作，書中的主人翁分別是鮑比（Bobbie）、彼得（Peter）和菲爾（Phil），他們徒勞地等待父親從遠方歸來。在本書出版至第二次世界大戰結束為止，鐵路可能已經撤離了多達700萬名「鐵路之子」。

　　將脆弱的孩童及其母親撤離至安全地點已是自古以來的傳統，然而，20世紀在歐洲興起的法西斯主義，以及利用鐵路大量遷徙民眾的可能性，都讓撤離行動變得更加緊迫。巴斯克難民（Basque refugees）即是最早需要撤離的群眾之一，當時，西班牙北部遭弗朗西斯科·佛朗哥將軍（General Francisco Franco）帶領的法西斯軍隊攻擊，因此孩童必須被撤離家鄉，佛朗哥爾後成了西班牙的元首。1937年，來自納粹德國空軍禿鷹軍團（Condor Legion）的德國轟炸機，對毫無防禦的西班牙城鎮格爾尼卡（Guernica）進行實驗性的「閃電戰」（blitzkrieg）。這場突襲激發巴勃羅·畢卡索（Pablo Picasso）創作同名畫作《格爾尼卡》（*Guernica*），那是一幅具有歷史意義的抗議作品，同時，該事件也是「巴斯克難民」的開端。小

逃離路線

將近1萬名孩童得以逃離納粹的手掌，但是在戰爭來臨之前，他們就已因此孤苦無依，沒有父母在身邊。

至5歲的孩童被送往英國、比利時，甚至是墨西哥和蘇聯，藉此安然度過戰爭期間。最後，不論是俄國領袖約瑟夫・史達林（Joseph Stalin）或西班牙元首佛朗哥，皆禁止被送往蘇聯家庭的孩童回到西班牙。

超過4,000名孩童被送上蒸汽船「哈芭那號」（Habana），並運往英格蘭的南安普敦（Southampton），他們的翻領上別有標示著「遠征英格蘭」（Expedición a Inglaterra）的名牌。接著，透過鐵路運至北斯托納姆（North Stoneham）附近的暫時難民營後，他們被送往分布在英國各地的新家。（一名英國女學生回憶道：「我記得那些深色頭髮、深色皮膚、身形消瘦的女孩突然出現在我們學校：她們教我們沒聽過的奇怪兒歌。」）

德國對英國城市的轟炸突襲迫使英國透過鐵路進行大規模的孩童撤離。當戰爭於1939年爆發，估計將有480萬名孩童被送往國內較安全的區域，然而，最後僅有150萬名成功送往偏鄉。儘管人數龐大，但是每個孩童的故事都不一樣。當9歲的潘蜜拉・道勃（Pamela Double）和其11歲與3歲的兄弟一同撤

> **本人茲此下令，請做妥準備，以便徹底解決全歐德國勢力範圍內的猶太人問題。**
> 赫爾曼・戈林，1941年7月

離時，列車在深夜抵達鄉間的車站，她被迫與手足分離，並與牧師的園丁和其妻子同住。她回想道：「我不覺得園丁太太對於有9歲女孩同住這件事感到開心。」

當法國戰敗且德國對英國的入侵似乎近在眼前，撤離人數再次激增。德國的轟炸行動在1940年代達到高峰，逃離城市的人數也是如此。當時10歲、綁著辮子、盛裝打扮的瑪薇絲・歐文（Mavis Owen）也是其中之

最後的旅程

◆

2009年，難民兒童運動（Kindertransport）已展開整整七十年，一班具歷史意義的列車駛離布拉格的中央車站（Central Station），並前往倫敦的利物浦街車站（Liverpool Street Station），以紀念尼古拉斯・溫頓（Nicholas Winton）協助安排的旅程。此紀念之旅總共花了四天，並且使用六輛不同的蒸汽機車頭，其中包括斯洛伐克製的「格林安東號」（Green Anton），以及2008年製的新主幹線蒸汽機車頭「旋風號」（Tornado）。其車廂包含捷克斯洛伐克首任總統托馬斯・加里格・馬薩里克（Tomáš Garrigue Masaryk）的豪華交誼廳，曾用於服務1931年配合船期的列車「金箭號」（Golden Arrow）。

一。她記得，在1941年，她被引領著穿過遭到轟炸的利物浦街道，接著走向車站：「我們的媽媽不允許和我們一起進入月台，免得她們太過傷心。所以是爸爸把我們帶上車，我哭得傷心欲絕，因為我覺得此生再也無法見到我的爸媽。」

列車一路駛向中威爾斯，並於蘭德林多威爾斯讓迷惘的孩童們下車。瑪薇絲被帶往克來羅（Clyro）村莊的一個農莊：「我和伊凡斯（Evans）夫婦一同住在一個名叫『天堂』的農場，而那座小農場真的是名副其實的天堂。」1944年，瑪薇絲加入農業促進婦女隊（Women's Land Army）。「戰後，我回到農場，而且再也沒有回去利物浦。」

對大多數被撤離的德國難民兒童（kindertransportees）來說，回歸故鄉與家庭的機會並不在他們的選項裡。小露絲・米哈埃利斯（Ruthchen Michaelis）也是其中之一，她於1935年1月出生於柏林，母親並非猶太人，但父親是，即使在純真的3歲，小露絲仍感受到整個社會與之作對。「我知道不好的事情正在發生，因為我還記得當時感到害怕卻又不知道為什麼的感覺。」

1939年2月，小露絲、母親和她7歲的哥哥在柏林動物園車站（Zoo Station）上車，往後的十年，她沒再到過柏林。「當我們步下汽車，我大發雷霆，因為我想去動物園，而不是英格蘭。」她們登上前往某個英吉利海峽港口的列車。「我記得彷彿永無止盡的火車之旅……然後是昏暗的天色，以及我們沿著碼頭走在一艘巨大的船旁邊。」

她們越過英吉利海峽，接著抵達英格蘭的海關櫃台，母親將克莉絲汀（Christine）——她最愛的娃娃——遞給她。海關人員試圖檢查那個娃娃，但是小露絲尖聲抗議，強烈表達不滿，最後，在經過粗略的檢查之後，娃娃還給了小露絲。那具娃娃其實內藏著母親自德國偷帶出來的傳家珠寶。

向英雄致敬
弗洛爾・肯特（Flor Kent）打造的尼古拉斯・溫頓雕像。身為證券交易員的溫頓在1939年幫助孩童逃出德國。

「在船靠岸後，我們又坐了好久的火車才到倫敦。那時，我真的受夠火車了。」然而，還有另一段鐵道之旅等著她，她們將前往肯特郡美德茲頓（Maidstone）的一間新育幼院（foster home），在那裡，她們的母親安撫其入睡，向她們道晚安，然後從此消失無蹤。她們的母親必須回到德國，連聲告別也沒有。「我只好當作她已經過世。」

嘎然而止

身為1萬名猶太兒童難民之一，小露絲‧米哈埃利斯的身分文件被蓋上「無國籍之人」（Person of No Nationality）。她決心成為名為露絲的英國人，但是這並不容易。露絲住過三個寄養家庭和一間青年旅社，直到14歲，她終於能乘上返回德國的列車。事實上，露絲的父親已在戰時逃往上海，而曾加入柏林的玫瑰大街（Rosenstrasse）的母親，如今已設法藏匿在柏林，那是一場危險的抗議活動，抗議其猶太丈夫遭到關押。露絲一開始就拒絕父親要她回德國的要求，後來因爸爸申請法院傳票才不得不回去。然而，這個心靈受創的青少女再也無法忍受任何人生變故，因此她選擇回到英國長住。

溫頓的列車
2009年，上圖中的特殊列車從布拉格車站開往倫敦，以慶祝難民兒童運動的七十週年紀念。車內坐著許多曾是兒童難民的人。

露絲在1939年搭乘的列車成功駛離歐洲，其他就沒有這麼幸運了。同年9月3日，250名兒童難民在布拉格車站登上通往英格蘭的列車，該趟旅程也是倫敦證券交易員尼古拉斯‧溫頓所安排的眾多旅程之一，溫頓在戰爭前夕前往布拉格，下榻瓦茨拉夫廣場（Wenceslas Square）的飯店，他在飯店中成立辦公室，用以幫助兒童難民。他幫助超過600名兒童逃離，其中，許多人的父母後來都因為身為猶太人而遭殺害。然而，最後一批兒童卻無法抵達終點站。當時，德國已侵入波蘭，那班列車被攔下並遭到遣返，車上的兒童只能走回由納粹統治的命運。

同樣身為鐵路之子的露絲‧巴爾奈特（Ruth Barnett, 當年的小露絲）在其回憶錄《無國籍之人》（Person of No Nationality）中寫道：「我們這些得以生存的小孩，永遠都會記得在歐洲大陸有超過百萬的孩童沒有機會逃離，並且遭到殺害。我不禁想像，他們之中，說不定有人本來可以成為知名音樂家，或是發現致命疾病的解藥。」

南方鐵路
Southern Railway

區域：美國
類型：客運、貨運
長度：1,585公里

◆ 社會
◆ 商業
◆ 政治
◆ 工程
◆ 軍事

對音樂人來說，蒸汽機車頭發出的聲音是一份禮物，但是，沒人想過竟有一首歌能把美國國內車站放進流行音樂的世界版圖。

美人與駿馬

　　約翰‧亨利（John Henry）是位剛強的男子。在故事裡，他以自身的肌肉對抗蒸汽動力的鋤頭，最後因而喪生。約翰‧亨利可能是鐵路隧道的普通鋼鑽工（steel driver），也可能是西維吉尼亞州托爾克特（Talcott）的居民，且曾在乞沙比克與俄亥俄鐵路（Chesapeake and Ohio Railroad）興建期間，於附近的大彎隧道（Big Bend Tunnel）奮力工作。正如凱西‧瓊斯（Casey Jones）成為民族英雄（請見右欄），不論真實故事為何，〈約翰‧亨利之歌〉（Ballad of John Henry）都讓他得以長存人間。

　　鐵路為許多激勵人心的歌曲帶來靈感。曲風嬉鬧的〈卡羅爾頓進行曲〉（Carrollton March）就是其一，描述巴爾的摩與俄亥俄鐵路的通車。英國錄音師彼得‧漢福德（Peter Handford）曾在1950和1960年代錄下英國蒸汽時代尾聲的鐵道聲響，而〈卡羅爾頓進行曲〉與漢福德的「音樂」

不好意思，孩子
（Pardon Me, Boy）
哈利‧華倫（Harry Warren）和梅克‧戈登（Mack Gordon）的〈查塔努加火車〉（Chattanooga Choo Choo），讓田納西的鐵路城鎮正式登上世界音樂版圖。

南方淑女號

如「南方淑女號」（Southern Belle）的聲響令人回味，提供音樂家和作曲家不少靈感。南方淑女號是從堪薩斯城開往紐奧良（New Orleans）的列車。

剛好形成有趣的對比。瑞士作曲家阿圖爾‧奧乃格（Arthur Honegger）在他1923年的樂曲〈太平洋231〉（Pacific 231）中，將蒸汽列車的聲音融入音樂。奧乃格大部分的時間生活於巴黎，他在一次訪談中表示想讓自己的作品紀錄下「300公噸的火車以時速193公里在夜裡呼嘯而過時，速度猛烈攀升的能量。我熱愛（鐵道）就好比其他人熱愛美人與駿馬。」

就如同小約翰‧史特勞斯（John Strauss the Younger），歌劇作曲家喬奇諾‧羅西尼（Gioacchino Rossini）無比愛戀美人與駿馬，卻天生不喜愛鐵道旅行。在羅西尼創作的〈遠足小火車〉（Un Petit Train de Plaisir Comico-Imitatif）中，結局以列車衝撞意外收場，他在說明時語氣還略略帶得意。不過其他大多數音樂家皆十分喜歡列車行進時「哺哺～鏗鏘鏗鏘～」的獨特噴汽聲響與節奏。法國作曲家瑪利亞－約瑟夫‧康特盧布（Marie-Joseph Canteloube）令人難忘的〈奧文尼之讚〉（Chants d'Auvergne），就是在法國一趟漫長的鐵道旅途中完成；巴西的海托爾‧維拉－羅伯斯（Heitor Villa-Lobos）則以更平舖直述的方式創作〈鄉村小火車〉（O Trenzinho do Caipira）：曲中重現蒸汽機車頭的鳴笛聲與蒸汽收縮聲。一如奧乃格，深深陶醉於火車速度的他，為這首歷時兩分鐘的曲目注入拉丁美洲的歡快節奏，並在1930年首次

凱西‧瓊斯

✦

鐵路事故是鐵路詞曲創作者最喜歡的題材。除了〈老97號列車事故〉（Wreck of the Old 97），以及卡森‧羅比遜（Carson Robison）和羅伯特‧梅西（Robert Massey）的〈暴走列車〉（Runaway Train, 1925）之外，其中流傳最久的就是〈凱西‧瓊斯之歌〉（Ballad of Casey Jones）。來自美國開西（Cayce）的約翰‧路德‧瓊斯（John Luther Jones）喪生於1900年4月的一場鐵路事故，當時，他試圖停下自孟斐斯（Memphis）啟程的「4號」列車，以避免其撞上停在密西西比州沃恩鎮（Vaughan）的貨運列車。據說，人們在駕駛室下方尋獲其屍體時，他仍緊握著哨子斷裂的繫繩。

「來吧，凱西
吹響你的哨子吧
大聲吹
好讓他們聽見」

出演時以大提琴演奏。

〈太平洋231〉等作品都是1923~1932年北美洲第一個全國廣播網經常播放的曲目，由加拿大國家鐵路公司提供。該項服務促成加拿大廣播公司的成立，他們仿效全球最早且唯一因鐵路而生的全國廣播電台英國廣播公司（BBC）的路線。1930年代收聽BBC保羅‧坦普爾（Paul Temple）偵探故事的聽眾，同時也能享受重現蒸汽鐵路之旅的主題曲音樂：維維安‧艾利斯（Vivian Ellis）的〈加冕蘇格蘭人號〉（Coronation Scot），以令人振奮的曲風讚揚那部緋紅色與金色相間、在1930年代創下單程六小時半、往返於倫敦和格拉斯哥的特快車。不過，賦予這首歌靈感的其實不是蘇格蘭人號而是「康瓦耳蔚藍海岸號」（Cornish Riviera），艾利斯後來承認：「乘坐在我的薩莫塞特鄉間小屋和倫敦之間的列車上時，這首歌的旋律浮現我腦海。」

康瓦耳節奏
維維安‧艾利斯的廣播主題樂〈加冕蘇格蘭人號〉，靈感其實來自於另一個方向的火車「康瓦耳蔚藍海岸號」。

一開始，管弦樂隊發出機車頭汽笛的低鳴，當時有個不成文的規定，對鐵路音樂來說，在演奏代表鐵輪駛過鐵軌接合點的切分音時，汽笛和管鐘聲不可或缺。美國的蒸汽列車為其汽笛發展出自成一格的管弦樂曲，譬如賓夕法尼亞鐵路如妖精預告死亡般的尖鳴，以及諾福克與西部鐵路（Norfolk and Western Railroad）的嘶啞響聲。汽笛多鑄造成多室管鐘，藉此同時發出不同的音階，而南方鐵路的三管汽笛的悲淒哀鳴，更足以煽動離別情緒及面對無盡曠野的心情。還好有民俗音樂收藏家加以收藏，才能拯救如〈岩島城鐵路〉（The Rock Island Line）等在美國中西部的自家後門廊拼湊出的作品，1930年代的約翰‧洛馬克斯（John Lomax）就是其中一位。

樂器製造家
來自列斯特的樂器製造家，為鐵路工程師喬治‧史蒂文生設計了最早的火車蒸汽喇叭。

當汽笛被柴油列車的雙音階喇叭取代後，據傳，具音樂天份的列車駕駛能拼湊出貝多芬〈第五號交響曲〉的開場，或是更在地的約克郡民謠〈在伊爾克利沼澤上沒戴帽〉（On Ilkla Moor Baht 'at）。

鐵路、爵士和藍調的結合為非裔美國音樂人帶來全新的領域，例如哈利‧雷得曼（Harry Raderman）的〈鐵路藍調〉（Railroad Blues, 1921）和穆迪‧瓦特斯（Muddy Waters）的〈依然是傻瓜〉（Still A Fool, 1951）。然而知名度最高的還是格倫‧米勒（Glenn Miller）1941年的〈查塔努加火車〉，創作人分別是義大利裔的哈利‧華倫（他也為1946年的音樂電影《哈維女孩》〔The Harvey Girls〕寫下茱蒂‧嘉蘭〔Judy Garland〕演唱的〈在阿奇申─托皮卡─聖塔非鐵路上〉〔On The Atchison, Topeka and Santa

Fe）），以及美國沃索（Warsaw）的梅克‧戈登，他們在「伯明罕特別列車」（Birmingham Special）上寫下這首歌曲。列車從阿拉巴馬州（Alabama）的伯明罕開往紐約，途經查塔努加，這首歌曲讓米勒和查塔努加一夕成名（後者甚至成為國家鐵道模型協會的所在地）。米勒死於1944年12月，他搭乘的英格蘭飛往巴黎班機很可能是遭自家軍方誤擊墜毀。戰後，德國爵士歌手比利‧布蘭（Billy Buhlan）演唱了自己的鐵路歌曲〈科泉布荷達快車〉（Kötzschenbroda Express），諷刺煤礦不足、座位不夠時的鐵路旅遊問題。

　　儘管1988年才完成，但〈不同的列車〉（Different Trains）是一首更加撥動情緒的戰時歌曲。創作者美國猶太作曲家史蒂夫‧萊許（Steve Reich）分別以弦樂四重奏和錄音帶的方式呈現。其實驗性的編曲包含來自不同人的訪談錄音，包括猶太大屠殺的生還者。萊許經常在戰時往返紐約和洛杉磯，他瞭解到，假如自己身在歐洲，其鐵路之旅將非常不同，於是寫下這首曲子。

**喔～我的挑夫，我該怎麼做？
我想去伯明罕
他們卻把我帶往克魯（Crewe）。**
音樂廳歌曲

查塔努加列車
伯明罕特別列車曾出現在格倫‧米勒的熱門歌曲中，它於南方鐵路上，行駛於阿拉巴馬州的伯明罕和紐約之間。

奧斯威辛支線
Auschwitz Spur

區域：波蘭
類型：客運、貨運
長度：1.7公里

◆ 社會
◆ 商業
◆ 政治
◆ 工程
◆ 軍事

第二次世界大戰期間，德國國營鐵路（Deutsche Reichsbahn）運送數百萬孩童和男女前往死亡集中營。那是世上最恐怖的大眾運輸工具運用方式。

最終解決方案

1941年9月，德國的猶太人被要求讓其他人先搭乘預定的列車，唯有在所有「亞利安人」乘客都上車後，他們才能至三等車廂找座位坐下。德國國營鐵路最可恥的歷史篇章於焉展開。

德國國營鐵路公司的鐵路已經從第一次世界大戰的損壞和債務中復原。當阿道夫・希特勒拿下統治權時，德國國營鐵路公司的鐵路網效率成了全歐洲之最。

1941年，海因里希・希姆萊（Heinrich Himmler）下令在位於波蘭被德國佔領的一個小地方奧斯威辛（Auschwitz）興建死亡集中營。奧斯威辛位於雙軌鐵路的主要幹線上，此幹線讓來自北方和東方的列車得以通往西南方，而死亡集中營則是透過支線抵達，該支線就位於奧斯威辛國營鐵路車站的西方不遠處。大舉消滅猶太人、吉普賽人和其他「令人不快之人」的行動始於1942年（鐵道已經將數千人載往里加〔Riga〕和明斯克〔Minsk〕的森林槍決），此嚴密的計畫需要靠鐵路來執行。德國透過把人趕進密室並施放毒氣的方式進行大屠殺，在他們對此手法駕輕就熟後，又在貝烏惹次（Belzec）、索比布爾（Sobibór）、

最終解決方案
納粹德國的「最終解決方案」是徹底消滅所有非亞利安人種的人。而鐵路在此解決方案中佔有非常重要的地位。

邁丹尼克（Majdanek）和特雷布林卡（Treblinka）等地興建新的死亡集中營。這些地點之所以被相中，是因為地處偏僻又臨近鐵路。

最初，奧斯威辛有兩間農舍被改為毒氣室。成年人和小孩，不分男女老少，皆必須從奧斯威辛車站徒步邁向死亡。後來，集中營有了特製的鐵路支線，並有調車機車（shunting locomotive）用以將列車推上支線。當人們被載往集中營時，鐵路人員會離開列車。

然而，鐵路人員心知肚明。根據阿爾弗雷德‧米爾澤耶夫斯基（Alfred C. Mierzejewski）的著作《希特勒的火車》（*Hitler's Trains*, 2005），1942年，奧斯威辛車站受卡托維治（Kattowitz）管轄，當時的鐵路營運長瓦特‧曼耳（Walter Mannl）聽聞，附近的建築物被拿來殺害猶太人。國營鐵路交通部門的保羅‧許奈爾（Paul Schnell）負責指派客運車廂作為處決之用：若屬於德國或德國佔領的歐洲地區，即會標上「Da」，位於波蘭原有領地的則標上「PKr」。

鐵路高層以「附加運費」的名目計算這類運輸的帳單費用，三等車廂每節裝50人，每列車20節車廂（後來裝載於單一列車的人數高達5,000人），「特殊」費用是一般三等車廂團體票（400人以上）的一半。後來，拿來裝這些受害者的不再是三等車廂，而是貨車。

鐵路也用來運送死者的遺物。希姆萊於1943年2月收到825節貨車廂的清單，裡頭裝滿衣物、床用羽毛和破布。這些貨物從奧斯威辛和盧賓（Lubin）歸還德國，其中一節車廂裝了3,000公斤的女性頭髮。

1942年的聖誕節，在軍隊利用鐵路返鄉過節時，鐵路人員暫時停止死亡列車的營運。從1943年1月到同年3月底，66列列車總共載了96,450人前往奧斯威辛。到了1944年7月，已有147班列車將45萬名猶太人運向死亡。還有其他列車遠自克羅埃西亞、希臘、比利時、義大利、法國（請見右欄）和荷蘭前來。

戰後，有人認為德國國營鐵路也是納粹高壓政策下的受害者，但是，它的確與政府的仇猶政策合作，並且從中獲利，是鐵路網讓如此大規模的種族滅絕得以實現。1945年1月27日，俄羅斯軍隊攻進奧斯威辛；1月27日因此成為大屠殺紀念日（Holocaust Memorial Day）。

馬賽進行曲

✦

1943年，一列載著哼唱法國國歌〈馬賽進行曲〉（*La Marseillaise*）的客運列車進入奧斯威辛。這列車來自巴黎，也是唯一從法國首都出發且不是載著猶太人的列車，車上坐的是因參與抵抗運動而被捕的女性鬥士。法國警方與德國合作，將230名女性送往奧斯威辛，夏洛特‧岱爾波（Charlotte Delbo）也在其中。她是49名生還者之一，並寫下《奧斯威辛與後續》（*Auschwitz and After*）一書。

1943

泰緬鐵路
Burma to Siam Railway

區域：緬甸、泰國
類型：軍用
長度：423公里

◆ 社會
◆ 商業
◆ 政治
◆ 工程
◆ 軍事

泰緬鐵路是為了在第二次世界大戰補給東南亞的日本軍隊所建設，又稱為死亡鐵路（Death Railway），它奪去了盟軍軍人和緬甸、馬來村民成千上萬的生命。

死亡鐵路

由大衛‧連於1957年執導的史詩電影《桂河大橋》（*The Bridge on the River Kwai*），故事情節雖是虛構，但是內容有提到日本利用戰俘建構鐵路橋的事實。整部電影是以惡名昭彰的泰緬鐵路為背景，日本軍隊於1942-1943年間建設該條鐵路，它又稱為死亡鐵路，據說每鋪設一塊枕木就有一人喪生。

1940年代早期，在日本軍隊迅速攻下東南亞多數地區之後，補給線也越拉越長。軍事策劃者決定興建一條穿過緬甸的連接鐵路，從泰國的班蓬（Ban Pong）往西至曼谷，再穿過叢林和三塔關（Three Pagodas Pass），最後抵達位於緬甸首都仰光南部的丹彪扎亞（Thanbyuzayat）。日本於1942年2月拿下新加坡，他們也抓了無數英國、澳洲、荷蘭、紐西蘭、美國和加拿大的軍人和平民（關於新加坡戰敗的故事也出現在巴拉德〔J. G. Ballard〕的小說《太陽帝國》〔*Empire of the Sun*〕中），這些戰俘被當作興建鐵路的奴工。

旅居印度的英國人也曾想過建造此路線，但是他們最終中止該專案，有部分是因為成本，也有一部分是因為想和緬甸統治者拉瑪五世（Chulalongkorn）保持和平關係（拉瑪五世的角色曾出現在1956年的電影《國王與我》〔*The King and I*〕中）。英國原本預計五年內完工，而日本只花了十五個月就完成，儘管他們的勘測團隊因飛機撞山失事而喪生。此路線的施工人數包含6萬名戰俘和18

東南亞
日本建造戰時使用的鐵路，藉此提供補給予在緬甸打仗的軍隊。然而，如此卻沒有成功讓戰況對他們有利。

萬名當地居民。共計約有10萬名亞洲人和盟軍戰俘死於該鐵路的建造過程，真正的數字可能更高。

泰緬鐵路於1943年10月完工，那是科希馬（Kohima）和因普哈（Imphal）兩場重大防禦戰的前六個月，這兩場戰役皆位於印度東北方的邊界。日本原本計劃大膽襲擊印度的邊境城鎮，以做為入侵印度的第一步，卻在這裡吞下至今最慘重的一次敗仗，13,500名的總傷亡人數中，許多人死於飢餓而非戰火，死亡鐵路未能即時給予補給。日本認為其C56型的蒸汽機車頭每天能運進3,000公噸的食物和彈藥，用以支援北方士兵，然而，泰緬鐵路已遭逢厄運。有些戰俘決心將自己一手打造的成品摧毀，因而設法造成山崩和損壞。盟軍在空中的優勢也使得其戰機能炸斷鐵路。因此，這條鐵路每天的輸送量僅略多於500公噸，沒有人知道確切的數字，因為在日本於1945年8月投降前，多數關於泰緬鐵路的紀錄都遭到銷毀。

不出幾星期，盟軍軍人和存活的戰俘乘著大象沿著鐵路行走，設法找到最多的遺體。這些遺體後來埋葬於三處軍公墓，分別位於北碧（Kanchanaburi）、勿開（Chungkai）和丹彪扎亞。

戰後，英國馬上在緬甸邊境截斷這條路線，他們擔心會被當作緬甸自由戰士的補給線。原本位在泰國且遭摧毀的南部路段，爾後經過重建，並延伸至距離曼谷220公里的南多（Nam tok）。

《桂河大橋》是法國作家皮埃爾·布爾（Pierre Boulle）的文學作品，大衛·連的同名電影即是改編自這部小說。不過，泰國國家鐵路局（State Railway of Thailand）在北碧距離曼谷137公里的一座鐵路橋，豎起「桂河」（River Khwae）的牌子，使得此虛構紀念物成了命喪死亡鐵路者親人的朝聖地。

泰緬鐵路
桂河大橋幾乎與美功河（River Mae Klong，桂亞河為其源頭〔Khwae Yai〕）上的橋沒有關聯。

荷蘭鐵路網
Dutch Railways

區域：荷蘭

類型：客運、貨運

長度：3,518公里

◆ 社會
◆ 商業
◆ 政治
◆ 工程
◆ 軍事

早期，鐵路老闆對員工是採用家長式和權威式領導，伴隨而來的罷工和工會組成，成就了美國的勞動節和英國的工黨（Labour Party）。然而，在被戰爭撕裂的荷蘭，德國軍隊的統治加上一場鐵路罷工，導致饑餓寒冬（Hongerwinter）降臨。

荷蘭的鐵路抵抗運動

1944年，觀眾在看著他們之中的小舞者表演時，發出無聲的喝采，因為將注意力吸引到自己身上並非明智之舉：身為抵抗運動份子，他們時時處於被德國佔領軍射殺的危險。這位跳舞的小女孩就是奧黛麗・路斯頓（Audrey Ruston），日後的好萊塢電影明星奧黛麗・赫本（Audrey Hepburn）。儘管餓得發慌，她還是跳得很棒。事實上，她和同齡孩童皆處於飢餓之中，當時正值「饑餓寒冬」，她們的母親不得不將鬱金香球根磨成粉，好製成麵包食用。

「饑餓寒冬」源自一場鐵路罷工。多數鐵路罷工都是因為員工想改善他們的工作條件，荷蘭罷工的原因卻不一樣。1944年，荷蘭的德國軍政府顯得越來越疲軟無力，三年前，德國入侵俄國，並向美國宣戰，但後來在北非和俄羅斯的史達林格勒（Stalingrad）吞下敗仗。隨著荷蘭對盟軍入侵的渴盼與日俱增，德國對荷蘭平民的掌控也更加嚴苛。只要超過14歲，德國軍政府就會發予身分證明文件，工會也受到德國納粹的控制。荷蘭的反抗情緒逐漸攀升，許多天主教和新教牧師曾透過佈道宣揚，主張他們教堂的會眾應當幫助盟軍，如

荷蘭

當荷蘭的鐵路員工進行罷工，身為當時佔領者的德國阻斷物資供應，再加上嚴寒冬天的雪上加霜，導致全面性饑荒。

鐵路罷工

發生於1877年的賓夕法尼亞
鐵路罷工，進而演變至美國
史上第一個全國性的罷工。當
時，匹茲堡的聯合車站（Union
Depot）在罷工期間遭到焚燬。

今更是請求教區居民退出工會。

至今，已有107,000名荷蘭猶太人以鐵路送往死亡集中營（幾近80%
遭殺害），而1943年，德國就地槍決參與一連串閃電式罷工的鐵路員工。
1944年，盟軍終於在法國的諾曼地登陸，同年9月，他們抵達布魯塞爾，
同時發起「市場花園行動」（Operation Market Garden, 請見第200頁左
欄），以讓荷蘭重獲自由。透過秘密無線廣播和情報員，流亡倫敦的荷蘭
政府請求荷蘭鐵路員工展開罷工。

「市場花園行動」在安恆（Arnhem）的萊茵河畔宣告失敗。德國引進
自己的列車以運輸軍隊，並且開始阻止食物和燃料運進荷蘭，德國軍隊充
分利用死囚（Todeskandidaten）進行嚇阻，他們將死囚留置監獄裡，只要
一發生抵抗運動，就會將死囚帶去公開處決。然而，儘管處境危險，仍有
3萬名荷蘭鐵路員工成功藏匿而未被發現。

全國性罷工

1870年代，鐵路員工開始組成類似互助會的團體和社群，1877年，
賓州的員工組織已經成熟到足以促成美國第一次全國性罷工。杰伊庫克金
融公司（Jay Cooke & Co.）是與鐵路公司關係密切的美國銀行之一，由於
它的倒閉造成金融危機，當時，全美約360條鐵路，幾近有四分之一隨之
破產。

就在巴爾的摩與俄亥俄鐵路於同年內進行第二次調降薪資後，西維吉
尼亞州馬丁斯堡和馬里蘭州昆布蘭（Cumberland）的鐵路員工於是展開罷

工。美國國民警衛隊（National Guard）出動，雙方在昆布蘭街頭駁火。罷工行動迅速蔓延開來。當煤礦工人站出來聲援，賓州政府的阻撓導致全國性罷工。最後，總統拉瑟福德・海斯（Rutherford Hayes）利用聯邦軍隊鎮壓暴動。

鐵路公司老闆，尤其是普爾曼帝國裡的老闆，在二十年後面對勞工關係問題時，也沒有聰明到哪裡去。喬治・普爾曼在配備豪華車廂時儼然是個天才，但是在處理社會工程（social engineering）問題的時候卻缺乏想像力。他在芝加哥為員工建立了一座普爾曼城，在費城與里丁鐵路（Philadelphia and Reading Railway）於1893年宣告破產以前，他的員工都很樂意在這裡租屋居住。然而，當鐵路公司因破產而開始解雇員工，員工還是被要求支付房租，多達4,000人因而展開罷工。

社會主義者尤金・德布斯（Eugene Debs）將罷工者納入自己的工會，並要求仲裁。普爾曼拒絕他的請求，導致將近三十州共25萬名員工拒絕出勤。彷彿歷史重演，鐵路再次停擺，軍隊再次出動。當罷工

市場花園行動

✦

1944年冬天，同盟國軍隊試圖讓歐洲的戰爭劃下句點，但是遇到德國猛烈回擊，而且「市場花園行動」也因為德國搶得先機，讓盟軍無法橫跨位於安恆的萊茵河，只好宣告放棄。荷蘭鐵路員工和平民百姓的罷工導致德國斷絕物資供應，因而產生災難性的後果。當嚴冬逼近，運河結冰而無法讓駁船進入，荷蘭人民立刻陷入食物與燃料耗盡的困境。

萊茵河上的橋
於奈梅亨（Nijmegen），位於萊茵河上的鐵路橋是「市場花園行動」執行期間的關鍵目標。

者回到工作崗位時，德布斯被判入獄服刑六個月（他就是在這段時間研讀卡爾·馬克思〔Karl Marx〕的學說）。而總統格羅弗·克里夫蘭（Grover Cleveland）同樣花了六個月的時間，才決定宣布一個具安撫作用的新國定假日——每年9月第一個星期一的美國勞動節。

鐵路工會

歐洲的鐵路家庭將5月1日視為傳統勞動節，在1900年代初期，成功對抗塔夫河谷鐵路公司（Taff Vale Railway）之後，鐵路公務員聯合協會（Amalgamated Society of Railway Servants）的會員有了特別的原由得以慶祝。塔夫河谷鐵路位於威爾斯，起迄點分別是麥瑟提維和加地夫。1901年，鐵路公務員聯合協會與該路線的業主有所爭執，隨之發起為期十天的罷工，鐵路員工在山坡上的軌道塗油，當車輪開始失去抓地力，列車出軌並衝向軌道邊的樹叢，貨車廂也因而鬆脫。

食物不足
年輕的奧黛麗·赫本最後成為好萊塢電影明星，她當時也是「饑餓寒冬」中挨餓受凍的孩童之一。

鐵路公司將該協會告上法院，協會敗訴且需支付32,000英鎊的賠償金，那在當時是極其龐大的金額。該協會的敗訴確立了法律判決先例，讓工作者不敢再罷工。此判決也讓一群工黨成員決定拿下國會的席次（部分支持者是鐵路員工：1899年，唐卡斯特的鐵路人士湯瑪斯·史蒂爾斯〔Thomas Steels〕即是首位提出贊助成員在國會拿下席次的人）。塔夫河谷鐵路所造成的騷動，幫助29名新工黨成員成功掌權，人數足以組成國會工黨組（Parliamentary Labour Group），他們開始著手處理塔夫河谷鐵路案，並且推翻原先的判決。

工會即是力量：
全員皆兄弟
鐵路公務員聯合協會於19世紀的標語

長久以來，鐵路工會持續與不公平的情況對抗（工會對部分工作條件的執拗堅持也造成進度和創新的延宕）。然而在1944年，荷蘭鐵路員工面對的威脅比失去工資嚴重得多。他們在荷蘭抵抗運動期間破壞鐵路網，必須潛藏以躲避追捕。德國於是引進他們自己的鐵路車輛，並且阻止食物供應至荷蘭西部。在盟軍於1945年5月讓荷蘭西部重獲自由之前，已有超過2萬人死於飢餓。

東海道新幹線
Tokaido Railway

區域：日本
類型：客運
長度：515公里

◆ 社會
◆ 商業
◆ 政治
◆ **工程**
◆ 軍事

20世紀後期的照片中，開始出現一個畫面：一列白色流線型列車駛過山頭覆蓋白雪的富士山。那是日本的「新幹線」（shinkansen），它宣告自柴油列車誕生以來，公共交通終於有了重大突破。

創新的工程

在東京奧運於1964年開幕的不久前，一列新型列車緩緩駛入東京車站。其外型圓滑呈流線型，同時也是全球最快的列車，綽號「子彈列車」。這個軌道系統的正式定名為「新幹線」，它能夠承載6,000名乘客，平均時速達160公里。第二次世界大戰之後，日本的姿態一直放得非常低，而新幹線是其戰後非凡經濟起飛之下的產物。

這不是日本第一次將其在工程上的專業技術展現於世人眼前。1905年，在日俄戰爭之後，838公里的南滿洲鐵道（South Manchurian railway）落入日本手中，其起迄點分別是亞瑟港（Port Arthur, 旅順的舊稱，臨近大連的海港），以及位於哈爾濱南方的長春。他們的工程師迅速修復俄軍撤退時破壞的軌道，並且在瀋陽與安東額外興建共230公里的鐵路。

在大連建立自由港（free port）之後，日本人採用美國製機車頭，並開始營運。他們不僅處理了毒品問題（當時鴉片對當地工人造成不良影響），還鼓勵日本移民前來，到位於鄰近大連的沙河口鐵路機廠工作。

於日本的擴張行動中，除了奪下中國之前的鐵路之外，也在1934年打造出全球其中一列最早的流線型列車「亞細亞號」（Asia），該蒸汽列車沿著大連到長春（此時已更名為「新京」）的698公里鐵路

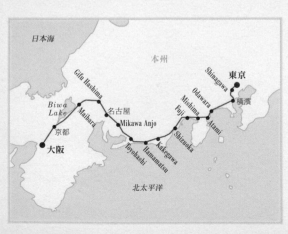

有遠見的日本
與東京奧運同時推出的新幹線，讓鐵路旅行產生突破性的變革。飛快的速度為它贏得「子彈列車」的美稱。

行駛，時速最高可達140公里。他們還一度集結2,000名工人，只花三小時就完成了舊中國東方鐵路中總長240公里的軌距更改工程。這項工程讓亞細亞號得以一路從大連直通哈爾濱，共882公里的路程只需13.5小時。這也意謂著，愛冒險的鐵路旅客可以在巴黎上車，並且於十一天後抵達大連。

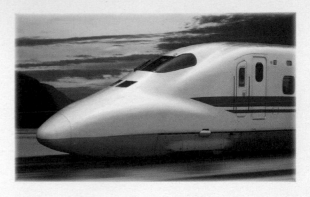

旭日東升
於二戰戰敗後僅過了13年，日本就開始打造全球最快的列車。

日本南滿洲鐵道一連串令人眼花繚亂的擴張工程，在他們於第二次世界大戰戰敗的同時劃下句點。十三年後，新幹線的建設開始，此新路線貫穿東海道地區，東海道介於東京和大阪之間，是全日本人口密度最高的地區。由於日本有四分之三的產業全集中在此，鐵路公司在應付幾近全國四分之一的貨物和旅客上，非常吃緊。

新幹線甫推出就大獲成功，儘管其速度造成一些初期的問題。高速駛入隧道令氣壓突然產生變化，不僅使乘客的耳朵感到疼痛，也導致車上廁所污水倒灌。後來，他們透過壓縮空氣裝置，讓車門在列車進入隧道時自動緊壓車框，進而解決上述問題。

日本很快地延伸路線，1975年新幹線已經可以從東京通往博多（其中包含當時全球第二長的隧道，它穿過關門海峽的海底，總長18.6公里，僅次於辛普倫隧道〔Simplon Tunnel〕），同年5月，新幹線單日載客量超過100萬名乘客。

然而，這條路線也曾遭遇困難。1973年石油危機造成嚴重的通貨膨脹，來自載貨卡車和航空的競爭與日俱增，而且民意一致要求鐵路公司處理其噪音問題，相較於列車經過的聲響，定期維修的噪音更加惱人。

不過，新幹線的網絡仍舊持續拓展，不僅打破不少紀錄，也為舊社群注入新氣息，就和超過150年前全球最早的鐵路網所做的一樣。

我不認為這些機器有足以成為一般交通工具的理由。
威靈頓公爵，1830年

南滿洲鐵道

✦

1945年8月，俄國入侵南滿洲，拆解鐵路並取走，當作其戰利品。該地區後來成為中國國民黨和毛澤東共產黨之間的戰場，國民黨最終敗給共產黨。南滿洲鐵道的管理者對鐵路工程極為精通，之後促使大連成為中國柴油列車製造的誕生地。

1972

舊金山灣區捷運系統
Bay Area Rapid Transit

區域：美國
類型：客運
長度：115公里

◆社會
◆商業
◆政治
◆工程
◆軍事

舊金山灣區捷運系統簡稱BART，它被美國道路關說團體（road lobby）插手阻撓後的近四分之一個世紀，才得以通車，該關說團體迫使BART的前身關閉，許多人懷疑BART能否成功。

成功的象徵

加州人對任何新事物都感興趣，在1960年代後期，當時不少人熱愛紐西蘭盛行的慢跑運動，如今他們又多了一條可以探索的新路線：舊金山長5.8公里的跨灣隧道（Transbay Tube）。此隧道共由五十七個巨大區段所組成，它們先是被拖進海灣，再沉入海底。在承包商將其封閉以舖設鐵路軌道之前，奧克蘭（Oakland）地鐵短暫開放予民眾慢跑、散步和騎自行車。對災難多端的舊金山灣區捷運系統BART來說，這似乎是第一次出現成功的象徵。

BART的首次提議發生於1940年代後期，目的在因應益發嚴重的交通

加州夢
許多城市皆已著手或是正在建設其捷運系統，而舊金山就做了兩次。

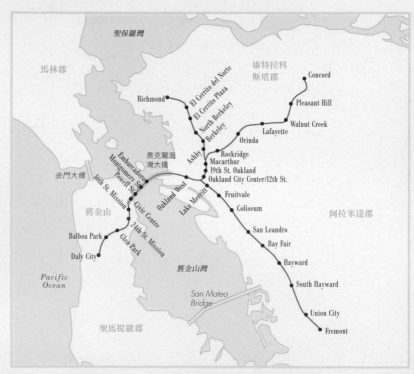

Map labels:
聖保羅灣 | 馬林郡 | 康特拉科斯塔郡 | Concord | Richmond | El Cerrito del Norte | El Cerrito Plaza | North Berkeley | Berkeley | Pleasant Hill | Walnut Creek | Lafayette | Orinda | Rockridge | Macarthur | 奧克蘭海灣大橋 | Ashby | 19th St. Oakland | Oakland City Center/12th St. | Embarcadero | Montgomery St. | Powell St. | 金門大橋 | 16th St. Mission | Oakland West | Lake Merritt | Fruitvale | Coliseum | 阿拉米達郡 | 舊金山 | Civic Centre | 24th St. Mission | San Leandro | Balboa Park | Glen Park | Bay Fair | Daly City | Hayward | Pacific Ocean | South Hayward | 舊金山灣 | San Mateo Bridge | Union City | 聖馬提歐郡 | Fremont

跨灣隧道
位於舊金山灣（San Francisco Bay）海底、長5.8公里的隧道，自1965年開始興建，並且於四年後完工。

壅塞問題，自那時開始，BART經歷創紀錄的通貨膨脹、大眾需求的改變，以及向上飆升的成本，一路走得非常坎坷。它也是美國史上最大宗由當地政府進行的單一公共工程案。

最初，加州共有五個郡一同規劃灣區（Bay Area）共115公里的高速鐵路軌道及三十三座車站。後來，聖馬提歐（San Mateo）和馬林（Marin）兩郡退出，留下阿拉米達（Alameda）、康特拉科斯塔（Contra Costa）和舊金山面對質疑此計畫的一連串法律訴訟。訴訟使成本不斷累積，而且還需面對許多技術問題，例如，他們得確保能夠取得正確的軌道車輛，此外，在舊金山市場街（Market Street）下建設五層樓高的車站時，他們也必須克服因深度超過24公尺而產生的高地下水位問題。儘管遭遇諸多阻撓，BART的車站人員仍成功於1972年9月穿上嶄新帥氣的西裝外套和喇叭褲裝，迎接他們第一批乘客。

向前邁進

20世紀後期，BART等捷運系統在全球各大城市中，皆被視為最佳運輸工具，它讓旅客能安全且有效率地移動，而且對環境也比較不會造成負擔。倫敦的地下鐵從1860年代就已經為此潮流揭開序幕（請見第112

頁），不過，近期的捷運系統更進一步成為消除市區車輛所造成混亂的手段。

自1950年代起，汽車賦予它的擁有者品味、風格、身分，以及最重要的自由。他們能自由地載家人到海邊小鎮；也可以向爸爸借車，在高速公路上冒點險；還能開去購物，如此就無需在購物後帶著大包小包擠公車。除了年紀太小、太老，或是經濟狀況太差的人以外，幾乎所有人都有車。

然而，隨著駕駛享受他們的自由，以及越來越多貨物從原本的鐵路轉為透過道路來運送，社會成本開始攀升。柏油路塞滿車輛、有毒煙霧籠罩城市，就像舊金山一樣，而且意外事故的統計數字也達到警戒標準。鐵路失事非常可怕：1951年，賓州的客運列車「中介號」（The Broker）在紐澤西脫軌，造成85名乘客喪生；1958年9月，紐約一輛通勤列車撞出柵欄，衝進紐瓦克灣（Newark Bay）裡，導致48人溺斃。但是，在同一天以及當年的每一天，死於美國道路上的人數達100人左右。

大屠殺繼續著。根據世界衛生組織（World Health Organisation）統計，每天全球道路死亡人數約有3,500人。各國似乎任由道路死亡率居高不下，只有在交通量可能導致城市停擺的時候，才會有政治意願去處理。新加坡於1987年啟用其大眾捷運系統，每天在102個車站之間流通的旅客量幾近250萬人次。中國的上海地鐵自1995年通車以來持續成長，並成為全球最長的地鐵網；而東京、首爾和莫斯科這世界三大使用量最高的系統，每年服務的人數更是逼近80億人。

單軌鐵路的構想

雖然多數捷運系統採用傳統鐵路的鋼輪鋼

磁浮列車
✦

小說家喬治・歐威爾（George Orwell）的《一九八四》（*Nineteen Eighty-Four*）是一本場景設在未來的小說。而英國城市伯明罕，在1984年宣告全球第一輛磁浮列車（Maglev）的來臨。該列車飄浮於混凝土高架軌道上方，距離軌道1.25公分，並行駛於伯明罕和機場之間。困惑的旅客想尋找列車駕駛卻徒勞無功：磁浮動力列車屬於無人駕駛列車。雖然伯明罕磁浮列車已於1995年拆除，但是其他磁浮列車系統仍運行於中國和日本。

輕盈旅行
中國浦東機場的磁浮列車。磁浮列車的英文「Maglev」實為「magnetically levitated」（靠磁力飄浮）的縮寫。

軌技術，但是規劃者仍然持續探索可能的替代方案，例如行人電動步道、磁浮列車（請見對頁左欄），以及單軌運輸系統。英格蘭工程師亨利‧帕瑪爾（Henry Palmer）曾於1820年代提出單軌系統的想法，在其設計中，車廂懸掛在軌道下，並由馬匹帶動。他指出這種方式有個卓越的優點，亦即能夠避免下雪所造成的阻礙。

　　1888年，愛爾蘭的巴利邦寧農村中，有正式上路的單軌鐵路（請見第39頁），十五年後，一位愛爾蘭發明家路易‧布倫南（Louis Brennan）也為其設計的單軌列車取得專利。1909年，當德國的奧古斯特‧雪爾（August Scherl）宣布將於柏林動物園（Zoological Gardens）展示單軌系統時，布倫南立刻將其列車運往德國一較高下。在德國，單軌系統獲得長久的成功。1901年，介於上巴門（Oberbarmen）和弗文克（Vohwinkel）之間的伍珀塔爾空中鐵路（Wuppertaler Schwebebahn）開始通車，一世紀後，它每年仍載運2500萬名乘客。

單軌
單軌鐵路的發明家亨利‧帕瑪爾，親自示範其簡單原理。該系統在愛爾蘭的巴利邦寧實現。

　　新的單軌系統在整個20世紀不斷發展。1950年代，外型充滿未來感的天行（Skyway）單軌鐵路於德州達拉斯（Dallas）的費爾公園（Fair Park）啟用，在此同時，加州迪士尼樂園（Disneyland）的旅客則搭乘特殊的單軌電車，馳騁於主題樂園內（華特‧迪士尼〔Walt Disney〕認為未來仰賴在單軌鐵路身上）。西雅圖的旅客乘坐單軌列車前往21世紀博覽會（Century 21 Exposition），而1980年代，雪梨啟用了一條長3.6公里的單軌運輸系統，貫穿整座城市。

　　一世紀以前，就曾有人提出興建總長53公里、介於利物浦和曼徹斯特之間的高速客運單軌鐵路，以及另一條介於倫敦和布來頓、長71公里的單軌鐵路。不過，由於鐵路公司的反對，它們未能如願實現。就像運河業者極力阻止鐵路興建，鐵路公司如今也焦慮地

> 假如我們要探討交通，我會說，一座城市之所以美好，不是因為它擁有公路，而是因為它讓孩童能安全地騎著三輪車到任何地方。
> 恩里克‧潘納羅薩（Enrique Peñalosa），前波哥大（Bogotá）市長

鐵路再生計畫

◆

碼頭區輕便鐵路（Docklands Light Railway）是英國第一條行駛於鐵路上的無人駕駛主運輸系統，啟用於1987年。鐵路被視為東倫敦舊碼頭再生計畫的關鍵要素，此外，各種不同的運輸系統也曾列入考量，例如公車和單軌鐵路。最後，策劃者選擇採用輕便鐵路系統，而此總長34公里、共四十站的輕便鐵路，也在二十年後，擁有每年服務7000萬名乘客的亮眼表現。

保護他們的利益。然而在1900年代中期，出現了一個反對聲浪，反對包含單軌鐵路在內的所有捷運系統：汽車關說團體（motoring lobby）。他們與BART的前身舊金山關鍵系統（San Francisco Key System）發生爭執，其詭計多端的手腕也因此攤在世人眼前。

關鍵系統

關鍵系統的名稱來自於其形狀近似萬能鑰匙的路線，它利用鐵路、渡輪和有軌電車提供東灣區的民眾運輸服務，從奧克蘭等地進入舊金山。它於1903年通車，而且有個意想不到的資助來源：熱愛乾淨床單的美國人。法蘭西斯·史密斯（Francis Smith）因硼砂生意致富，那是可溶解的礦物，使用於洗潔劑中，史密斯隨後創立關鍵系統，做為一家私營運輸系統公司。

被稱為「硼砂」史密斯的法蘭西斯在內華達州的沙漠發現硼砂，並加以採集，再用駝騾列車運送260公里，以前往中央太平洋鐵路的起點。1880年代，他也在加州死谷（Death Valley）進行類似的業務，並且興建貨運鐵路來取代駝騾。不過，他仍保留其品牌產品「20 Mule Team Borax」（20匹騾隊硼砂）——「每個優秀洗衣女都愛用」。忠心的洗衣女在週日休假時，會搭乘史密斯的有軌電車（trolley bus）到路線終點，並前往坦姆斯卡溪（Temescal Creek）畔的艾朵拉公園（Idora Park）。這座有軌電車公園（trolley park）擁有令人頭暈目眩的8字形「空中鐵道」（Sky Railway），只可惜，此公園最終因人氣不佳而於1929年拆除。

如今，政府規劃利用海灣大橋（Bay Bridge）來連接舊金山和奧克蘭。該座橋為雙層設計，上層用於行駛車輛，下層則供關鍵系統的列車通行。海灣大橋在1936年啟用，比其知名鄰居金門大橋（Golden Gate Bridge）早了六個月。

十年後，關鍵系統納入全國城市幹線（National City Lines）旗下，問題也隨之展開。1948年，新業主不情願地拆除大家熟悉的有軌電車，並以公車取代。他們的解釋是，由於汽車越來越受歡迎，所以不得不出此下策。他們一面指揮著關鍵系統不可避免的「汽車化」，一面又心情沉重地

被迫調漲車資。在一連串法律訴訟後，才發現全國城市幹線其實就是汽車遊說團體的掩護者。

通用汽車、泛世通輪胎（Firestone Tire）、加州標準石油（Standard Oil of California）和菲利浦石油（Phillips Petroleum）都是起訴書中的名稱，這些公司被指控正進行一項惡劣的全國性商業策略，他們買下各地的大眾運輸系統，藉此將其關閉。然而，儘管惡人已遭起訴，關鍵系統還是於1958年結束營運，它的乘客人數僅十年就掉了超過一半。

舊金山灣區捷運系統成功從關鍵系統失敗的地方重新站起來。2012年，BART歡慶它們的服務滿四十週年紀念，雖然期間偶爾會收到抱怨。當時BART已有四十四個車站，加州人的鐵路體驗宣布成功，而同年，其週間單日載客量衝破40萬人，灣區的空氣品質也終於不再名列美國肺臟協會（American Lung Association）的前25名空氣污染區。

跨越海灣
奧克蘭海灣大橋啟用於1936年，它是專為讓火車、汽車和有軌電車通行所量身訂做。1948年，其有軌電車在充滿爭議的情況下停止服務。

駛向未來
舊金山的捷運系統儘管不如紐約地鐵龐大，但是爾後也成為全美最繁忙的捷運系統之一。

泰爾依鐵路
Talyllyn Railway

區域：威爾斯

類型：客運

長度：12公里

1900年代後期，鐵道走到窮途末路，成為汽車興起之下的犧牲者。在一群志工將一輛威爾斯小火車放回軌道上後，為拯救鐵路所做的努力有了大幅進展。

◆ 社會
◆ 商業
◆ 政治
◆ 工程
◆ 軍事

板岩列車

1976年，就在開往曼布爾斯的小火車停駛的16年後（請見第14頁），另一條小鐵路正展開其穿過中威爾斯的處女航。它是泰爾依列車；世界上最早被搶救下來的鐵路之一。泰爾依鐵路於1866年開始通車，由於南北戰爭中斷對曼徹斯特工廠的棉花供應，一群工廠老闆一同集資，並投資用以替代棉布生產的新業務：屋瓦專用的板岩（roofing slate）。

在歐洲西部地區——西班牙的加里西亞（Galicia）、法國的不列塔尼，以及英國的康瓦耳郡、昆布利亞、蘇格蘭和北威爾斯——當地的泥岩（mudstones）在數百萬年前，就已經變質為優質的灰色板岩層。這些岩石是賜予建築商的恩典，不僅堅硬、防水，而且不畏冰凍，它大量地使用在當地建築上，製成鹽槽和水槽、門楣、門檻、台階以及房屋外牆。它可以用來舖設地板，也可以當作製酪場放置乳酪用的板子。在泰爾依鐵路附近，他們甚至將尖齒狀的板岩用鐵絲綁在一起，製成防止家畜誤闖該區域的柵欄。更重要的是，它成為無懈可擊的屋瓦材料，並在維多利亞時代的建築潮期間大受歡迎。

布林艾格維（Bryn Eglwys）採石場鄰近泰爾依湖（Tal-y-Llyn Lake），雇用超過300位男士來區分女皇（empress）、女公爵（duchess）、女伯爵（countess）和胖女人（wide lady）（板岩尺寸是用貴族階級來區分），接著再將分類好的板岩裝入馱馬貨

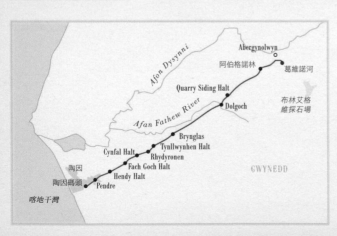

威爾斯漫步之旅

1970年代，前中威爾斯的板岩列車在由志工發起的遺產鐵路搶救行動中，成為最早搶救成功的鐵路之一，因而受到矚目。

車運至陶因（Tywyn）沿岸。泰爾依鐵路是為了加快板岩運送速度所設計，同時也提供載客服務。

　　提供載客服務的計畫令鐵路視察員亨利．泰勒上尉（Captain Henry Tyler）感到擔憂，他認為列車和部分橋梁之間的淨空太窄，可能造成危險。鐵路公司於是將列車其中一側的門窗栓緊，泰勒上尉只好不情願地批准此路線。泰爾依鐵路開始營運，並於1890

年代後期更換新的蒸汽機車頭和車廂，但是，想從布林艾格維擠出獲利，仍舊難如登天。雖然業主持續使用該鐵路車輛直到1951年，但是不論採石場還是鐵路，最後都以關閉收場。

　　21世紀的鐵路搶救行動提供人們許多歡樂，卻很少受到媒體關心。拯救成功的鐵路無以數計：美國於2012年保留了250條路線和鐵路中心，英國150條，而澳洲和紐西蘭也共有100條左右。不過在1976年，媒體卻是爭相報導重新開張的首條遺產鐵路路線，即從阿伯格諾林（Abergynolwyn）開往葛維諾河（Nant Gwernol）的泰爾依鐵路。開幕儀式是由身兼廣播員和記者的沃恩—托馬斯（Vaughan-Thomas）來剪綵，來自威爾斯的他表示，當時真正的英雄是其作家兼記者的友人湯姆．洛爾特（Tom Rolt）。

　　洛爾特寫過許多鐵路偉人的傳記，包括泰爾福德、布魯內爾，以及史蒂文生父子。1950年代，他在伯明罕召集一場目的為拯救威爾斯鐵路的會議。十年後，幸虧地方自衛隊（Territorial Army）即時造橋鋪軌，泰爾依鐵路終於得以重新開張，並由熱心於鐵路的人負責營運。這是全球遺產鐵路熱潮的開始。

我發現搭到火車的唯一方法，是先錯過前面那班列車。
卻斯特頓（G. K. Chesterton）

威爾博特．艾屈萊

✦

威爾博特．艾屈萊（Wilbert Awdry）牧師是「湯瑪士機車頭」（Thomas the Tank Engine）的創作者，他十分熱衷於鐵路。1951年，有人將關於泰爾依鐵路搶救行動的新聞報導寄給他，他立刻決定投身志工。身為「鐵路系列」（Railway Series）的作者，艾屈萊喜歡將泰爾依鐵路的佳話編進自己的故事裡。1997年過世後，他用來編寫故事的書房被移入泰爾依鐵路的博物館，裡頭還有他的芙法奎鐵路（Ffarquhar Railway）模型，那是經常在其故事中出現的虛構路線。

1981

巴黎—里昂鐵路
Paris to Lyon Railway

區域：法國
類型：客運
長度：425公里

◆ 社會
◆ 商業
◆ 政治
◆ **工程**
◆ 軍事

巴黎—里昂鐵路帶過不少知名人物到法國南部，例如文森‧梵谷（Vincent Van Gogh）、保羅‧高更，以及厄尼斯特‧海明威（Ernest Hemingway）和F‧史考特‧費茲傑羅。不過在1980年代，名留青史的不是乘客，而是列車本身。

邁向破速度紀錄之旅

早期電影商盧米埃兄弟在1890年代播放他們的影片《火車進站》（*L'Arrivée d'un train en gare de la Ciotat*）時，導致觀眾倉皇逃跑。因為他們將活動電影機（cinématographe）設置在極其靠近軌道的位置，使得火車彷彿正衝進戲院。

這段故事很可能是捏造的（儘管這對兄弟日後推出的3D版本的確很嚇人），不過，有段在2007年上傳至YouTube的影片中，一群人坐在速度打破世界紀錄的列車裡，那就毫無造假了。3名身著乾淨套頭毛衣、神情有些緊張的男子在法國TGV（Train à Grande, 高速列車）的駕駛室中或站或坐，身後車廂內有一整排的設計師和工程師鑽研著電腦螢幕上的數據。當數據顯示速度達574公里時，工作人員不禁發出小聲地歡呼。

上述兩支影片皆說明了盧米埃兄弟的聰明才智。這對個性嚴謹的兄弟出生並成長於里昂（Lyon），那是法國第二大都市，該都市原本建立在絲織工的精湛經營技巧之上，如今則因早期電影而聲名大噪。1890年代，盧米埃兄弟從里昂車站（Lyon Station）搭鐵路前往巴黎、倫敦、紐約和

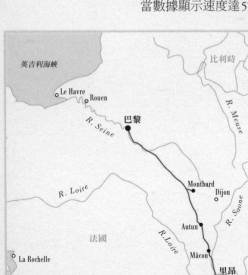

法國全新列車
法國高速列車TGV無愧於其名，風光在2007年創下世界最快速度紀錄。

蒙特婁，並在當地展示其活動電影機。前往巴黎的火車之旅冗長而乏味，儘管相較於1880年代二十五小時的總行駛時間已有所改進。

　　即使到了1960年代，此總長512公里、狀似狗後腿彎曲角度的路線，全程仍需要超過四小時，除非乘客有幸搭上以電力機車頭牽引的「密史脫拉風號」（Mistral，又稱西北風號），才能將旅行時間縮短至略少於四小時（1967年，密史脫拉風號打破時速200公里的門檻）。在日本的「新幹線」出現之後，法國宣布規劃自己的高速列車，他們承諾要設計、建造並且經營一輛屬於全民的火車，如同其全國性的鐵路口號：「唯有全民共享，進步才有意義」（Le progrès ne vaut que s'il est partagé par tous）。

　　這列高速特快車快過所有其他的特快車，路線相同於盧米埃兄弟當初搭乘的路線，同樣介於巴黎和里昂之間。軌道結合高速軌道及既有的城市列車軌道，以求壓低成本，預計每年將有約100萬人使用該路線（該預測顯然太過低估）。然而，實際的建設成本飆高，政府於是介入並提供資金，用以補助予原型列車「派翠克號」（Patrick）和「蘇菲亞號」（Sophia），以及燃氣渦輪引擎（gas-turbine drive）的開發。

　　到了1973年，西方遭遇中東問題，石油生產國之間的衝突導致石油禁運（oil embargo）。原油的儲備量幾近見底，英國政府實施汽油配給券政策，藉此造成汽車駕駛人恐慌。不過，汽車駕駛人很快就將石油危機拋諸

碰！我們從一個車站起飛，不顧一切地飛馳。所有東西都像在飛。
查爾斯・狄更斯對一次往巴黎之旅的感想，《家常話》（*Household Words*, 1851）

腦後，隨著城外超市（需要大貨車運送）與郊區房屋（需要汽車代步）的興建，汽車道路的開發工程也從未停下腳步。同時，汽車製造商也持續以車子能多快加速至時速96公里來刺激銷售，而非說明它們消耗有限油量的速度有多慢。然而，TGV的規劃者經過長時間的冷靜思考，發現若TGV繼續採用燃油系統，未來並不樂觀，因此他們中止使用燃氣渦輪引擎的計畫，改採可能藉助法國核能發電廠供電的電力列車。

全球最快列車登場

1981年，某次TGV試車寫下380公里的紀錄，爾後，派翠克號和蘇菲亞號在同年報廢，新的TGV從巴黎開往里昂的首航，開出略微節制的270公里，幾乎將總旅行時間減半——全球最快列車轟動登場。

鐵路人士已經互相較勁達170年之久。1829年，利物浦與曼徹斯特鐵路的董事會曾在利物浦外的雨山，安排一場機車頭競賽，藉其決定該採用哪一輛機車頭（他們曾考慮利用固定式蒸汽機來牽引火車）。「百科號」（Cycloped）、「創新號」、「堅毅號」（Perseverance）、「無敵號」和史蒂文生的「火箭號」齊聚一堂，一較高下。創新號達到令人驚豔的時速45公里，不過，只有火箭號跑完全程，其在牽引13公噸重物的情況下，最高時速為48公里。

到了1880年代，換作是蒸汽機車頭的戰場，它們爭相奪取倫敦至朴次茅斯和倫敦至蘇格蘭這兩大利潤豐厚的市場。在南部，鐵路公司雇用土木工人來保護列車不被破壞，但是，此舉沒能防止某家公司盜取競爭對手

艾托里・布加迪
（**Ettore Bugatti**）
由賽車製造商布加迪所設計的汽油動力火車「皇家號」（Royale），在兩次大戰之間奔馳於巴黎至里昂的路線，不過，TGV（右圖）打破所有之前的紀錄。

的機車頭，並將其開走。爭取倫敦至蘇格蘭路線的戰爭讓乘客在月台上大發雷霆，因為鐵路公司不顧時刻表，自顧自地比賽誰先抵達亞伯丁南方的琴納貝爾（Kinnaber）。在這類比賽中，鐵路信號員經常被要求裁斷勝負，不過，信號員據說可以收買。十年後，類似的場景發生在英格蘭南部，鐵路公司彼此競相提供能最快往返倫敦、巴黎和布魯塞爾之間的列車服務。

對浮誇的美國牛仔華特・史考特（Walter Scott）來說，創紀錄比勝過其他列車更有意義。1905年，他用5,500美元的現金，說服阿奇申、托皮卡與聖塔非鐵路的洛杉磯分公司將他載往芝加哥的迪爾柏恩車站（Dearborn Station），那是距離3,627公里以外的地方，其總共使用了19名列車組員，以及九輛「大西洋號」（Atlantic）、四輛「大草原號」（Prairie）和三輛「太平洋號」（Pacific）等不同機型的機車頭，才能在破紀錄的44小時54分鐘內完成此長距離的旅行，而此舉也讓聖塔非鐵路在速度上，成為美國中西部至加州路線的贏家。

當德國和義大利於1930年代創下本國內的紀錄時，專為快速運送貨物而量身訂做的全球最大蒸汽機車頭——美國「大男孩號」（Big Boy），達到129公里的時速。不過，創下全球最快蒸汽機車頭紀錄的，則是1938年的「馬拉德號」（請見右欄），以及對其引以為傲的設計者：英國人奈吉爾・格雷斯利（Nigel Gresley）。

第二次世界大戰讓鐵路競賽暫時停擺，而且使得各鐵路網將重心從創下世界紀錄，轉移到設法繼續生存上。法國本身就廢棄了約2萬公里的鐵路路線，英國鐵路則在比欽事件後，不得不縮減（請見第143頁右欄）。

即使在鐵路電氣化和推出污染較少的柴油火車後，鐵路仍被視為過時、不便和昂貴的交通工具。就算道路死亡人數越來越高，每當出現火車事故，還是會登上新聞重大頭條。

然後，TGV出現了。其他高速鐵路網很快地跟進，此時此刻，它代表著步向光明未來的腳步。

高速蒸汽列車

✦

1938年，呈流線型的馬拉德號沿著英格蘭東海岸線（East-Coast Line）一路駛向南岸（South Bank），創下蒸汽機車頭的新速度紀錄。其時速剛好超過德國國營鐵路於兩年前創下的200.4公里。馬拉德號的設計者是奈吉爾・格雷斯利，在他就讀英國公立學校的日子裡，就已經非常喜歡機車頭，長大後更是再兩次大戰之間成為一流的蒸汽機車頭設計師。然而，他的機車頭沒能勝過德國的「齊柏林鐵道號」（Schienenzeppelin），該採用螺槳動力推進及BMW引擎的列車，在1931年就已達到230公里的時速。

英法海底隧道連接鐵路
Channel Tunnel Rail Link

區域：大不列顛
類型：客運、貨運
長度：108公里

足 足晚了一世紀，英法海底隧道（Channel Tunnel, 簡稱 Chunnel）是全球工程延宕最久的鐵路。不過，它開始營運後，也讓大家看見可能來臨的高速鐵路旅行新時代。

◆ 社會
◆ 商業
◆ 政治
◆ 工程
◆ 軍事

擺脫海洋的支配

距離第一輛客運列車慢條斯理地沿著威爾斯海岸運行的200年後，在倫敦，一輛流線型列車停靠在華麗維多利亞風的聖潘克拉斯站，大群旅客湧出車廂。他們是用來測試「1號高速鐵路」（High Speed 1）的試乘旅客，該鐵路是通往歐洲的新高速鐵路。身為其營運單位的歐洲之星（Eurostar）承諾，1號高速鐵路將徹底顛覆鐵路旅行。

擁有哥德式建築的聖潘克拉斯站建立於1870年代，代表倫敦街道獨特的優雅。在其雄偉的外表之下，功能更貼近商業貿易。它是東米德蘭地區所有火車的棲身之處，班次頻繁的柏頓特連啤酒列車也包含在內：負責建造聖潘克拉斯站的泥水匠在測量貨運大廳時，甚至以啤酒桶的大小為單位。

1873年，維多利亞女王前來為「米德蘭大飯店」（Midland Grand）的車站飯店開幕時，啤酒桶被移出視線之外。約一世紀之後，女王的曾曾孫女伊莉莎白二世（Elizabeth II）為了開往布魯塞爾的快速列車首航，來到重新改裝的聖潘克拉斯站（如同紐約的大中央車站，聖潘克拉斯站也是僥倖躲過戰火攻擊）。她搭乘的1號高速鐵路從肯特郡的鄉間列車旁呼嘯而過，藉由英法海底隧道，穿過拉孟什海峽（La Manche, 法國對英吉利海峽的稱呼）。

在英國首相柴契爾夫人（Margaret Thatcher）和法國總統法蘭索瓦·密特朗終於達成協議後，連接英格蘭和法國的英法海底隧道在1994年開通，此隧道花了好

英法海底隧道
1881年，法國的亞歷山大·拉瓦利（Alexandre Lavalley）和英格蘭的愛德華·沃特金斯（Edward Watkins）開始興建此隧道。而如今我們看到的隧道直到1994年才完成。

久的時間才走到這一步。巴黎的拉寇姆（J. M. A. Lacomme）博士提議運用潛艇車廂穿越英吉利海峽，這個荒誕想法出現在1875年，同年，《卡塞爾家庭雜誌》宣稱：「最終，我們必能擺脫海洋的支配，只要經由陸地即可通往歐洲大陸。在隧道完工時，不論那是何年何月，其中將鋪設著雙向鐵路。」但在那之後，英法海底隧道的建設又再度擱置。

> 通過英吉利海峽的隧道工程已經討論多時……據聞，它很快就會付諸實行。
>
> 《卡塞爾家庭雜誌》，1875

當德國聯邦鐵路（Deutsche Bundesbahn）於1985年推出ICE高鐵列車（ICE trains）時，英法海底隧道仍在討論中。ICE是InterCityExpress（城際快車）的縮寫，其中一輛列車曾於1988年打破世界速度紀錄（時速406.9公里），ICE的主要目標是在德國和周圍國家建立有效率的高速鐵路系統，包含瑞士、比利時、荷蘭和丹麥，並且與法國的TGV（請見第212頁）結合。不同於TGV和新幹線，ICE是為了整合至既存鐵路網而設計，根據「61號座位上的男人」（The Man in Seat 61）：它是全歐洲最舒適、最文明且最令人驚豔的高速列車。這個網站的作者馬克·史密斯（Mark Smith）曾任職於鐵路產業，他的網站目的在於提供旅客「比搭飛機更享受且壓力較小的旅行方式」，同時也減少旅客加速全球暖化的可能性。至於為什麼是「61號座位」？他說，那是1號高速鐵路上的最佳座位。

延伸閱讀

Ackroyd, Peter, *London Under*,
Chatto & Windus, London, 2011

Allen, Geoffrey F., *Railways Past,
Present and Future*, Orbis,
London, 1982

Barnett, Ruth, *Person of No
Nationality*, David Paul,
London, 2010

Brown, David J., *Bridges: Three
Thousand Years of Defying Nature*,
Mitchell Beazley, London, 2005

Burton, Anthony, *The Orient
Express; The History of the Orient
Express from 1883 to 1950*, David &
Charles, Newton Abbott, 2001

Chant, Christopher, *The World's
Greatest Railways*, Hermes House,
London, 2011

Dorsey, Edward, *English and
American Railroads Compared*,
John Wiley, New York, 1887

Faith, Nicholas, *Locomotion:
The Railway Revolution*, BCA,
London, 1993

Garratt, Colin, *The World
Encyclopaedia of Locomotives*,
Lorenz, London, 1997

Garratt, Colin, *The History of Trains*,
Hamlyn, London, 1998

Hollingsworth, Brian, and Cook,
Arthur, *The Great Book of Trains*,
Salamander, London, 1987

Kerr, Ian J., *Engines of Change:
The Railroads that made India*,
Praeger, Westport CT, 2007

Latrobe, John H. B., *The Baltimore
and Ohio Railroad: Personal
Recollections (1868)*, reprinted in
Hart, Albert B. (ed.), *American
History Told by Contemporaries*,
vol. 3, 1927

Loxton, Howard, *Railways*,
Hamlyn, London, 1972

Lyman, Ian P., *Railway Clocks*,
Mayfield, Ashbourne, 2004

Metcalfe, Charles, 'The British
Sphere of Influence in South
Africa', *Fortnightly Review
Magazine*, March 1889

Mierzejewski, Alfred C., *Hitler's
trains: The German National
Railway and the Third Reich*,
Tempus, Stroud, 2005

Nock, O. S., *Railways of Australia*,
A. C. Black, London, 1971

Parissien, Steven, *Station to Station*,
Phaidon, London, 1997

Pick, Alison, *Far To Go*, House of
Anansi, Toronto, 2010

Riley, C. J., *The Encyclopaedia of
Trains and Locomotives*, Metro,
New York, 1995

Ross, David, *British Steam Railways*,
Paragon, Bath, 2002

Ruskin, John, 'Imperial Duty,
1870', *Public lectures on Art*,
1894

Smiles, Samuel, *The Life of
Thomas Telford*, Civil Engineer,
1867

Smiles, Samuel, *The Life of George
Stephenson and his son Robert
Stephenson*, Harper and
Brothers, New York, 1868

Sahni, J. N., *Indian Railways
1853 – 1952*, Ministry of
Railways, Government of India,
New Delhi, 1953

Theroux, Paul, *The Old
Patagonian Express*, Penguin
Classics, London, 2008

Tolstoy, Leo, *Anna Karenina*,
Penguin Classics,
London, 2003

Trollope, Anthony, *The Prime
Minister*, Chapman and Hall,
London, 1876

Whitehouse, Patrick B.,
Classic Steam, Bison,
London, 1980

Wolmar, Christian, *Fire & Steam*,
Atlantic Books, London, 2007

Wolmar, Christian, Blood,
Iron & Gold, Atlantic,
London, 2009

推薦相關網站

America's First Steam Locomotive
美國第一蒸汽機車頭
www.eyewitnesstohistory.com/tomthumb.htm

Australian Railway History　澳洲鐵路歷史
www.arhsnsw.com.au

Australian transport history　澳洲運輸歷史
www.environment.gov.au/heritage

Best Friend of Charleston Railway Museum
查理頓的最佳伙伴鐵路博物館
www.bestfriendofcharleston.org

Cape to Cairo railway　開羅─開普敦鐵路
www.tothevictoriafalls.com

Cité du Train – European Railway Museum
火車城─歐洲鐵路博物館
www.citedutrain.com

Darlington Railway Preservation Society
達靈頓鐵路保護協會
www.drps.org.uk

Grand Central Terminal　大中央車站
www.grandcentralterminal.com

Great Western Railway　大西部鐵路
www.didcotrailwaycentre.org.uk

Imperial War Museum, U.K.　英國帝國戰爭博物館
www.iwm.org.uk

London Underground at London Transport Museum
倫敦運輸博物館之倫敦地下鐵
www.ltmuseum.co.uk

Music and Railways
www.philpacey.pwp.blueyonder.co.uk

National Railroad Museum, U.S.A.
美國國家鐵路博物館
www.nationalrrmuseum.org

National Railway Museum, U.K.
英國國家鐵路博物館
www.nrm.org.uk

Otis Elevating Railway　奧蒂斯高架鐵路
www.catskillarchive.com/ otis

Richard Trevithick　理查・特里維西克
www.trevithick-society.org.uk

Samuel Smiles' Lives of George Stephenson and
Thomas Telford
www.gutenberg.org

San Francisco Bay Area Rapid Transit
舊金山灣區捷運系統
www.bart.gov

Swansea and Mumbles Railway
斯旺西與曼布爾斯鐵路
www.welshwales.co.uk/mumbles_railway_swansea.
htm

Talyllyn Railway Preservation Society
泰爾依鐵路保護協會
www.talyllyn.co.uk

The Man in Seat Sixty-One
www.seat61.com

U.S. Railway and Locomotive Historical Society
美國鐵路與機車頭歷史協會
www.rlhs.org

Volk's Electric Railway　沃爾克電氣鐵路
www.volkselectricrailway.co.uk

致謝

感謝所有在國家鐵路博物館（National Railway Museum）、紐約與英國圖書館，以及英國帝國戰爭博物館（IWM Sound Archive, Caroline Rennles, 566/7 reels）工作的員工。感謝 Tristan Petts 在中國大陸鐵路上的協助、Ruth Barnett 同意我們引用 *Persons of No Nationality* 中的句子（David Paul, London, 2010）、因二戰而被撤離的 Pamela Double 與 Mavis Owen（www.herefordshirelore.org.uk）、Louise Chapman 與 Fox & Howard 的 Chelsey Fox。

中英對照

本書圖片版權